KB145989

노동에
대해
말하지
않는 것들

노동에 대해 말하지 않는 것들

종속적 자영업자에서 플랫폼 일자리까지

초판 1쇄 발행 2021년 11월 11일
초판 3쇄 발행 2022년 6월 20일

지은이   전혜원
펴낸이   이영선
책임편집   이민재

편집   이일규 김선정 김문정 김종훈 이민재 김영아 이현정 차소영
디자인   김회량 위수연
독자본부 김일신 정혜영 김연수 김민수 박정래 손미경 김동욱

펴낸곳 서해문집 | 출판등록 1989년 3월 16일(제406-2005-000047호)
주소 경기도 파주시 광인사길 217(파주출판도시)
전화 (031)955-7470 | 팩스 (031)955-7469
홈페이지 www.booksea.co.kr | 이메일 shmj21@hanmail.net

ISBN 979-11-92085-00-5 03300

노동에 대해 말하지 않는 것들

종속적 자영업자에서 플랫폼 일자리까지

전혜원 지음

서해문집

일러두기

• 이 책에 등장하는 인물은 대부분 실명이다. 그러나 취재 당사자 또는 가족의 요청이 있거나, 취재원 보호에 필요한 경우에 한해 가명을 사용했다.

• 노동 분야는 법률·제도의 개정과 그에 따른 현장의 변화가 빈번하다. 이 책을 처음 출간한 2021년 11월 이후에도 산재보험의 적용 대상과 특수고용노동자의 전속성에 관한 산업재해보상보험법 개정(2022년 5월)이 있었다. 매 쇄마다 이런 변화상을 반영한 첨삭·수정이 있음을 밝힌다.

실용적 정의를 향하여

김훈(소설가)

전혜원 기자가 현실에 대해서 문제를 제기하는 방식은 '정의란 무엇인가?'라기보다는 '무엇이 정의인가?'에 가깝다. '정의란 무엇인가?'라는 질문의 구조는 거대하고 포괄적이다. 이 질문은 추상관념화된 '정의'의 현실적 실체가 무엇인지를 묻고 있다. 이런 질문에 대한 대답은 더 많은 질문의 연쇄고리를 빚어낸다. 그래서 인간의 언어와 시비는 끝이 없다.

'무엇이 정의인가'의 질문 구조는 사회 구성원들의 이해가 부딪히는 갈등의 현장 쪽으로 열려 있다. '정의'의 실체는 사회적 삶을 구성하는 복잡한 관계망 속에서 달성될 수 있는 것인데, 이때의 정의는 이념의 깃발로 펄럭이지 않는다. 이 질문이 추구하는 정의는 실용적이고 생활적이다. 정의는 어느 한쪽이 다른 한쪽을 쓸어내서 우월적 지위를 차지하는 것이 아니라, 대립하는 세력과 이해관계들 사이에서 질서와 균형을 이룬 상태이다. 이 질서는 매우 긴장되어 있고 균형은 위태로워서 늘 섬세한 관리와 점검이 필요하다.

내가 읽기에, 전혜원 기자의 글쓰기는 이 같은 생각의 토대에서 전개되고 있다. 그것은 가치중립적 시선이라고도 말할 수 있을 터인데, 이때의 가치중립은 탈가치가 아니라 충돌하는 여러 가치들을 함축하고 있으며 중립된 자리에서 넓은 시야를 확보할 수 있고, 여기서 정치의 공간이 열린다. 원리가 아니라 방법으로서 현실 속에서 구체적으로 작동되는 정의의 모습은 어떠한 것인가를 전혜원 기자는 힘겹게 그려내고 있다.

그는 이 책의 프롤로그에서 '선악의 이분법을 벗어난 노동 기사를 쓰려고 노력했다'고 말하고 있다(23쪽).

천지개벽하는 기술의 발달과 노동 행태의 변화 앞에서 낡은 관념과 관행은 산사태처럼 무너지고 있다. 한국사회는 이 변화의 쓰나미를 통제하고 조절해서 인간의 영역으로 끌어들이지 못하고 있다. 전혜원 기자의 글은 이 문제의 어려움에 힘들게 접근하고 있다.

한마디로 말할 수 있는 것은 아니지만, 전혜원 기자는 적대적인 먹이사슬의 관계를 '서로 기대는 관계'로 바꾸어가는 과정을 비전으로 제시하고 있다.

한국사회는 건강보험제도를 도입해서 확대해나가는 과정에서 이해관계 세력들 간에 파국적인 갈등과 분열을 겪었지만, 건강한 자와 병든 자, 부자와 가난한 자의 행복과 고통을 서로 기대게 함으로써 모범적인 제도를 만들 수 있었다. 전혜원 기자의 글을 읽으면서 나는 건강보험제도의 성공사례는 지금의 갈등과 대립을 조정할 수 있는 현실적 방안이라고 생각했다. 강자와 약자 사이의 대등한 경쟁은 공정이 아니라 약육강식의 질서를 확립한다는 것은 한국사회에서 경험을 통해서 증명되었다. 합리주의의 수리개념으로 보면, 정의가 현실 속에서 구현된 모습은 다소 불합리해 보인다. '서로 기대기' 이외에 무슨 방법이 있겠는가. 그러나 '기대기'를 제도화하려면 정치력이 필요하다.

전혜원 기자는 선악의 구분을 넘어서려고 했다지만, 결국 그도 가치판단을 완전히 내려놓지는 못한다. 인간이, 사회적 관계를 설정하는 일은 윤리의 범주를 저버릴 수 없다는 것을 전혜원 기자는 알고 있다.

추천사 • 5

프롤로그

노동이
신성하다고요
?

파블로프의 개

딸랑. 손님을 알리는 소리다. 재빨리 손님 수에 맞는 물수건과 에다마메枝豆라고 하는 찐 콩을 그릇에 담아 내놓아야 한다. 보통은 미리 준비해두는 편이지만, 손님이 몰릴 땐 금방 동이 난다. 그럼 낭패다. "손님이 기다리잖아!" 점장의 불호령이 떨어진다. 손님이 우왕좌왕하게 내버려둬서는 절대로 안 된다. 재빨리, 친절하게 맞이하지 않으면 금세 다른 가게로 가버리기 때문이다. 그렇게 손님을 놓칠 때마다 점장의 한숨이 귓가에 꽂힌다. 2010년 봄 교토역 부근의 한 닭꼬치 가게에서, 나는 '파블로프의 개'였다.

매캐한 연기 속에서 길게는 하루 6시간씩 일주일에 세 번 일했다. 닭꼬치를 굽는 점장과 안주를 만드는 중국인 유학생 두 명, 그리고 나였다. 종소리에만 귀 기울이면 되는 게 아니었다. 딩동. 테이블 벨소리에 누구보다 먼저 반응해야 하는 것도 나였다. 손님들은 술잔을 빨리도 비워냈다. 주문을 받다가도, 샐러드를 만들다가도 누군가 벨을 누르면 바로 달려가야 했다. 2층에 단체손님이 오는 날은 몇 번만 오르락내리락해도 다리가 후들거렸다. "물 좀 주세요!" "주문한 지가 언젠데 아직도야?" "계산이요" "이거 잘못 나온 거 같은데…" 벨소리는 꿈에서까지 날 괴롭혔다. 손님보다 더 무서운 건 점장이었다. 꿈에서도 곧잘 등장한 그는 입버릇처럼 '스피드가 생명'이라고 말했다. 2분에 할 일을 1분에, 10분에 할 일을 5분에 하면 100년에 할 일을 50년에 하게 된다고, 그게 인생이라고도 했다.

내 속도를 참지 못한 점장은 4개월의 인내 끝에 나를 해고했다. 짧다면 짧은 기간이었지만, 앞치마가 마를 새 없던 노동의 기억을 나는 잊지 못한다. 지금도 닭꼬치 냄새를 잘 견디지 못하는 것은 그 때문이다. 옷과 머리 깊숙이 밴 그 냄새, 샤워를 해도 사라지지 않던 그 냄새. 하지만 그 기억은 나를 바꿔놓았다. 내 주변의, 내가 투명인간처럼 생각하던 이들을 개별적이고 구체적인 존재로 인식하게 되었기 때문이다. 음식을 늦게 가져다주거나, 더러 잘못 내어오거나, 혹은 친절하게 웃어주지 않는 것까지도 내가 이해하게 되었기 때문이다. 그 사람들이 물건이 아니라, 기계가 아니라, 인간이라는 사실을 뒤늦게나마 깨달았기 때문이다.

글로 세상을 바꾸고 싶었다. 이왕이면 우리 시대 '파블로프의 개'와 비슷한 존재들의 목소리를 전하고 싶었다. 그렇게 해서 무언가 조금이라도 나아진다면 그보다 멋진 일은 없을 거라 생각했다. 내게 그럴 자격이 있는지는 상관없었다. 겁도 없이 기자라는 직업을 택한 이유다.

노동 문제에 관심을 가진 것도 처음에는 그런 맥락이었다. '취약한 이들의 눈으로 세상을 보는 일'의 연장선이었다. 그 관점에서 노동은 '대변해야 할 무엇(혹은 누군가)'이었다. 노동은 늘 옳고, 연약하고, 그런데도 착취당하고 낙인찍히며 외면받고 있었다. 노동의 저편에는 탐욕스러운 기업과, 넌지시 혹은 노골적으로 기업을 편드는 정부가 있었다. 그들을 욕하면 그만이었다. 특별히 의심하거나 탐구할 일도 없어 보였다.

노동을 낯설게 보게 된 장면 하나
: 주 68시간 vs. 주 52시간

사실 한국에서 '주 52시간'이 도입된 것은 오래전이다. 노무현 정부 시기인 2004년 7월, 이른바 '주 5일제'가 시행되었을 때부터다. 근로기준법이 정하는 기준 노동시간을 '법정근로시간'이라고 한다. 이에 따라 그 이전까지 주 44시간이던 법정근로시간이 주 40시간(8시간×5일)으로 단축되었다. 다만 노사가 합의할 경우 12

시간을 추가로 일할 수 있도록 허용했다. '주 52시간(40시간+12시간) 상한제'가 등장한 것이다.

주 52시간 상한제가 14년이 흐른 2018년에야 사회적 논란을 불러일으키게 된 이유는 단순하다. 그동안 시행되지 않았기 때문이다. 이는 노동부가 근로기준법의 노동시간 관련 조항들을, 다음과 같이 기상천외하게 해석해온 것과 관련이 있다. '대한민국의 노동자들은 일주일에 52시간까지만 일할 수 있다. 단, 일주일은 주말(토·일)을 제외한 5일을 가리킨다. 그러므로 주말에는 하루 8시간씩 최장 16시간 더 일해도 된다.' 이 해석에 따르면 최장 근로시간은 주 68시간(52시간+16시간)이다.

'일주일은 5일'이라는 행정해석 아래서 노동자들은 더 긴 시간을 일하게 되었다. 중소기업은 물론 대기업인 현대자동차에서도 아예 68시간을 넘겨 일하는 경우가 많았다. 노동부의 근로시간 감독 시스템이 제대로 작동하지 않은 것이다. 노사 모두 심각한 불만을 제기하지는 않았다. 노동자들은 오래 일해서라도 더 많은 소득을 얻고자 했다. 기업은 기업대로 최소한의 인력으로 장시간 노동을 시키는 편을 선호했다.

이 관행이 깨진 계기는 성남시 환경미화원들이 낸 소송이었다. 2008년부터 이어진 소송 과정에서 '주 68시간 상한제'라는 노동부의 행정해석이 틀렸다는 판결이 차곡차곡 쌓여 대법원 판결만을 앞두고 있었다. 이명박·박근혜 정부 시절 국회 환경노동위원회가 이 문제를 법 개정으로 해결하려 했지만 번번이 실패했다. 그만큼 민감하고 사회적 파장이 큰 사안이었다. 이 사건은 양승태 대법원의 사법농단 문건에도 등장한다. '대통령의 국정 운영을 뒷받침하기 위해' 대법원 판결을 의도적으로 늦췄다는 내용이다. 문재인 대통령의 주 52시간 상한제 전면 이행 공약은, 이처럼 아무도 건드리지 못한 '폭탄'을 해결한다는 의미였다. 결국 소송 10년 만인 2018년 2월, 국회는 근로기준법을 개정해 최장 노동시간을 주 68시간에서 52시간으로 '정상화'했다.

성남시 환경미화원 소송과 국회의 법 개정 움직임을 취재하는 것은 무척 흥미로웠다. 무엇보다 말도 안 되는 '주 68시간 상한제'가 그토록 오래 유지될 수 있었다는 게 놀라웠다. 노동시간을 들여다본 일련의 연구에 따르면, 한국의 장시간 노동은 '노사담합'이라는 특징을 지닌다. 연구자들은 또한 노동운동 진영이 노동시간 단축에 적극 나서지 않은 것은 세계적으로 특이한 현상이라고 입을 모은다. 물론 이 문제의 가장 큰 책임은 그릇된 행정해석을 고집한 정부와 싼값에 연장근무를 시켜온 기업에 있다. 그럼에도 나에게는 그간 단색이라고 여겨온 노동이라는 주제가 그러데이션의 모습을 하고 있을지도 모른다는 깨달음을 준 사건이기도 했다.

노동을 낯설게 보게 된 장면 둘
: 외주화와 두 그룹의 노동자

2016년 경주 지진 당시 KTX 김천구미역에서 사람이 두 명 죽었다. 선로 유지보수에 투입된 노동자들이 달려오는 열차에 치인 것이다. 그날 지진으로 열차가 두 시간 정도 연착된다는 사실은《연합뉴스》를 비롯한 여러 언론에서도 수차례 예고했다. 이렇게 중요한 정보가 정작 현장 노동자들에게는 전해지지 않은 까닭이 무엇일까.

숨진 이들은 코레일 외주업체 소속이었다. 코레일 관리자들은 외주업체 공구장(업체에서 제일 높은 사람)과 반장들을 코레일 시설사업소 건물에 불러모아 말했다고 한다. 열차가 두 시간 정도 연착되니 허락 없이 들어가지 말라고. 그런데 공구장은 코레일 건물에서 걸어서 3분도 채 되지 않는 허름한 건물로 돌아가 '평소처럼' 그날의 작업 내용만 전달했다. 반장들도 '평소처럼' 팀을 나눠 각자 작업 장소로 이동했다. 사고를 당한 팀의 작업반장은 앞서 열린 '코레일 회의'에서 연착 이야기를 들었지만 정확한 시간은 못 들었다고 주장한다. 그는 사고 직전 코레일 관리자에게 전화를 걸었는데, 이 통화 내용에 대해서도 말이 엇갈린다. 외주업체 작업반장은 코레일 관리자가 '들어가도 된다고 했다'고 하고, 코레일 관리자는 '들어가면 안 된다'고 했다고 한다. 이 정보를 전달받지 못한 것은 다른 팀들도 마찬가지였지만, 그 팀들에는 코레일 관리자가 함께했고, 덕분에 이들은 선로에 들어가지 않았다.

그날 코레일은 비상이었다. 코레일 직원들은 위기감을 공유하며 바쁘게 상황 변화에 따른 자신의 역할을 업데이트했을 것이다. 그런데 3분 거리에 모여 있던 외주업체 노동자들은 평소처럼 선로에 투입되었다. 코레일 사람이 직접 와서 눈 맞추며 이야기해도 그랬을까? 하다못해 카카오톡 메시지라도 보냈다면 그랬을까? 일을 시킬 사람을 직접 고용하지 않으니, 코앞에 있는데도 정확한 정보를 알려주지 않았다. 코레일 사람이 아니니 무전기도 주지 않았다. 위기감을 공유할 최소한의 소통도 없이 매일 밤 선로에 밀어 넣었다. 그래서 기차가 오는 걸 기찻길 노동자만 몰랐다. 사람이 죽었다.

"컵라면 그 사건도 처음엔 갸 잘못이라 그랬잖아." 취재 과정에서 한 외주업체 노동자가 내게 한 말이 잊히지 않는다. KTX 김천구미역 사고 때도, 구의역 스크린도어 사고 때도 저 위대한 '사실상의 고용주'들은 숨진 외주업체 노동자를 탓했다. 코레일은 작업 지시서엔 버젓이 '0시 40분 업무 시작'이라 써놓고, 숨진 이들이 작업이 시작되는 새벽 1시 전에 들어가서 죽었다고 했다.

그때까지 나는 외주화는 선험적으로 나쁜 것이며, 산재는 그저 불쌍하고 안타까운 일로만 여겼다. 그러나 이 사건은 긴박하고 긴밀한 소통이 필요한 상황에서, 분산된 고용구조가 어떻게 '조율

실패'를 초래하는지 생생히 보여줬다. 나로서는 외주화가 왜 위험한지 설명할 언어를 얻은 것이다. 한편으로는 관리자 역할을 하는 정규직 노동자와 하청 노동자의 일의 분담, 위험의 분담에 대해 생각했다. 누가 위험한 일을 하며, 기업은 왜 어떤 이들은 고용해서 높은 임금을 주고 다른 이들의 고용은 '털어내는지' 의문을 품었다. 그즈음 만난 책 몇 권은 노동이 결코 선악이 대결하는 무대가 아니라, 다른 영역처럼 '이해관계가 일치하지 않는 행위자들이 합리적이거나 비합리적인 선택을 하면서 벌이는 일련의 상호작용'임을 알게 해주었다.

해체되는 숙련
쪼개지는 일터

이 책은 내가 2018년부터 주간지 《시사IN》 소속으로 취재한 사건들 가운데 우리 시대를 압축해 보여주는 기사 23편을 크게 아홉 주제로 엮은 것이다. 시점이 특별히 명기되지 않은 한 되도록 책을 내는 2021년 11월 현재 상황으로 업데이트했다. SNS에 틈틈이 남긴 취재 후기를 포함해, 새로 덧붙인 내용도 있다.

표제에서 알 수 있듯 '노동에 대해 말하지 않는 것들'을 담고자 했다. 핵심은 '숙련'이다. 국어사전은 '숙련'을 '연습을 많이 하여 능숙하게 익힘'으로 풀이한다. 어떤 일을 잘하는 기술이나 능력이라 할 수 있다. 기자로 치면 취재원의 마음을 열어 특종을 하거나 날카로운 질문을 던지거나 유려한 글을 쓰는 기자가 '숙련'이 있는 기자일 것이다(불행히도 나는 어느 쪽도 아니다). '숙련공'이란 능숙하게 기계를 만지거나 물건을 만드는, 한마디로 일솜씨 좋은 노동자를 말한다. 오랫동안 기업이 정규직을 뽑는 이유는 '숙련'이라고 알려져 왔다. 일을 오래 해서 숙련 노동자가 될수록 생산성이 높아진다. 그럼 기업은 해당 노동자를 오래 고용할 유인이 생긴다. 오래 일할수록 숙련이 쌓인다고 가정하고 근속연수에 따라 높은 임금을 주는 시스템이 바로 호봉제다.

이러한 숙련이 해체되고 있다. 우리 시대에 논의되는, 언뜻 서로 무관해 보이는 노동 문제들의 연원을 거슬러 올라가면 숙련 해체라는 공통분모와 곧잘 마주치게 된다. 기업은 점점 숙련이 필요 없는 업무를 밖으로 털어낸다. 자영업이 요구하는 숙련을 갖지 못한 자영업자는 가맹비와 노동력을 제공하는 대신 가격 책정을 비롯한 경영의 핵심을 프랜차이즈 본사에 맡기고, 본사는 점포 확장의 비용과 리스크를 가맹점주에 넘긴다. 프랜차이즈라는 '혁신'이 만들어낸 새로운 노동관계다(1장). 저숙련 인력을 그나마 고용이라도 하던 기업들은, 하청을 주는 것을 넘어 아예 플랫폼 노동자, 특수고용 노동자, 프리랜서 같은 이름의 개인사업자와 계약을 맺어도 되게 되었다. 정보통신기술의 발달로 고용하지 않고도 일의 수행 여부를 실시간으로 추적하고 원하는 바를 얻을 수 있으니까

(2장). 한국사회를 뜨겁게 달군 '타다'와 택시를 둘러싼 갈등은, 길 찾기라는 택시기사의 숙련을 내비게이션이 해체한 것과 관련이 있다(3장). 비정규직 정규직화를 반대하고 나선 인천공항 정규직 노조가 내세운 것이 자신들의 '숙련(일할 자격)'이 아니라 '공채(들 어갈 자격)'라는 점은 시사하는 바가 크다. 한국에서 자원이 배분되는 방식이 숙련과는 거의 무관한 다른 것(입직 과정)이라는 사실을 폭로하기 때문이다(7장).

지금 우리 시대에는 기술이 숙련을 해체하는 가운데, 어떤 무풍지대에서만큼은 그 일에 필요한 숙련을 묻지도 따지지도 않으면서 상대적으로 안정된 고용과 고임금을 보장한다. 공무원, 공기업이나 대기업 입사를 향한 취업준비생의 긴 행렬만큼 이 사실을 웅변하는 풍경도 없다. 이에 대해 '어차피 인공지능이 발달하면 일자리가 사라질 테니, 기본소득을 주고 일자리 보장제로 공공부문 일자리를 배분하면 그만이다'라고 주장하는 이들도 있다. 그러지 않고 저 무풍지대를 흔드는 것은 하향평준화일 뿐이라면서 말이다.

그러나 일자리는 사람의 존엄과 연결된 문제다. 누구든 자신이 좋아하고 잘하는 일을 하면서 괜찮은 삶을 살아갈 권리가 있다. 이제는 노동조합이 나서서 숙련을 외치고, 자신들의 안정된 고용과 고임금을 숙련과 연결지을 수 있어야 한다. 모두가 정규직이 될 수 있다고 하는 대신에, 지금의 질서에서 배제된 수많은 동료 시민을 위해 게임의 판을 다시 짜야 한다. 그편이 노동자들 자신의 고용 안정에도 도움이 된다. 누구든 숙련을 쌓고 필요하면 직장을 옮겨다니며 안정된 환경에서 일할 수 있는 공동체가 '성벽 안 소수와 나머지'로 구성된 사회보다 더 바람직한 미래라고 믿는다.

진보도 보수도
말하지 않는 것들

이 책은 '노동은 신성한 것'이라 믿는 사람들에겐 다소 불편할지도 모른다. 소설가 황정은은 "내 동거인은 노동이 신성하다고 말하는 사람을 의심하고 본다. 노동이 신성한가. 노동은 일단 비싸야 한다…"라고 쓴 적이 있다. 나 역시 노동을 신성한 무엇이라기보다는 '바둑판 위 행위자'로 바라본다. 노동을 혐오하거나 무시한다는 뜻은 아니다. 여전히 우리 사회에서 노동은 합당한 관심을 받지 못하고 있다. 오히려 그렇기 때문에 나는 온정이 아닌 탐구의 시선으로 노동을 바라보려고 노력했다. 내 나름대로 노동이란 주제에 열정을 쏟는 방식이었다.

한국사회의 많은 주제가 그렇지만 유독 노동을 전하는 기사는 양극화되어 있다. 경제지나 보수 언론은 익명의 재계 관계자를 인용해 밑도 끝도 없이 노조 혐오를 부추긴다. 최소한의 반론 취재도 찾아볼 수 없다. 반면에 진보 언론은 노동자를 선량한 피해자로만 그리는 경향이 있다. 공공부문 정규직화가 정규직과 취업준비생의 반대에 부딪힐 때, 청년들의 이기심을 훈계하거나 '자회사가 용역보다 못하다'는 비정규직 쪽 주장을 그대로 옮기는 식이다. 임금체계나 정년연장, 주휴수당 문제에서는 신중론이나 양비론을 취한다. 불평등 해결에서 노동조합보다는 재벌 대기업의 책임을 강조한다.

그럴 수도 있다. 나는 좀 갈증이 있었다. 훨씬 논쟁적이고 풍부한 이야기들이 공론장에 많이 나와야 한다고 믿었다. 예컨대 로켓배송과 인공지능 기술이라는 '혁신'을 경제지가 소개하고, 그로 인해 파편화되는 노동의 아찔함을 진보지가 지적할 때, 나는 그 빛과 어둠을 모두 보고 싶었다(5, 6장). 톨게이트 수납원 해고 사건에서 '하이패스가 있어서 수납원이 필요 없는데 왜 세금으로 정규직화해야 하느냐'는 포털사이트 댓글의 물음에 정면으로 답하고 싶었다(4장). 형사처벌을 전제한 중대재해처벌법이 경영진에게 '안전 의무'를 지나치게 포괄적으로 묻는 것 아니냐는 보수 쪽 의문을 피해가지 않으려 애썼다(8장). 인천공항 정규직화 갈등이나 호봉제, 정년연장에 대해 진보 언론이 좀처럼 말하지 않는 바를 들여다보려 했다(7, 9장).

진보 언론의 노동 기사에는 '감성팔이'라는 댓글이 종종 달린다. '민주노총은 사회악'이라는 등 노조에 강한 반감도 드러낸다. 누군가는 댓글 따위 신경 쓰지 말라고 하지만, 어쩌면 그런 댓글들이 진보 언론이 문제를 직시하려 하지 않는 점을 꿰뚫어 보는 것일지도 모른다고 나는 생각해왔다. 가능한 모든 반론에 진지하게 답하는 것은 언론의 책무다. 심지어 상대적으로 더 취약한 지위에 있는 존재를 대변하기 위해서도 그러하다. 그래야 그 사람들이 다치지 않는다.

'짠한 무엇'을 넘어서

이 글을 쓰는 지금은 또 한번의 대통령 선거를 앞둔 시점이다. 과문한 탓인지 대선주자들의 논쟁에서 노동도, 연금도, 기후위기도 잘 보이지 않는다. 공동체는 분명 위기인데 정면으로 맞서려는 사람을 찾기 어렵다. 민주주의는 갈등을 대표하는 데 효과적인 체제다. 어떤 갈등이 대표되려면 우선 제대로 알려질 필요가 있다. '메시아'를 기다리는 대신에, 공론장에 '진짜 이야기'를 더 많이 올려야 하는 이유다.

나는 누군가와 쉽게 친밀한 관계가 되는 사람은 아니다. 마음을 얻는 데 서툴다. 대단한 특종을 하지도, 의미 있는 자료를 발굴해 상을 받지도 않았다. 그런 면에서 훌륭한 기자는 아니다. 다만 선악의 이분법을 벗어난 노동 기사를 쓰려고 노력했다. "독자·시청자들은 선과 악 사이의 중간에 존재하는 회색 영역을 파악할 수 있는 능력을 갖추고 있다. 따라서 선악의 이분법적 단순화는 독자·시청자의 능력을 무시하는 난폭한 행위가 아닐 수 없다"(새뮤얼 프리드먼,《미래의 저널리스트에게》)라는 말을 늘 마음에 새겨왔다. 전문가는 아니지만 전문가와 시민의 다리가 되고자 했다. 그런 태도를 안이하다고 평가하는 이도 있을 것이다. 자각하지 못할 뿐, 나 역시 또 다른 선악 구도에 빠져 있을지도 모를 일이다. 앞으로 끊임없이 돌아보며 채워갈 빈칸이다. 기자로서 여러 한계에도 불구하고, 적어도 노동이 더 이상 '짠한 무엇'이거나 작업복을 입은 추상화된 대상이 아니라, 너와 내가 뭘 얼마나 더 부담할 수 있는지 결정해야 하는 논쟁적이고 정치적인 주제로 받아들여지는 데 이 책이 조금이라도 기여한다면 더 바랄 게 없다.

"진보는 보수보다 더 많이 공부해야 해"라는 말을 해준 모 선배를 비롯해, 매번 귀한 통찰로 내 세계관에 균열을 내주는 취재원들과 곁에 있는 이들에게 감사하다. 기자가 꽂힌 분야를 팔 수 있도록 장려하는 회사에 다니는 건 엄청난 행운이다. 내가 무엇을 성취한다면 그것은 내가 몸담은 조직《시사IN》덕분임을 명확히 하고 싶다. 과분한 추천사와 함께, 원고 전반에 걸쳐 치밀한 비평과 조언을 준 김훈 선생께도 감사의 인사를 전한다.

2021년 가을
전혜원

종속적 자영업자의 시대

프랜차이즈 가맹점주는
진짜 사장님일까?

출처: 공정거래위원회, 서울시(2020)

7094

대한민국 프랜차이즈 브랜드 수

1억
2705
만 원

평균 가맹점 창업 비용(서울 기준)

48.5%

5년 내 폐업하는 가맹점 비율(서울 기준)

오전 6시. 세븐일레븐 서울 동대문구청점을 운영하는 이성종 씨*가 매장에 도착해 결제단말기POS를 켰다. 본사는 이 단말기로 매장의 영업 여부를 2시간마다 체크한다. 이 씨는 심야 시간 미영업 제도를 이용해 오전 0시부터 6시까지는 문을 닫는다. 그러나 연중무휴인 것은 똑같다. 명절에 쉬고 싶어도 아르바이트 노동자가 없으면 '땜빵'을 해야 한다. 무단으로 영업을 안 하면 계약이 해지될 수도 있다. 본사 직원은 일주일에 한 번 방문해 매장을 체크한다. 오전 6시27분, 첫 손님이 담배 두 갑을 사갔다.

9평(약 30㎡) 편의점이 전날 본사에서 보내온 물품으로 꽉 차 있었다. 이 씨는 세븐일레븐 본사가 제공하는 제품만 판매할 수

---

* 이성종 씨의 점포 운영에 관한 정보는 2018년 취재 당시 기준이다.

있다. 가격도 본사가 정한다. 점주가 가격을 내리려면 본사와 협의를 거쳐야 한다. 프로모션도 모두 본사의 요청이다. "투 플러스 원 행사 상품입니다." 바코드를 찍자 안내 멘트가 흘러나왔다. 손님이 음료를 하나 더 가져왔다.

본사와 계약을 맺은 가맹점주는 본사 경영 노하우인 '세븐일레븐 시스템'을 따라야 한다. 이 씨는 물량 주문도 세븐일레븐 점포 관리 시스템의 추천에 따라 본사에 한다. "편의점은 1년 돌려보면 견적이 나온다. 자기 능력으로 매출을 올릴 여지가 별로 없다. 밖에서 더 싼 상품도 본사에서 비싸게 사고, 로열티는 로열티대로 낸다."

임차료와 인테리어 비용을 부담한 이 씨는 편의점 매출이익의 65%를, 본사는 35%를 가져간다. 그날그날 현금 매출을 본사로 송금하면 매월 13일 본사가 가맹 로열티 등을 뺀 금액을 정산해 보내온다. 8000만 원 가까운 돈을 들여 차린 9평짜리 편의점에서, 이 씨는 하루 9시간씩 주 5일 일해 월 110만 원을 번다. 이 씨는 9시간 동안 3분간 화장실을 다녀오는 것 외에는 편의점 매대를 떠나지 못했다. 오후 3시, 이 씨는 아르바이트와 교대했다.

이쯤 되면 이 씨가 '사장님'이 맞는지 헷갈리기 시작한다. 이 씨는 "계약서에는 사업자라고 되어 있지만 권리가 거의 없다. 사실상 노동자와 다름없다"라고 말했다. 자영업자들의 흔한 푸념으로 흘려들을 수도 있다. 하지만 이 씨의 한마디는 프랜차이즈 사업의

편의점 매대를 정리하는 이성종 씨. 분명 '점주' 또는 '사장님'이지만, 그에겐 원하는 시간에 자신의 매장을 여닫거나 판매할 상품의 종류와 가격을 정할 권한이 없다. ⓒ시사IN포토 조남진

본질을 꿰뚫는다. 편의점과 같은 프랜차이즈 가맹점을 운영하는 점주는 자영업자처럼 보이지만, 실은 '은폐된 고용'의 성격을 갖고 있다.

경영권 없는 사장님

무슨 말일까. 2014년 《프랜차이즈 노동관계 연구》를 총괄한 박제성 한국노동연구원 선임연구위원은 이렇게 말한다. "자영업자는 어디에서 무엇을 얼마에 팔 것인지 스스로 결정하는 사람이다. 그런데 가맹점주는 이 대부분을 스스로 결정할 수 없다. 가맹본부가 모두 결정하고, 가맹점주는 가맹본부의 영업 전략을 현장에서 실행하는 사람이다.”

가맹점주는 본사의 브랜드와 상품을 사용하면서 점포를 운영할 권리를 받는다. 이때 가맹점주는 본사의 통일화·표준화된 영업 방식과 품질 기준에 따라야 한다. ‘경영’이라고 부르는 일의 핵심을 본사에 넘기는 것이다. 그 대가로 가맹점주는 본사에 가맹금을 낸다. 본사는 경영의 핵심 업무를 대리하는 대신, 매장을 확장하는 비용과 리스크를 가맹점주에게 넘긴다. 이것이 프랜차이즈 사업이 작동하는 방식이다.

다시 박 선임연구위원의 설명이다. “가맹점주가 실질적인 자영업자라면 영업상 재량권을 가져야 하는데, 이는 프랜차이즈의 속성에 반한다. 프랜차이즈 계약 자체가 가맹본부는 가맹점주를 지배하고 가맹점주는 가맹본부에 종속되는 것을 전제로 한다. 즉 가맹점주는 ‘종속적 자영업자’라고 할 수 있다. 이 말 자체가 모순이다. 하지만 이 모순이 바로 프랜차이즈 노동관계의 본질이다.”

‘종속적 자영업자’는 기존 노동법 체계에는 들어와 있지 않은 낯선 범주다. 전통적 노동관계는 ‘고용 여부’를 기준으로 임금노동자와 자영업자를 나눈다. 이 구조에서는, 고용되어 있으면 종속적이고 자영업자라면 자율적이라고 봐도 무리가 없었다.

이게 달라졌다. 노동시장의 구조가 복잡해지면서, 자영업자인

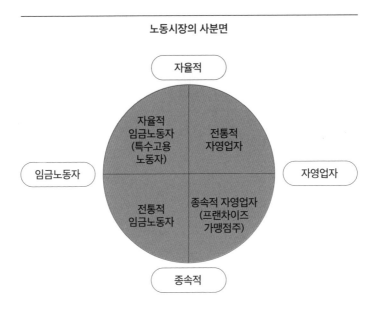

노동시장의 사분면

데도 종속적인 사람들이 등장했다. 또 사실상 고용되어 있으면서도 겉으로는 자율적인 사람들도 등장했다. 고용 여부와 종속성 여부가 일치하지 않을 수 있게 된 것이다. 따라서 '고용 여부' 외에 '종속성'을 또 다른 축으로 하는 사분면 그래프를 그릴 수 있다.

그래프에서 '종속적 자영업자' 영역에 속하는 사람들이 바로 프랜차이즈 자영업자다. 편의점 점주 외에도, 제빵·커피·외식 등 다양한 영역에서 흔히 접하는 유형이다. 그와 반대로 '자율적 임금노동자' 영역도 등장했다. 특수고용 노동자로 불리는 사람들이다. 학습지 교사, 레미콘 차주, 골프장 캐디, 택배기사 등이 대표적이다. 이들은 개인사업자 신분이지만 임금노동자의 성격을 강하게 띤다.

김경무 씨의 삶은 노동시장에서 이 사분면이 작동하는 방식을 압축해 보여준다. 그는 원래 회사원으로 일했다. 전형적인 임금노동자 노동시장에 속한 사람이었다. 2008년 금융위기 이후 50대에 접어든 그는 더 버티지 못하고 이 임금노동자 영역에서 튕겨 나와 '종속적 자영업자' 영역으로 이동했다.

김 씨는 퇴사 후 7년간 외식 프랜차이즈인 '피자에땅'을 운영했다. 부부가 아침 10시부터 밤 11시까지 365일 일해 월 매출 3000만 원을 찍으면서 매달 300만 원도 벌지 못했다. "피자에땅 전화번호 뒷자리가 '3651'이다. 연중무휴다. 명절에 쉬려면 사전에 허가를 받아야 한다. 문을 닫고 싶어도 인터넷 주문창을 켜면 매장을 열었는지 원격 감독을 받는다. 말이 자영업자이지 선택권이 하나도 없었다. 시중보다 비싼 재료를 '필수 물품'이라고 해서 본사에서만 사야 했다. 내 돈 1억3000만 원 내고 노예가 됐다." 그는 가맹점주협의회를 만들어 본사와 싸우다 계약을 해지당했다.

김 씨는 현재 배달 대행업체에서 배달 일을 하고 있다. 특수고용 노동자다. '종속적 자영업자' 영역에서 '자율적 임금노동자' 영역으로 이동한 것이다. "여기도 화장실 가는 것까지 일일이 보고해야 한다. 주문 들어왔는데 늦으면 안 되니까. 그래도 피자에땅 하던 시절에 비하면 자유롭다. 적어도 쉬는 시간은 내가 정할 수 있다."

기존 노동법은 아직 자영업자와 임금노동자라는 단순한 세계에 머물러 있다. 그러나 현실은 31쪽의 그래프처럼 사분면화했다. 노동시장에 불어닥친 구조적이고 지구적인 변화다. 그래서 세계적으로도 노동을 새로 정의하고, 노동법적 보호 범위를 확장하는 움직임이 일어나고 있다. 승차 공유 서비스인 '우버' 운전자는 우리로 치면 일종의 특수고용 노동자에 해당한다. 2021년 2월 영국 대법원은 우버 드라이버 25명에 대해 최저임금과 유급휴가를 보장받아야 할 '노동자worker'라고 판단했다. '자율적 임금노동자'를 노동법 보호망에 집어넣은 사례다.

본사—가맹점 갈등에 필요한 것, 상생보다 노동법

프랜차이즈 가맹점주에 대해서도 이 같은 움직임이 확산되고 있다. 2012년 프랑스 대법원은 가맹점주가 프랜차이즈 계약을 해지당한 일련의 사건에서 이를 노동계약 해지로 간주하거나, 노동법 조항을 확대 적용해 본사가 배상하라고 판결했다. 계약 해지를 사실상 '해고'로 본 것이다. 영국 대법원은 2011년 오토클렌즈 Autoclenz 본사와 가맹점주가 체결한 세차 프랜차이즈 계약이 노동관계를 회피하는 '위장 계약'이라고 봤다.[1]

프랜차이즈가 처음 등장한 미국도 예외가 아니다. 2010년 매사추세츠주 법원은 청소 서비스 프랜차이즈 업체 커버롤Coverall 본사가 가맹점에 전적으로 의지하면서도 가맹점주들을 독립 사업자로 잘못 분류했다며, 손해배상금 300만 달러를 지급하고 가맹점주들을 노동자로 제대로 대우하라고 명령했다.[2]

프랜차이즈 가맹점주들이 노동조합을 만들어 인정받은 사례도 있다. 일본이다. 2009년 일본 세븐일레븐 가맹점주들이 처음으로 노조를 만들고 본사에 '단체교섭'을 요구했다. 본사는 이를 거부했고, 사건은 노동위원회로 향했다. 2014년 오카야마현 노동위원회는 '세븐일레븐 가맹점주들이 노동조합법상 노동자이며 본사가 단체교섭을 거부한 것은 부당노동행위'라고 판단했다. 2012년 일본 훼미리마트 가맹점주들도 노조를 결성해 단체교섭을 요구했다. 2015년 도쿄도 노동위원회 역시 마찬가지 판단을 내렸다.

일본의 두 노동위원회가 편의점주를 노동자로 본 이유는 이렇다. 일본 편의점은 점주가 영업시간을 마음대로 정할 수 없고, 본사 직원이 정기적으로 방문하는 등 관리·감독을 받으며, 신제품 도입 등 본사의 요구를 거절할 수 없다. 그날그날 매출을 송금해 잔액을 받는 등 노동 제공의 대가 성격이 있다. 스스로 리스크를 안고 독립적으로 경영할 재량이 많지 않다. 이런 이유로 일본은 편의점주를 노동조합법을 적용받는 노동자로 봤다. 이것은 이성종 씨의 일과에서 기자가 확인한 모습과 정확히 겹친다.

편의점 세븐일레븐과 훼미리마트의 일본 본사는 여전히 "가맹점주는 독립된 사업자이지 노동자가 아니다"라고 주장한다. 2019년 3월, 일본 중앙노동위원회는 지방노동위원회의 판단을 뒤집고 가맹점주가 독립된 사업자라고 했다. 2019년 9월, 일본 편의점 가맹점주로 구성된 노동조합 '편의점 가맹점 유니온'은 이 명령의 취소를 요구하는 소송을 도쿄지방법원에 제기했다. '편의점 가맹점 유니온'의 사카이 다카노리 집행위원장은 "프리랜서처럼 고용에 의하지 않은 방식으로 일하는 노동자도 늘고 있다. 그런 사람들에게도 중요한 재판이다"라고 말했다.[3]

프랜차이즈를 은폐된 고용으로 파악하는 관점은 한국의 현실에 어떤 통찰을 줄 수 있을까. 당장 이해가 첨예하게 부딪치는 최전선이 있다. 최저임금이다. 2018년 당시 아르바이트 직원 2명을 고용하며 월 110만 원을 벌던 세븐일레븐 가맹점주 이성종 씨는 나중에는 월 20~30만 원을 벌다가 결국 2021년 1월, 10년간의 편의점 생활을 정리했다. 일련의 최저임금 인상 국면에서 자영업자 단체들이 부담을 호소하면서, 갈등 구도는 '가맹점주' 대 '가맹점 아르바이트 노동자'(와 그 뒤의 정부)로 형성되었다. 정부는 프랜차이즈 본사들에게 가맹점과 '상생'하라고 압박하지만 '팔 비틀기'라는 비판을 받았다. 가맹점주를 고용주로만 보면 논의는 이 안에서 맴돌기 쉽다.

그러나 프랜차이즈 가맹점주의 존재를 '은폐된 고용'으로 파악하는 순간 최저임금 논쟁 구도도 달리 보인다. 본사와 가맹점주의 관계가 고용에 가깝다고 한다면, 둘 사이에 필요한 건 막연한 '상생'이 아니라 노동법적인 접근이 된다. 박제성 선임연구위원은 "최저임금 인상이 가맹점주와 가맹점 노동자의 대립으로만 표출되는 것은 가맹본부의 책임과 권한이 상응하지 않기 때문이다. 책임에 맞게 권한을 축소하는 방법과 권한에 맞게 책임을 강화하는 방법이 있다. 첫 번째 방법은 공정거래법이, 두 번째 방법은 노동법이 취하는 방법이다. 지금은 첫 번째 방법만 쓰고 있고 그것만 가능하다고 생각한다. 그러나 프랜차이즈는 지배·종속적 노동관계이기 때문에 노동법도 개입해야 한다"라고 말했다.

가맹점주들이 노조를 만들게 되면 무슨 일이 일어날까? 지금도 단체를 만들 수는 있다. 2013년 가맹사업법이 개정되면서 점주들은 점주협의회라는 단체를 구성해 본사에 협의를 요청할 수 있게 되었다. 하지만 강제성이 없다. 노동법은 노조의 단체교섭 요구를 정당한 이유 없이 거부할 수 없도록 기업에 강제한다. 이 차이는 크다. 국내 프랜차이즈 가맹점주들로 구성된 전국가맹점주협의회에 따르면, 상당수 가맹 본사들은 점주 단체와의 대화를 거부한다. 그뿐 아니라 문제제기하는 점주와 프랜차이즈 계약을 해지하거나 계약 갱신을 거부하는 방식으로 대응한다. 현행법상으로는 10년이 지나면 계약 갱신을 거절당해도 점주에게 아무런

사분면화된 노동 현실에서 프랜차이즈 가맹점주-본사는 노사관계에 가깝다. 따라서 노동법적 접근은 프랜차이즈 전성 시대의 많은 문제들을 푸는 실마리가 될 수 있다.

보호 장치가 없다.

일부 여론은 "본사와는 싸우지 않고 만만한 알바비만 문제 삼느냐"라고 점주들을 비난한다. 하지만 점주들에게는 본사와 '싸울 무기'가 없다. 노동법적 접근은 점주들에게 '싸울 무기'를 줄 수 있다. 편의점주들이 최저임금 인상에 따라 가맹비 인하를 본사에 요구하며 공동 휴업을 한다고 해보자. 본사는 계약 위반으로 대응할 수 있다. 현 제도에서는, 이 장면에서 편의점주들이 막다른 골목으로 몰린다. 이럴 때 노동3권이 편의점주들에게 적용된다면 상황은 크게 달라진다. 정부에 의한 '팔 비틀기식 상생협약'이 아니라, 노사관계의 틀에서 문제를 풀어갈 길이 열린다. 노동시장을 앞서 사분면과 같이 새로이 인식했을 때 발생하는 효과다.

최저임금 인상을 계기로 가맹점주들도 '알바비 싸움'을 넘어선 싸움을 모색하고 있다. 정종열 전국가맹점주협의회 자문위원장(가맹거래사)은 "최저임금이 올라야 하지만, 지금의 왜곡된 소득 배분 구조도 시정해야 한다"라고 말했다. "예컨대 편의점의 경우 비용을 뺀 수익을 점주가 7, 본사가 3만큼 가져가는 상황에서 본사의 매출은 오르는데 점포당 매출은 줄고 있다. 그렇다면 8대 2든 9대 1이든, 수익 배분을 합리적으로 조정해야 한다. 이를 위해선 점주 단체가 본사와 협상할 수 있어야 한다."

문재인 정부는 2021년 5월 가맹점주 단체에 대해 등록제를 도입하고, 점주가 비용을 부담하는 광고·판촉행사를 실시할 경우 본사가 점주로부터 사전 동의를 받도록 하는 내용의 가맹사업법 개정안을 발의했다. 전국가맹점주협의회가 요구하고 있는 '거래조건 협의 요청 시 가맹본부 협의 의무' '가맹계약 갱신요구권 10년 제한 삭제'는 포함되지 않았다. 정종열 자문위원장은 "기존에는 자본가 대 노동자의 구도였다면, 이제는 4계층으로 나뉜다. 대기업 노사와 영세기업 노사다. 가맹점주가 월 229만 원(2015년 기준) 버는데 문재인 정부 첫 2년 동안 최저임금이 점포당 약 140만 원(4인 고용 기준) 올랐다. 올려줄래야 올려줄 수도 없는 상황이다. 최상위 계층인 가맹본사로부터 몫을 가져와서 지급능력을 확보해야 임금도 주고 점주도 먹고살 수 있다. 가맹사업법상 '협의 요청'을 '단체교섭권' 수준으로 끌어올리는 등 노동3권 같은 약자들의 권리를 프랜차이즈가 속한 경제법 영역으로 확대하는 것을 최우선 과제로 보고 있다"라고 말했다. 선진국들이 변화하는 노동시장을 제도적으로 포섭하려 노력하는 가운데, 최저임금 인상을 계기로 한국사회도 프랜차이즈 가맹점주의 노동자적 성격을 논의할 장이 열렸다.

'저숙련 자영업'은
노동 문제다

프랜차이즈의 핵심은 '숙련의 표준화'다. 외식 자영업에 필요한 숙련이란, 메뉴와 가격을 정하고, 재료를 조달해 관리하고, 음식을 조리하고, 가게를 운영하고, 손님을 응대하고, 잠재적 고객에게 홍보하는 능력을 포함한다. 이 같은 능력에서 기술과 노하우, 곧 숙련을 갖춘 자영업자라면 프랜차이즈와 경쟁해도 이긴다. 유명 셰프가 하는 식당이나 입소문이 난 맛집, 단골이 많은 동네 빵집 등이 여기에 해당한다. 반면 자기 숙련이 없으면? 이 모든 것을 프랜차이즈 본사에 맡기는 대신 자본과 노동력을 제공한다. 프랜차이즈 가맹점주다.

프랜차이즈가 대행하는 것은 '표준화된 숙련'이지 '장인의 숙런'이 아니다. 한계가 뚜렷하다. 그럼에도 여전히 많은 창업자들이 프랜차이즈에 뛰어든다. 왜 그럴까? 자신도 숙련을 갖추지 못하고, 프랜차이즈에게 숙련을 외주 주지도 못한 자영업자의 현실에 답이 있다. 〈백종원의 골목식당〉이 폭로하는 현실이 바로 여기다. 이 프로그램의 출연자들은 식당을 열었으면서도, 식당 운영에 요구되는 숙련의 핵심인 메뉴 선정, 재료 조달, 조리, 접객, 나아가서는 장사하는 사람의 '자세'까지도 새로 배우곤 한다. 개인 자영업자들에게 이 모든 것을 처음으로 가르쳐주는 사람은 외식업 프랜차이즈의 대부다. 이것은 무엇을 의미하는가?

자영업 문제를 다룬 책《골목의 전쟁》을 쓴 김영준 씨는 이렇게 말했다. "자영업에 뛰어드는 사람은 많지만, 골목의 가게가 기본적으로 갖춰야 할 경쟁력이 무엇인지 제대로 아는 경우는 많지 않다. 〈백종원의 골목식당〉이 던지는 질문은 생각해볼 지점이 있다. 프랜차이즈가 골목상권을 망친다고 하는 지금, 우리 골목의 가게들은 프랜차이즈에 비해 경쟁력을 갖추고 있는가."

프랜차이즈 가맹점주는 영업상 재량권이 없다. 어디에서 무엇을 얼마에 팔지를 본사가 정한다. 아직 가맹점주들이 본사와 대등하게 협상할 수 있는 구조는 갖춰지지 않았다. 프랜차이즈 창업은 어느 정도 자본이 있어야 가능한 선택지이기도 하다. 그러나 아무런 숙련 없이 개인 창업을 하는 것보다는 프랜차이즈 창업이 그나마 안전하다. 그만큼 자영업 시장에서 저숙련 상태가 심각하다.

2020년 8월 경제활동인구조사 비임금근로자(자영업자와 무급가족 종사자) 부가 조사 결과, 최근 1년 이내 사업을 시작한 자영업자들 중 74.1%가 6개월도 안 되는 기간만 준비하고 창업했다.

한국 자영업 시장의 피라미드는 이렇게 구성된다. 피라미드의 맨 위는 숙련을 보유한 자영업자다. 프랜차이즈와 경쟁해도 밀리지 않는 이연복 셰프 같은 사람들이다. 그 밑에는 자기 숙련이 없어서 프랜차이즈 본사에 숙련을 외주 주고, 그 대가로 자본과 노동력을 제공하는 이들이 있다. 프랜차이즈 가맹점주들이다. 이런 프랜차이즈 모델의 아이콘이 백종원 더본코리아 대표다. 그 아래에, 프랜차이즈에도 밀리는 자영업자들이 있다. 자기 숙련도 없고, 프랜차이즈에 대행을 맡기지도 못한 자영업자들이다. 〈백종원의 골목식당〉의 '뒷목(잡게 만드는 사장님)'들이 여기에 속한다. 백종원은 프랜차이즈라는 '표준화된 숙련'을 공급하는 것만으로도 대다수 저숙련 자영업자를 밀어낼 수 있음을 보여준다. 수많은 논문과 데이터가 증명하지만 정책 결정권자들과 입법자들이 좀처럼 입 밖에 내기 어려웠던, 저숙련 자영업 현실의 폭로자 구실을 하고 있는 것이다.

백종원이 우리 사회에 던지는 질문은 한국 노동시장의 핵심 모순과 닿아 있다. 저숙련 자영업의 과잉은 어디서 왔나? 이 문제를 어떻게 풀 것인가? 자영업 차원인가, 노동시장 차원인가?

자영업 차원에서 문제를 풀 수 없다는 데 연구자들의 견해가

대체로 일치한다. 궁극적인 문제는 자영업 희망자가 너무 많기 때문이다. 구조적으로 노동시장에 좋은 일자리가 말라붙은 게 문제의 뿌리다. 저숙련 자영업자를 흡수할 수 있는 임금 일자리로 요양보호사, 간병사와 같은 돌봄 서비스 일자리가 꼽힌다. 한국은 서비스업 가운데 보건·복지 분야의 고용 규모가 다른 나라보다 작다. 하지만 압도적으로 여성이 많이 고용된 영역이다. 남성 인력을 모두 흡수하기에는 한계가 있다.[4]

한국 취업자 중 자영업자(무급가족종사자 포함) 비중은 24.6%로 OECD 7위다. 일본이 10%, 독일이 9.6%, 미국은 6.1%다(2019년 기준). 〈백종원의 골목식당〉에 출연했던, 이화여대 앞에 백반집을 연 노부부는 각각 파출부와 법인택시 기사로 장시간 저임금 노동을 하다 자영업으로 밀려났다. 김경무 씨가 피자에땅 본사와 싸우다 가맹계약을 해지당한 지 3년 뒤에야 공정거래위원회는 가맹사업법 위반 혐의로 피자에땅 본사에 과징금 14억 원을 부과했다. 편의점 점주 10년 생활을 끝낸 이성종 씨는 "너무 속이 편하고 좋습니다. 날아갈 것 같아요"라고 말했다. 어쩌면 이 땅의 사장님들은 우리 노동시장이 끌어안지 못한, 보이지 않는, 그래서 아무도 책임지지 않는 노동자들이 아닐까.

고용 없는 노동

플랫폼 일자리와
진화하는 노동법

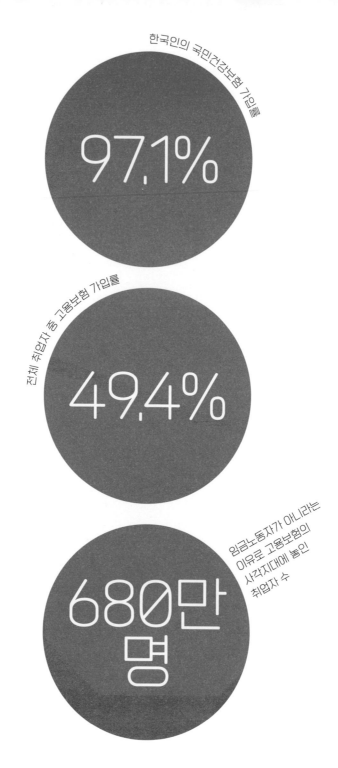

한국인의 국민건강보험 가입률

97.1%

전체 취업자 중 고용보험 가입률

49.4%

임금노동자가 아니라는
이유로 고용보험의
사각지대에 놓인
취업자 수

680만
명

출처: 국민건강보험공단(2021), 한국노동연구원(2019)

'쿠팡플렉스'로 일하던 최서경 씨는 2019년 2월 설 연휴 기간에 사고를 당했다. 새벽배송을 위해 출근하던 중 얼어붙은 도로에서 차가 미끄러진 것이다. 차 앞쪽 엔진 부분이 완전히 파손되었다. 최 씨는 전날 낮시간에도 배송했기 때문에 매우 피곤한 상태였다. 골반뼈가 부서져 철심을 박았다. 대수술을 받고, 수개월 동안 벌이가 끊겼으며, 사고 후 몇 달이 지나도록 거동이 불안하지만, 산재보험의 혜택은 그녀에게 다른 나라 이야기다. 법률상 '노동자'가 아니기 때문이다.

쿠팡플렉스는 일반인이 자기 차로 쿠팡의 로켓배송을 수행하는 일자리다. 배송 1~2일 전 근무를 신청해 물량이 배정되면, 건당 수수료를 받고 배송한다. 최 씨가 쿠팡의 정규직이나 계약직 노동자, 즉 '쿠팡맨'이었다면, 2018년부터 시행된 '출퇴근 산재보상' 제도에 따라 보험 혜택을 받았을 것이다. 수술비와 입원비는 요양비로, 다쳐서 일하지 못하는 기간에는 평균임금의 70%를 휴업급여로 받을 수 있다. 반면 최 씨 같은 쿠팡플렉스는 계약서상 '배송사업자', 즉 자영업자 신분이다. 산재보험과 고용보험, 근로기준법 등 노동법의 보호를 받지 못한다. 일하다 사고가 나면 스스로 해결해야 한다.

산재보험은 역사적으로 '임금을 받아 생활하는 사람', 즉 임금노동자를 중심으로 발달해온 제도다. 어떤 회사에 고용되어 임금노동자가 되면, 회사 측의 지시를 받아 일하게 된다. 이 노동자는 남(회사)에게 '종속'된 상태. 일하다 다치면, '남(회사)의 일'을 하다 부상당한 것이므로, 치료비나 생계를 사업주들이 낸 보험료로 보장받아야 한다는 것이 산재보험의 취지다. 반면 자영업자는 자기의 재량으로 자율적으로 사업을 영위하는 사람이다. 어디에 종속되어 '남의 일'을 하는 게 아니다. '자기 일'을 하다 다치는 경우니까 치료비나 생계를 스스로 해결해야 한다.

이처럼 전통적 노동관계에서는 임금노동자와 자영업자를 가르는 기준이 '고용 여부'였다. 고용되어 있으면 종속적으로 일하고, 자영업자라면 자율적으로 일한다고 봐도 무리가 없었다. 이게 달라졌다. 1990년대 중반 이후, '노동자' 혹은 '자영업자'라고 딱 잘라 부를 수 없는 집단이 확대되어왔다. 이들은 고용되어 있지 않지만(즉 자영업자 신분이지만) 노동자와 비슷하게 타인(사업주)에게 종속되어 일한다. 그러나 일에서 어느 정도의 자율성을 갖는다는 측면에서 전통적 노동자와는 다르다. 한국사회는 이런 사람들을 '특수고용 노동자'라 부르기 시작했다.

노동하지만
노동자는 아닌

기존 노동법과 사회보험(산재보험·고용보험 등)은 노동자와 자영업자가 명확히 구분되는 단순한 세계에 머물러 있다. 이런 가운데 노동 현실은 급격히 바뀌었다. 그렇다면 새롭게 등장한 특수고용 노동자를 어떻게 보호할 것인가? 2000년대 초반부터 논쟁이 이어졌으나 좀처럼 결론이 나오지 않았다. 노동조합들은 특수고용 노동자를 근로기준법상 근로자로 간주하고 노동법 등을 기존 노동자와 똑같이 적용해야 한다고 주장했다. 사업주 측을 대변하는 이들은 특수고용 노동자는 자영업자이기에 노동법 등을 적용해선 안 된다며 반대했다.

결국 정부 부처들이 논의한 끝에, '특수고용 노동자라도 일하다 다치거나 병들거나 사망하면 보호해야 한다'는 최소한의 합의만 도출했다. 이에 따라 2007년 산재보상보험법이 개정되면서 처음으로 특수고용 노동자가 산재보험을 적용받을 길이 열렸다. 2008년 보험설계사, 학습지 교사, 골프장 캐디, 레미콘 기사 등 4

개 직종이 산재보험에 가입할 수 있게 되었다. 이렇게 산재보험에 가입할 수 있는 특수고용 노동자를 법적으로는 '특수형태근로종사자'라고 부른다.

2012년 2개 직종(퀵서비스 기사, 택배기사), 2016년 3개 직종(대리운전기사, 대출모집인, 신용카드 모집인), 2020년 5개 직종(기존 학습지 교사를 포함한 방문강사, 방문판매원, 대여제품 방문점검원, 가전제품 설치기사, 지입 화물차주), 2021년 1개 직종(소프트웨어 기술자)이 추가되었다. 이로써 총 14개 직종이 산재보험에 가입할 수 있는 '특수형태근로종사자'가 되었다.

그런데 산재보험에 가입했음에도 정작 일하다 다쳤을 때 보상을 못 받는 경우가 적지 않다. 특수형태근로종사자가 산재보상을 받기 위해서는 '주로 한 업체에 전속되어 일했다'라는 근거가 필요했기 때문이다. 만약 배민커넥트와 쿠팡이츠에서 투잡을 뛰다가 다쳤다면, 두 곳 모두에서 산재보험료를 냈더라도 사고 난 업체에서 월 115만 원 이상을 벌거나 월 93시간 이상 일했음을 증명해야(즉 전속성 기준을 만족해야) 산재가 인정되었다. 문재인 정부는 이 문제를 해결하겠다고 공언했지만, 전속성 기준 폐지와 함께 산재보상 대상을 '특수형태근로종사자'에서 '다른 사람의 사업을 위해 노무를 제공하는 자'로 포괄하는 내용의 산업재해보상보험법 개정안이 국회를 통과한 것은 임기가 끝난 2022년 5월의 일이었다(법안에는 '윤석열 정부 1호 노동법안'이라는 명칭이 붙었다). 2023

년 7월 이후 전속성 기준은 역사 속으로 사라지게 된다.

어쨌든 산재보험에 가입할 길이 열리고 전속성 제약도 사라졌으니 모든 문제가 해결된 것일까? 그렇지 않다. 한 예로 앞서 최서경 씨 같은 쿠팡플렉스 종사자들은 '택배기사'로서 산재보험을 적용받을 수 없다. 국토교통부에 따르면 남의 물건을 집화(모으는 것)·수송·배송하는 것만 택배다. 쿠팡의 로켓배송은 자사가 매입한 물건을 배송하는 것이어서 택배가 아니다. 택배기사와 쿠팡플렉스가 하는 일은 본질적으로 동일하지만, 산재보상은 택배기사에게만 돌아간다. 쿠팡플렉스는 일하다 살얼음에 미끄러져도 자동차보험의 혜택 정도를 기대할 뿐이다. 이처럼 특정 직종의 노무제공자에게 산재보험을 적용하는 제도가 유지되는 한, 해당 직종 바깥의 사람들은 계속 배제될 수밖에 없다. 게다가 사업주가 산재보험료의 100%를 부담하는 일반 노동자와 달리 특수형태근로종사자(이제는 노무 제공자)는 50%를 자신이 내야 한다.

문제는 노동시장이 더 이상 직접고용으로 굴러가지 않는 상황에서, 기존 노동법으로 포괄할 수 없는 '자영업자'가 자꾸만 생겨난다는 점이다. '자율적으로' 새벽배송에 나섰다가 골반뼈가 부서진 최서경 씨는 하나의 사례에 불과하다. 지금까지는, 노동자가 아니지만 '예외적으로 보호해주는 조치'를 확장해오는 일의 연속이었다. 이 과정은 더디고, 우연에 의존한다. 이런 방식으로는 노조로 조직되거나 특별히 눈에 띄는 업종의 사람들만 순차적으로 보호할 수 있을 뿐이다.

모든 일하는 사람에게
노동자의 권리를

박제성 한국노동연구원 선임연구위원은 이렇게 말했다. "20세기의 직업 세계는 임금노동자 중심으로 구축되어왔다. 21세기에는 좋든 싫든, 이게 흔들리고 있다. 과거에는 한번 직장에 들어가면 최소한 몇십 년 동안 쭉 일했기에 법을 안정적으로 적용할 수 있었는데, 지금은 사람들이 다양한 고용상의 지위를 이동하는 경우가 갈수록 늘고 있다. 청년기엔 '알바'를 전전하고, 이후에도 정규직과 계약직, 특수고용 노동자, 반실업과 반취업 상태를 왔다 갔다 한다. 퇴직하고 다시 자영업으로 전환하기도 한다. 만약 이런 변화가 우발적이고 예외적인 상황에 불과하다면, 직업훈련을 통해 임금노동으로 복귀시키면 문제가 해결된다. 하지만 이게 우발적 사건이 아니라 구조적인 변화라면 20세기 방식으로는 문제를 해결할 수 없다. 임금노동자일 때는 노동법을 적용했다가 자영업자에겐 적용하지 않는 식으로 칸막이를 지어가지고는 제대로 된 보호를 할 수 없다."

그렇다면 어떻게 보호해야 할까? 박제성 선임연구위원의 제안은 "쿨하게 통으로 다 적용하자"는 것이다. 노동법과 사회보험법의 보호를 '일하는 사람' 모두에게로 넓히자는 주장이다. "탱크가 진입할 수 있는 다리라면 승용차도 당연히 진입할 수 있다. 노동법이, 그야말로 '사장님'인 독립 자영업자로 분류되는 사람들에게도 적용된다면, 자율적 임금노동자나 종속적 자영업자에겐당연히 적용될 것이다. 그게 아니라 적용 범위를 예외적으로 확대하는 방식이라면 범위 끝에 있는 사람들이 늘 문제가 된다. 원칙은 고용상 지위를 불문하고 모든 '일하는 사람'에게 노동법과사회보험법이 적용되어야 한다는 것이다. 이게 21세기 직업 세계의 정의다."

이를테면 쿠팡플렉스 종사자도 사고가 나면 산재보험의 보호를 받아야 한다. 이때 산재보험료는 사업주인 쿠팡이 100% 부담한다. 고용보험과 최저소득 역시 보장받아야 한다. 현재 쿠팡플렉스 종사자들은 단가 변동에 속수무책이다. 물량을 배정받았다가당일 취소되는 경우도 있다. 만약 쿠팡플렉스 종사자들이 노조를만들어 쿠팡과 교섭할 수 있다면? 수요와 공급에 따라 요동치는배송 단가에 영향력을 행사할 길이 열린다. 타협점을 찾지 못하면'파업'을 할 수도 있다. 쿠팡은 이를 이유로 불이익을 줄 수 없을것이다.

우리 노동법도 전통적 노동관계에서 벗어난 접근을 시작했다. 2019년 국회를 통과한, '김용균법'이라 불리는 산업안전보건법개정안(개정 산안법)이 보호 대상을 기존 '노동자'에서 '노무를 제공하는 자'로 넓힌 것이 대표적이다. 논리적으로 '노무 제공자'에는 배달 라이더뿐 아니라 쿠팡플렉스 종사자도 포함될 수 있다. 다만 '노동자'의 범위 자체를 넓혀서 보호를 확장할지, '노무를 제공하는 자'처럼 '노동자'가 아닌 이들의 범위를 새로 설정할지는 사회적 논쟁이 더 필요하다.

그동안 근로기준법상 '노동자'를 보호하는 이유는 남(회사)에게 종속되어 있다는 것이었다. 얼마간 자율적으로 보이면서도 노동을 제공하고 보수를 받는 이들의 등장은 이 전제를 다시 묻고 있다. 이승윤 중앙대 교수(사회복지학)는 "한국처럼 저임금·불안정·비공식 노동시장이 광범위하게 확대된 나라에서는, 드나듦이 경직적인 정규직 일자리와는 다른 '액화 노동'이 빠르게 확산될 가능성이 있다. 고임금 개발자와 저임금 육체노동으로 대표되는 숙련의 양극화는 이 경향을 더 촉진할 수 있다. 사회안전망뿐 아니라 직업교육과 같은 정책적 개입도 시급하다"라고 말했다.

플랫폼 노동의 최전선
배달 라이더

플랫폼은 수요자와 공급자를 연결해주는 디지털 네트워크다. 이런 플랫폼에 운전 같은 노동을 제공하고 보수를 받는 사람을 '플랫폼 노동자'라 부른다. 우버 기사가 대표적이다. 이들은 플랫폼

업체에 정식으로 고용되지 않으며, 일반 임금노동자만큼 종속적이지 않다는 이유로 '독립 계약자', 즉 자영업자로 분류되어왔다. 그러나 세계 각국에서 우버 기사를 '노동자'로 본 판례가 나오는 등, 기존 노동법의 틀을 넓혀 플랫폼 노동자를 보호하려는 움직임이 확산되고 있다.

한국에서도 플랫폼 노동을 둘러싼 논쟁이 뜨겁다. 최전선에 있는 집단은 배달 라이더들이다. 흔히 배달의민족, 요기요 같은 배달앱으로 주문을 하면 해당 배달앱 업체에 소속된 라이더가 음식을 가져온다고 생각하기 쉽다. 그러나 이는 배달의민족 자체 배달서비스인 '배민라이더스'와 '배민커넥트', 요기요 자체 배달서비스인 '요기요익스프레스'를 이용하는 일부 '맛집'에 해당하는 이야기다(이들 배달서비스는 정확히는 해당 배달앱 업체의 자회사 소속이다).

예컨대 배달의민족 앱을 켜고 음식을 주문하면, 음식점은 배달을 맡긴 대행업체(바로고·생각대로·부릉의 각 지점 또는 'OO콜'이라는 이름의 지역 소규모 배달대행 업체)에 주문(콜)을 띄운다. 라이더들은 자신이 속한 업체의 앱에 뜬 콜을 눌러 배달을 수행하고 건당 수수료를 받는다. 이들이 배달대행 업체에 고용되어 있는 것은 아니다. 업체와 위탁계약을 맺은 개인사업자 신분이다. 배달 '콜'을 수락할지 말지 선택할 수 있다는 이유에서다. 전통적인 노동자보다 회사에 덜 종속되어 있다는 이유로, 근로기준법 등 노동법의 보호에서 비껴나 있는 것이다.

　그런데 배달대행 업체와 계약한 한국의 라이더 상당수는 우버 기사처럼 앱을 켜면 출근, 끄면 퇴근인 게 아니다. 출퇴근 시간이 정해져 있는 경우가 적지 않고, 주로 한 업체에서 배달을 수행한다. '강제 배차'를 당하는 경우도 있다. 자영업자로 분류하기엔 종속성이 너무 강하다. 그런데도 현재 배달 라이더들은 자영업자와 노동자의 성격을 모두 갖고 있다며 '특수고용 노동자'로서 산재보험에 겨우 가입할 수 있을 뿐이다. 그마저 보험료 50%는 본인이 낸다. 가입하지 못한 사람도 많다. 박정훈 라이더유니온 위원장은 "국내 배달 대행 라이더 대다수가 출퇴근 시간이 정해져 있으며 직접 지휘·감독을 받는다. 지휘·감독을 할 거면 노동자로 고용하고, 그렇게 하지 않으려면 지휘·감독을 해선 안 된다"라고 말했다.

　2019년 10월, 배달 라이더들을 '특수고용 노동자'가 아닌 근로기준법상 '노동자'라고 본 최초 사례가 나왔다. 배달 대행 서비스 '요기요플러스(현 요기요익스프레스)'를 운영하는 '플라이앤컴퍼니(현 딜리버리히어로코리아, GS리테일 등이 인수)' 소속 라이더들이다. 고용노동부 서울북부지청은 개인사업자로 분류되던 이들을 노동자로 판단했다. 건당 수수료가 아닌 시급을 받았고, 오토바이도 무상으로 대여했으며, 출퇴근 시간이 정해져 있었다는 등의 이유에서다.

　이 사건은 시급 1만1500원에서 1만500원, 다시 시급 5000원에 건당 수수료 1500원으로 노동조건이 일방적으로 변경된 것에 대해 라이더 5명이 노동청에 진정을 제기하면서 알려졌다. 당사자 중 한 명인 요기요플러스 라이더 이경희 씨는 "하루 12시간 근무시간이 정해져 있었고 주말에도 이틀 다 쉬는 것은 허용되지 않았다. 사측이 식사시간을 정했으며, 콜을 처리하지 않으면 강제 배차를 넣거나 시급을 차감했다. 우리는 말 그대로 위탁계약서를 쓴 개인사업자인데, 온갖 참견이란 참견은 다 하면서 시급까지 강제적으로 바꾸기에 진정을 냈다"라고 말했다. 라이더들이 겪는 수난은 여기서 그치지 않는다. 라이더들은 업체의 수수료 정책 변화나 알고리즘을 통한 물량 배정에 취약하다. 배달 속도 압박에 사고가 끊이지 않는다. 음식점 주인과 배달을 시킨 고객 사이에서 권리를 보장받거나 목소리를 내기도 어렵다.

보편적 노동권을 둘러싼
세계적 줄다리기

2020년 10월 6일, 배달 업계 노사가 최초로 자율 협약을 체결해 주목받았다. '플랫폼 노동 대안 마련을 위한 사회적 대화 포럼 1기(위원장 이병훈 중앙대 교수)'가 '플랫폼 경제 발전과 플랫폼 노동 종사자 권익 보장에 관한 협약'을 맺은 것이다. 기업에선 '배달의민족'을 운영하는 우아한형제들과 '요기요'를 운영하는 딜리버리히

어로코리아, 배달 대행업체 스파이더크래프트, 컬리·직방·토스 등 스타트업 1500여 개가 회원사로 있는 코리아스타트업포럼이 참여했다. 노동조합에선 민주노총 서비스연맹과 라이더유니온이 참여했다.

협약은 당장 라이더들을 근로기준법상 근로자로 인정한 것은 아니지만, 그에 준하는 여러 보호장치를 명시했다. 플랫폼 기업은 산업안전보건법상 의무를 다하고 산재보험 가입을 독려한다. 돌발 위험이 생기면 종사자는 이미 수락한 업무라도 거부할 수 있다. 불가피했다면 기업은 불이익을 주지 않는다. "기업은 종사자에게 빠른 배달을 압박하거나 종사자의 귀책이 없는 배달시간의 지연을 이유로 제재하지 않으며, 위험한 속도경쟁을 유발할 수 있는 정책을 펼치지 않는다." 무엇보다 노사가 서로를 인정했다. "노동조합은 공급자·소비자·종사자의 효용을 증진시키는 플랫폼의 순기능과 기업의 경영상 권한을 존중하고, 기업은 종사자가 노동조합을 자유로이 결성하고 활동할 권리를 보장하며 단체교섭의 주체로 노동조합을 존중한다." 협약은 '배달료의 기준과 체계 개선방안' '플랫폼의 합리적이고 공정한 업무 배분'을 향후 노사가 논의할 과제에 포함시켰다.

참여율 부족을 비롯한 몇몇 문제에도 불구하고 이 협약에는 눈여겨볼 지점이 있다. 전통적인 대기업은 역시 특수고용 노동자인 택배기사나 대리기사가 아무리 노동조합을 만들고 교섭을 요구해도 테이블에 앉으려 하지 않았다. 반면 이 협약에 참여한 기업들은 노조들의 대표성을 인정했다. 게다가 엄밀히 말하면 자체 배달인력은 자회사 소속인데도 모회사가 나섰다.[5] 산업별 노동조합 운동이 뚜렷한 변화를 만들어내지 못하는 현실에서 '업종별 협약'의 가능성을 보여줬고, 그것도 특수고용 노동자가 주체로 참여했다는 점에서 의미가 있다.

물론 구속력 없는 자율 협약은 한계가 있다. 한편에서는 이 협약으로 기업들이 라이더들의 노동권을 제한적으로만 인정하면서 생색내려는 게 아닌가 하는 의심도 제기되었다. 그런데 출퇴근 시간이 정해져 있지 않은 라이더도 노동을 하는 것은 분명하지 않은가? '철가방'이라 불리던 예전 중국집 배달원(중국집에 고용되어 있었다)과 지금의 라이더가 본질적으로 다른가? '앱'이라는 것의 등장만으로, 애초에 노동자인데 자영업자로 잘못 분류되고 있는 것은 아닌가?

이런 질문에 정면으로 답한 곳이 미국 캘리포니아다. 물류업체 다이나멕스Dynamex의 배송기사 2명이 '회사가 자신들을 자영업자로 잘못 분류했다'며 제기한 소송에서, 2018년 캘리포니아 대법원은 이들이 노동자라고 판결했다. 2019년 캘리포니아주 의회가 이 판결을 법으로 명문화했다. 'AB5Assembly Bill 5'로 불리는 이 법안은 이른바 'ABC 테스트'를 담고 있다.

법안의 핵심은 간명하다. 일하는 사람 대부분이 노동자이며 노동자로 분류되어야 한다는 것이다. 만약 자영업자(독립 계약자)로 분류하고 싶으면, 기업 측이 다음의 세 가지 요건을 입증해야 한다. 해당 노동자가 'A. 기업의 통제와 지시로부터 자유롭다' 'B. 기업의 통상적 업무 외의 일을 수행한다' 'C. 같은 업계에서 독립된 사업을 영위하고 있다' 등이다. 이런 요건을 모두 충족시켜야(즉 ABC 테스트를 통과해야) 노동자가 아닌 것으로 간주된다.

우버, 리프트 등 플랫폼 기업들은 자신들이 ABC 테스트를 통과할 수 없음을 알고 있었다. 이들은 노동자들의 업무수행 과정을 플랫폼으로 통제하며 지시한다(A). 운송과 배달은 각 회사의 통상적 업무다(B). 플랫폼 노동자 대부분은 자기 사업을 따로 벌이고 있지 않다(C). 이 기업들은 2억 달러(약 2300억 원)를 들여 로비를 벌였고, 그 결과 2020년 11월 캘리포니아주에서 앱 기반 운송·배달 회사는 AB5에서 면제되어 노동자들을 독립 계약자로 계속 분류해도 된다는 내용의 주민발의 법안이 통과되었다. 운송·배달 플랫폼 기업들의 노동자들은 초과근무수당·고용보험에서 배제되는 대신, 대기시간을 제외한 노동시간에 최저임금 이상의 보수가 주어지고, 산재처리·건강보험료 등 일부 '혜택'을 제공받는다는 내용이다. 그러나 2021년 8월 해당 주민발의 법안이 위헌이라는 법원 판결이 나오면서 ABC 테스트가 부활할 길이 열렸다. 싸움은 끝나지 않았다.

우버 기사가 노동자라는 대법원 판결이 나온 영국에서도, 일하배민라이더, 배민커넥트, 쿠팡이츠, 쿠팡플렉스…
가지각색의 이름을 단 이들 플랫폼 일자리는
전통적인 중국집 배달원,
혹은 택배기사와 무엇이 다른가?
ⓒ시사IN포토 신선영

는 시간 중 대기시간은 최저임금 산정에 포함시키지 않는 등 판결의 적용 범위를 둘러싼 힘겨루기가 계속된다고 한다. 분명한 건 세계 각지에서 어려운 상황에서도 뭔가를 시작했다는 사실이다.

장혜영 정의당 의원실에 따르면 사업소득세를 내는 소위 '자영업형 노동자'는 2018년 613만 명에 달했다.[6] 각각 179만, 360만~400만 명으로 추산되는 '플랫폼 노동자'와 '프리랜서'도 여기에 포함된다. 코로나19가 드러낸 취약노동층이 바로 이런 사람들이다. "OECD는 2019년 '국가는 고용관계에서 오분류를 막을 책임이 있다'고 지적했다. 즉 노동법상 근로자로 취급되는 자를 그 보호로부터 배제하려는 기업의 행동을 방지하고 비정규직과 디지털 노동자 등에게 보편적 노동권과 사회보장권을 부여해야 한다는 것이다."[7] 국가는 언제까지 기다리라고만 할 것인가.

사회보험,
우리들의 마지막 방파제

코로나19 국면에서 '전 국민 건강보험'이 검사비와 진료비를 책임지며 방역 전략의 핵심으로 주목받았다. 2021년 기준 건강보험 가입률은 97.1%에 달한다. 보험료를 내기 어려운 나머지 2.9%는 기초생활보장제도로 지원받는다. 모든 한국 시민이 의료 안전망으로 보호받고 있는 것이다.

'건강보험처럼 고용보험도 모든 일하는 국민에게 확대하자'는 주장 역시 코로나19를 계기로 공감대를 얻었다. 이른바 '전 국민 고용보험'이다. 언뜻 당연해 보이지만, 실은 혁명에 가까운 변화다. 왜 그런가.

오건호 '내가만드는복지국가' 정책위원장은 정치권과 학계에서 두루 인정받는 복지제도 연구자다. 그는 "기존 고용보험은 회사에 고용된 사람, 즉 노동자만을 대상으로 하는 제도였다. 전 국민 고용보험은, 노동자 기반에서 취업자 기반으로 사회보험의 틀을 바꾸겠다는 의미다"라고 말한다. 취업자란 노동자보다 넓은 개념이다. 수입을 위해 한 시간 이상 일한 모든 사람을 포괄한다. 자영업자가 대표적이다.

살아가면서 개인이 마주할 수 있는 위험이 있다. 생계가 곤란할 때까지 장수할 위험, 본인이나 가족이 병에 걸릴 위험, 경기변동이나 기술변화로 일자리가 사라질 위험, 일을 하다가 다칠 위험. 이런 위험을 한데 모아 분산시키는 제도가 사회보험이다. 장수의 위험은 연금이, 질병의 위험은 건강보험이, 실직의 위험은 고용보험이, 산재의 위험은 산재보험이 감당한다.

흔히 4대보험이라 불리는 사회보험은 강제가입이 원칙이다. 장수·질병·실직·산재의 위험을 마주할 가능성은 개인마다 다르다. 만약 몸이 약하거나 일자리가 불안정한 등 '위험도가 높은 사람'만 보험에 가입한다면 당장 재정 문제가 발생한다. 사회보험에 들어오는 돈이 적지만 나갈 돈은 많아지기 때문이다. 위험이 높은 사람이나 낮은 사람이나 모두 가입시켜 보험료를 내게 하면 큰 기금을 모을 수 있고, 위험이 실현된 사람은 누구나 이 기금으로 보호받을 수 있다. 이것이 사회보험의 원리다.

같은 사회보험이지만 건강보험과 국민연금은 노동자가 아닌 자영업자도 가입할 수 있다. 두 보험은 고용보험과 산재보험보다 보편적이다. 장지연 한국노동연구원 선임연구위원은 이렇게 설명한다. "고용된 노동자만 아프거나 나이 드는 것은 아니다. 따라서 건강보험과 연금은 모든 시민을 대상으로 하는 게 원칙이다. 반면 고용보험과 산재보험은 태생적으로 '임플로이employee(종업원, 피고용인)'를 위한 보험이었다. 임플로이를 왜 걱정했느냐 하면, 이 사람들은 타의로 갑자기 소득이 끊기거나, 일하다 다칠 수 있기 때문이다. 반면 자영업자들은 모든 위험을 스스로 감수하며 사업을 벌이는 이들이다. 자신이 일하고 싶지 않을 때는 얼마든지 일하지 않을 수 있다. 고용보험과 산재보험이 자영업자를 배제했던 이유다."

그러나 상황이 달라졌다. 다시 장지연 선임연구위원의 설명이다. "고용된 사람과 자영업자 사이의 경계가 흐려지고 있다. 한쪽에 명확한 임플로이가 있고 다른 쪽에 명확한 자영업자가 있다면, 그 사이에 특수고용 노동자, 프리랜서, 1인 자영업자가 있다. 이들은 노동자와 똑같지 않지만 그에 준하는 사람이다. 인적 용역 서비스를 제공하고 돈을 받는다. 회사는 이들을 노동자로 고용해 각종 책임을 부담하는 대신, 개인사업자로서 계약을 맺고 수당을 지급하는 것으로 거래를 단순화했다. 한국에서 자영업자 비율이 좀처럼 줄지 않는 것은 치킨집이 늘어서라기보다는, 특수고용 노동자나 프리랜서 등 경계선에 걸쳐 있는 영역이 자꾸 늘어나고 이들 중 많은 수가 자영업자로 잡히기 때문이다. 결국 전체 취업자의 4분의 1이 임금노동자가 아닌 사람들이다."

고용보험은 임금노동자를 염두에 두고 설계되었다. 그런데 한국의 경우, 취업자 가운데 24.9%는 임금노동자가 아니다. 임금노동자 중에서도 사업주가 보험료 부담 등을 이유로 고용보험에 가입하지 않아 혜택을 못 받는 이들이 13.8%나 된다(중소기업일수록 이런 경우가 많다). 여기에 주 15시간 미만 초단시간 노동자(3개월 이상 일하면 가입 가능), 65세 이상 등 임금노동자이면서도 고용보험에서 '제도적으로 배제'되는 이들이 6.5%다.

애초에 고용보험에 가입하지 않아도 되는 공무원과 교원 등도 5.4%이다. 전부 합치면 50.6%가 고용보험 대상이 아니다(모두 2019년 기준). 이들을 흔히 고용보험의 사각지대라고 부르지만, 규모로 보면 차라리 이들이 주류다.

이런 상태에서 한국사회는 코로나19의 직격탄을 맞았다. 방치된 절반에서 당장 문제가 터졌다. 김정인 씨는 2년차 요가 강사다. 요가센터 5~6곳에 수업을 나가 월 180만~200만 원을 벌던 그는,

코로나19로 2020년 3~4월 두 달간 모든 수업이 중단되면서 수입이 0으로 떨어졌다. 살기 위해 적금을 깬 그는 벌이가 반토막 난 채로 일자리를 구하고 있다고 했다.

김 씨는 2017년 카페에서 아르바이트를 하다가 권고사직을 당한 경험이 있다. 그때는 3개월간 월 150만 원씩 실업급여를 받았다. 반면 요가 일거리가 끊겼을 때는 아무런 혜택을 받지 못했다. 프리랜서 신분이라 고용보험에 가입하지 않았기 때문이다. 사실 2012년부터 자영업자도 고용보험에 가입할 수 있다. 그러나 임금 노동자는 보험료(소득의 1.6%, 2022년 7월부터 1.8%) 절반을 고용주가 내주는 반면에 자영업자는 혼자서 소득의 2.25%를 보험료로 내야 한다. 이러다 보니 자영업자의 고용보험 가입률은 1%를 밑돈다.

"노동시장 이중구조를 이야기할 때 핵심 요인이 두 가지였다. 고용 형태가 정규직이냐, 계약직이냐. 기업 규모가 대기업이냐, 중소기업이냐. 코로나19는 여기에 한 축이 더 있음을 드러냈다. 사회안전망 속에 들어간 노동자와 아닌 노동자. 특수고용 노동자, 프리랜서, 영세 자영업자가 코로나19의 타격을 크게 받았다. 위기에서 가장 피해를 받는 사람들이 정작 사회안전망의 혜택을 받지 못하는 딜레마가 드러난 것이다. 건강보험은 전 세계에 자랑할 만큼 폭이 넓은데 고용안전망은 그렇지 않다는 점이 확인되었다." 조성주 전 서울시 노동협력관의 말이다.

빛나는 선례
전 국민 건강보험

"고용보험을 전 국민에게 확대 적용할 것을 제안합니다. 국민건강보험처럼 고용보험도 전 국민에게 적용하는 것이 맞습니다." 2020년이 아니다. 11년 전인 2009년 2월 국회 본회의에서 홍희덕 당시 민주노동당 의원의 대정부 질의 발언이다. 조성주 전 협력관은 당시 홍희덕 의원실에서 대정부 질의 원고를 작성했다. 하지만 정치 의제가 되지 못했다. 11년이 흘러 코로나19의 충격으로 고용보험에 가입하지 못한 절반의 소득 보장 문제가 비로소 떠올랐다. 전대미문의 바이러스로 인해 어쩌면 최초로, 지난 10년 넘게 큰 진전이 없던 실업안전망의 거대한 구멍이 정치 의제로 떠올랐다.

임금노동자를 중심으로 하는 전통적인 고용보험 체제는 오늘날의 현실과 맞지 않다. 그렇다면 해법은 둘이다. '임금노동자'의 의미를 확장하여 보호 범위를 넓히는 길이 있고, 임금노동자 중심의 보호체계가 더 이상 작동하지 않는다고 보고 '임금' 대신 '소득'을 기준으로 고용보험을 재편하는 길이 있다. 이 갈림길을 따라 전 국민 고용보험 전략의 점진론과 급진론이 나뉜다.

단계적으로 임금노동자의 범위를 확장하는 전략이 점진론이다. 문재인 정부가 택한 방식이다. 2020년 12월 예술인을 고용보험 대상에 넣는 법안이 국회를 통과했다. 임금노동자와 자영업자의 경계에 있는 '특수고용 노동자'가 2021년 7월부터 고용보험에 의무적으로 가입하게 되었다. '자신이 아닌 다른 사람의 사업을 위해 직접 노무를 제공해 대가를 얻는 사람' 중에서 보호 필요성이 있는 직종을 대통령령으로 정하는 방식이다. 여기에는 이미 산재보험을 적용받고 있던 특수고용 노동자 14개 직종에서 골프장 캐디가 빠지고 방과후교사가 포함되었다.

이런 방식은 사실상 기존 고용보험의 틀을 크게 흔들지 않는다. 기존 고용보험은 고용주 역할이 필요하다. 고용보험료의 사업주 부담분을 내주고, 가입자가 실업 상태임을 보증하는 일이 그것이다. 특수고용 노동자의 경우 노무를 제공받는 사업주가 이 역할을 한다. 그런데 이 방식은 두 가지 난관이 있다. 첫째, 고용주 역할을 요구받는 이들은 강력히 저항하고 기피할 것이다. 둘째, 고용주 역할을 해줄 누군가를 특정하기 어려운 경우는 여전히 배제된다. 프리랜서와 자영업자는 특히 더 문제가 된다. 여러 플랫폼을 사용하는 플랫폼 노동자도 마찬가지다.

2022년부터 플랫폼 노동자 중에서 대표 직종인 배달기사와 대리기사도 고용보험 의무가입 대상이 될 전망이다. 하지만 예컨대 배달대행 업체에서 일하는 라이더의 고용보험료를 배달대행 업체뿐 아니라 '배달의 민족' 등 배달주문 앱 운영업체에게도 공동으로 부담시킬지 등 쟁점은 남아 있다. 정부는 향후 '보호 필요성·

관리 가능성·사회적 영향력'에 따라 점차 고용보험에 가입해야 하는 '노무제공자'의 범위를 넓히겠다고 밝혔다. 그러나 누가 더 보호할 필요성이 높은가? 특수고용 노동자와 프리랜서 사이, 프리랜서와 자영업자 사이, 그리고 자영업자들까지 고용보험을 넓히는 방법과 기준이 문제가 된다.

따라서 이참에 '임금'이 아닌 '소득' 기반으로 고용보험을 전면 개편하자는 쪽이 급진론이다. 고용주가 실업을 증명해주지 않아도, 자영업자를 사회보험에 편입시킬 수 있을 만큼 소득 파악 시스템이 마련되었다는 것이다. 그래서 만약 자영업자가 고용보험에 편입된다면, 임금노동자와 같은 보험료(소득의 0.8%)를 내게 하고, 나머지 부담분은 정부가 책임져야 하고 책임질 수 있다고 급진론자들은 본다. 이렇게 소득 기반으로 전환한다면 굳이 예술인, 특수고용 노동자, 프리랜서, 자영업자를 나눠가며 접근할 필요도 없다. 한마디로 고용관계 여부를 따지지 말자는 얘기다(그 대신 기업들에겐 이윤에 비례해 고용보험료를 매긴다). 위험을 묶는다는 사회보험의 원리로는 이 방향이 맞다. 국세청에 신고되는 소득을 기반으로 보험료를 매기면 취업자 모두를 포괄할 수 있다. 이렇게 되면, 실업에 더 취약한 취업자들이 사회보험 안으로 대거 들어오므로 위험 분산 원리가 더 잘 작동한다.

그러나 급진론에도 만만찮은 정치적 난점이 존재한다. 설령 고용주 부담분을 국가가 내준다 하더라도, 최소 소득의 0.8%(2022

년 7월부터 0.9%)는 자영업자가 스스로 내야 한다. 아무리 이롭다고 해도 안 내던 돈을 내는 것이니 증세로 받아들이고 저항할 여지가 있다. 정부도 재정 부담이 껄끄럽다. 기존 고용보험 가입자들은 어떨까. 더 취약한 취업자들을 새로 보호하게 되므로 고용보험료는 어쨌든 오른다. 대기업이나 공공부문의 정규직은 해고될 위험이 적다. 실업급여의 혜택을 받을 가능성이 높지 않은데도 보험료 인상에 동의하기는 쉽지 않다. '전 국민 고용보험'을 원칙대로 하려면, 지금은 고용보험에 들어와 있지 않은 공무원·교원 등 특수직역도 들어와야 한다. 오건호 위원장은 "건강보험엔 건강한 사람이 안 들어오고, 고용보험에는 실업 안 되는 사람이 안 들어온다면, 위험 공유가 안 된다. 사회보험의 원리상 공무원을 뺀다는 건 말도 안 된다. '너는 공무원이지만 너의 자식은 저기서 지금 단기 아르바이트를 하지 않느냐'고 설득해서라도 다 들어와야 한다. 취업자 연대성이 가장 강한 제도가 고용보험이다"라고 말했다. 왜 그런가.

한국사회는 대기업 정규직 중심으로 도입되어 있던 건강보험을 자영업자와 농어민에게 넓히기로 노태우 정부 때 결정했다. 직장과 지역별 조합으로 쪼개져 있던 건강보험을 단일 조직으로 통합한 것은 김대중 정부 때다. 조직노동, 특히 민주노총 산하 대기업 노조들이 동의했기에 가능했다. 공무원과 교원도 단일한 건강보험을 적용받는다. 그 결과 세계적으로도 가장 통합적인 건강보험을 만들어낼 수 있었다.

전대미문의 재난이 열어준
정치의 공간

아플 위험은 불규칙하다. 실업의 위험은 그렇지 않다. 공무원과
교원, 대기업과 공공부문의 정규직은 해고될 위험은 거의 없다.
실직 위험이 취약 노동에 집중되어 있고, 그걸 분산하기 위해 상
층 노동이 비용을 내는 구조다. 고용이 안정된 사람도 전 국민 고
용보험에 들어와 보험료를 내야 할까? 장지연 선임연구위원은
'그렇다'고 말한다. "나는 안정된 고용을 가지고 있지만 불안정 노
동자들을 위해서 보험료를 더 낼 수 있느냐. 전 국민 고용보험이
던지는 질문이다. 이걸 해야 하는 이유는, 그게 새로운 사회계약
이고 연대이기 때문이다. 안정된 고용을 가진 사람과 그렇지 못
한 사람 간의 연대이고, 또한 세대 간 연대다. 청년들은 프리랜서
나 단기계약 일자리밖에 없으니까. 역사를 보면 사회보험이 다 전
쟁 전후로 생겼다. 우리도 코로나19라는 전쟁을 겪었다. 누군가는
재택근무하면서 월급이 10원 한 푼 깎이지 않았고, 누군가는 집
단감염의 위험을 무릅쓰고 물류센터 아르바이트를 하는 것을 우
리가 다 지켜봤다. 이번에 민주노총과 한국노총이 전 국민 고용보
험을 전제로 고용보험료 인상에 전향적인 태도를 보이고 있다. 그

조합원들이 실직 위험이 높은 사람들이 아닌데도 그렇다. 민주노총이 지하철에 붙인 포스터를 보니, '특수고용 노동자, 프리랜서, 영세 자영업자도 받을 수 있는 고용보험을 만들자'고 했더라. '영세 자영업자'가 들어간 게 너무 기뻤다. 그게 연대다."

레슬링·주짓수·합기도를 가르치는 체육관 관장 주동철 씨는 코로나19의 직격탄을 맞은 영세 자영업자다. 2020년 2~4월 그의 수입은 0원이었다. 정부에서 내주는 1000만 원짜리 대출과 재난지원금 외에는 아무런 보호 장치가 없었다. 개인사업자 신분으로 차로 물건을 배송하는 쿠팡플렉스에 뛰어들었다. 일거리가 사라진 사람들이 몰려 심야 배송 단가가 건당 700원 수준으로 떨어져 그마저 관두었다. 그는 이번 사태를 겪고서 중소기업중앙회에서 하는 노란우산공제조합에 등록했다. 매달 5만 원에서 30만 원을 내면 폐업 시에 실업급여와 비슷한 보호를 받는 제도다. 첫 달에는 그 5만 원조차 내지 못했다. 전 국민 고용보험 이야기를 기자에게 처음 들었다는 주 씨는 "이번에 쉬면서 보니까 만약 폐업한다고 하면, 실질적으로 임차보증금 들어간 거밖에 건지지 못하더라. 당장은 여력이 없지만, 월소득의 1% 이내라고 한다면 조금 더 내는 거니까 괜찮을 것 같다"라고 말했다.

가장 안전한 지대에 있는 사람이 가장 취약한 자리에 선 사람에게 내미는 손. 그것이 전 국민 고용보험이다. 건강보험은 누구나 아플 위험을 분산하고 국민연금은 누구나 늙는 위험을 분산하지만, 일자리를 잃을 위험은 취약 노동에 집중되어 있다. 그래서 전 국민 고용보험은 훨씬 강력한 연대를 요구하는 사회보험이다.

평시라면 시도하기 어려운 기획이지만 코로나19 재난이 정치의 공간을 열었다. 2021년 7월부터 일용근로소득과 인적용역 사업소득을 지급하는 사업주들은 매월 지급내역을 국세청에 신고해야 한다. 적어도 원천징수하는 사업소득에 대해선 실시간 파악이 가능해진 것이다. 여기서 '인적용역 사업소득자'가 바로 플랫폼 노동자, 프리랜서 등 1인 자영업자 613만 명이다.

'전 국민 고용보험' 논의 과정을 잘 아는 한 연구자는 "국세청이 실시간 소득 파악을 할 수 있는 인프라는 거의 갖춰졌는데 (정부가) 결심을 안 하고 있을 뿐이다. 개정 고용보험법에서 '노무제공자'라는 용어를 쓴 취지는 대부분의 1인 자영업자를 포괄하려는 것이었는데, '인적용역 사업소득자'가 아니라 기존에 산재보험을 적용받던 특수고용 노동자 '직종' 중심으로 고용보험을 확대한 것은 매우 아쉽다"라고 말했다. 그에 따르면, 전 국민 고용보험의 첫발을 뗀 것은 의미심장한 변화다. "고용보험이 '소득' 기반으로 가기로 한 것은 사회보험 전반에도 상당한 충격을 줄 것이다. (그동안 소득 파악이 어렵단 이유로 보험료 납부에서 제외된) 건강보험 피부양자나 국민연금의 납부예외자 문제도 다시 논의될 수밖에 없다. 향후 모든 소득을 개인별로 합산해 보험료를 부과하고 또 그 혜택을 받을 수 있도록, 근로복지공단(고용·산재보험)과 건강보험·국민연금공단의 역할을 국세청으로 일원화해야 한다. 보험료 부담을 둘러싼 갈등도 본격화되리라고 본다. 모두 문재인 정부의 다음 정부 몫으로 남겨졌다."

코로나19로 실업급여 수급이 늘어나면서 2022년 7월부터 고용보험료를 올린다고 정부가 발표하자, 언론은 으레 그랬듯 '직장인 유리지갑이 봉이다' 따위의 기사를 썼다. 그러나 그동안 어렵다고 여겨졌던 프리랜서나 자영업자의 소득 파악도 점점 개선되고 있다. 신용카드 사용 비율도 커졌다. 더 이상 직장인의 지갑만 '유리지갑'이 아닌 것이다.

사실 "적시의 소득 파악은 보편적인 복지국가의 필수적인 조건이다".[8] 초유의 팬데믹이 불러온 재난지원금 보편·선별지급 논란이 우리 공동체에게 알려준 사실이기도 하다. 조성주 전 협력관은 "새 제도는 새 정치를 만든다. 이번에 새롭게 고용보험에 포괄된 사람은 스스로를 처음으로 노동자로 인지하게 될 것이다. 자신의 단결권을 요구하는 데로 나아갈 수도 있다. 미국의 뉴딜이 노동자 단결권을 보장해 협상력을 키웠듯, '전 국민 고용보험'이 노동자로 호명받지 못하던 시민들을 처음으로 노동자로 호명하고, 기업에게는 사회보험료라는 최소한의 책임을 부담시킨다면 새로운 사회계약이 될 수 있다"라고 말했다.

기술이 산업을 대체할 때

혁신은 어떻게 약탈이 되는가

출처: 서울시(2018~2019)

4621

타다 서비스 이후 급락한 택시의
승차거부 신고 건수

↓

2580

0원

타다 드라이버에게 요구되는 사납금

타다 드라이버 1만1400명 가운데
4대보험 혜택 등 근로기준법 바깥에 존재하는 인원

10,000명

택시는 왜 불편할까? 가장 먼저 떠오르는 것은 승차 거부다. 사회적 논란이 되면서 규제가 강화되긴 했지만, 카카오택시 같은 호출 서비스로 여전히 장거리 손님을 골라 태운다. 이유는 돈이다. 회사에 고용된 법인택시 기사는 매일 사납금(13만 원 정도. 2021년부터 폐지됐으나 '기준금'이란 이름으로 사실상 유지되고 있다)을 회사에 입금한 뒤 남은 돈을 자신의 수입으로 가져간다. 2017년 서울시 법인택시 기사는 하루 12시간씩 월 26일 일해도 한 달에 210만 원 조금 넘는 금액(세전)을 벌었다. 기사가 수입을 온전히 가져가는 개인택시의 경우, 월평균 18.7일을 일하면 한 달 동안 250만~350만 원을 번다(2016년, 서울시 기준). 법인택시든 개인택시든, 한정된 시간에 일정한 수입을 올리려면 장거리 손님을 태워야 한다.

서울시 시간대별 택시 수급

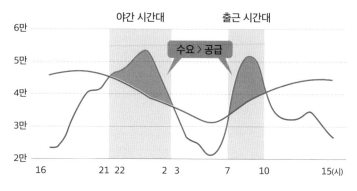

출처: 서울시(2014)

    그런데 택시 이용 수요는 출퇴근 및 심야 시간대에 집중되어 있다. 서울시 자료에 따르면, 오전 7~9시, 밤 10시~새벽 2시에는 택시가 모자란다. 나머지 시간은 택시가 남아돈다. 수요와 공급 간에 심각한 불균형이 존재하는 것이다.

    그렇다면 수요가 몰리는 시간대의 요금을 높이면 어떨까? 수요가 줄어들면서 공급(택시)과 균형을 맞추게 될지도 모른다. 그러나 택시 요금(가격)은 수요와 공급에 따라 정해지지 않는다. 시장market이 아니라 지방정부가 결정한다. 물론 택시 요금이 시간대나 수요-공급과 관계없이 완전히 일률적인 것은 아니다. 밤

12시부터 새벽 4시 사이에는 심야 할증이 붙는다. 하지만 오전 7~9시에 치솟다가 잠잠해지고 밤 10시부터 다시 올라가면서 자정부터 새벽 1시 사이에 피크를 찍는 수요 변동의 패턴에 대응하기에는, 기존 요금 시스템이 너무 뻣뻣하다. 수요가 폭증하는 시간대일수록 택시 기사들의 '골라 태우기'가 횡행하는 이유다. 얼마나 긴 거리를 운행했느냐에 따라 수입이 달라지기 때문이다.

타다 — 혁신과 약탈 사이,
어디로 모실까요?

쏘카의 자회사 VCNC가 2018년 10월 출시한 '타다'는 바로 이 빈틈을 파고들었다. 타다는 차량을 빌려주는 렌터카 서비스인데도 이례적으로 기사가 딸려 있다. 고객 처지에선 택시 호출 서비스와 크게 다르지 않다. 타다만의 장점이 있다. '골라 태우기'가 원천적으로 불가능하다는 것이다. 고객이 앱으로 타다를 부르면 가장 가까운 곳에 있는 기사에게 콜이 떨어진다. 이때 기사에겐 고객의 목적지가 보이지 않는다. 고객이 탑승한 뒤에야 비로소 목적지를 알 수 있다. 기사가 임의로 콜을 받지 않을 수도 없다. 콜이 뜨면 15초 내에 '수락'을 눌러야 한다. '미수락'이 일정 횟수를 넘어가면 페널티가 부여된다. 사실상 '강제 배차'다.

그래서 타다 기사가 단거리 손님을 많이 태우게 되면 수입이 떨어지지 않을까? 타다 기사는 수입 때문에 장거리 손님을 골라 승차시킬 필요가 없다. 몇 명을 어디까지 데려다주든, 시급이 1만 원으로 고정되어 있기 때문이다. 거리는 상관없다. 하루 10시간 일하면 10만 원(시간당 1만 원×10시간)에 교통비 등을 추가로 지급받는다. 10시간 중 1시간 30분은 유급 휴게시간이다. 물론 이 시간에 밥도 먹고 화장실도 가고 주유도 해야 하지만, 어쨌든 태운 거리가 아니라 일한 시간에 비례해 수입을 보장받는다. 타다에는 사납금도 없다.

사납금 폐지는 법인택시 기사들의 오랜 염원이었다. 택시가 못한 것을 타다는 어떻게 할 수 있었을까? 택시회사들은 회사 밖에서 운행하는 택시 노동자들의 근태를 제대로 체크할 수 없는 형편이다. 대신 일정 액수의 사납금이 정해져 있으면, 기사들은 승객을 태우려 노력할 수밖에 없다. 사납금 이상을 벌어야 자신의 수입을 얻을 수 있기 때문이다. 즉 회사 입장에서 사납금은 기사들의 노동을 통제할 수 있는 거의 유일한 수단이었다.

이 문제를 타다는 앱으로 해결했다. 택시 노동자들의 주행 거리, 횟수, 시간은 물론 누적 휴게시간까지 초 단위로 추적할 수 있다. 사납금을 받지는 않지만 요금을 올려 타다 측의 수입도 확보한다. 타다는 2018년 10월 서비스를 시작하면서 승차 요금을 택시보다 20% 비싸게 책정했다. 타다는 '탄력요금제'를 적용했다. 실시간으로 수요와 공급을 분석해 더 비싸거나(택시 수요가 많을

운 전 자 별 월 계

결재	담당	과장	부장	이사	사장	회장

운행일자 : 2015년 03월   기사번호 : 00⬛⬛⬛

No.	운 행 일 자		차량번호	유 량	기준금액	실입금액	후납금액	인정금액	가불금액	비 고
1	01	P	1222	48.485	105,000	105,000	0	0	0	
2	02	P	1222	0.000	105,000	11,200	94,000	0	-200	
3	04	A	1222	28.194	80,000	79,000	1,000	0	0	
4	05	A	1222	32.779	80,000	80,000	0	0	0	
5	06	A	1222	35.446	80,000	80,120	0	0	-120	
6	07	A	1222	42.660	80,000	80,000	0	0	0	
7	08	A	1222	40.571	80,000	80,000	0	0	0	
8	10	P	1222	31.969	105,000	15,100	90,000	0	-100	
9	11	P	1222	39.653	105,000	101,000	4,000	0	0	
10	12	P	1222	33.048	105,000	65,000	40,000	0	0	
11	13	P	1222	59.176	105,000	104,290	0	0	710	
12	14	P	1222	47.353	105,000	105,280	0	0	-280	
13	16	A	1222	19.911	80,000	80,370	0	0	-370	
14	17	A	1222	21.800	80,000	80,000	0	0	0	
15	18	A	1222	31.895	80,000	80,000	0	0	0	
16	19	A	1222	21.241	80,000	80,800	0	0	-800	
17	20	A	1222	0.000	80,000	80,000	0	0	0	
18	23	T	1226	0.000	185,000	0	0	0	185,000	
19	25	T	1226	0.000	185,000	0	0	0	185,000	
20	28	T	1226	0.000	185,000	0	0	0	185,000	
21	30	T	1226	0.000	185,000	0	0	0	185,000	
합 계				534.181	2,275,000	1,307,160	229,000	0	738,840	
							1,536,160			
평 균				21.367	91,000	52,286	61,446			

총 일 수 (오전 = 10,오후 = 7,하루 = 4,인정 = 0,총일수 = 25). 금액(오전 = 800,290 오후 = 506,870 하루 = 0 후납 = 229,⬛

어느 택시 기사의 운행 기록. '기준금액' 항목이 사납금이다.
손님이 없어 할당량을 채우지 못하면 기사가 사비로 메꾸거나
다음 운행에서 번 돈으로 채워넣어야 한다.
사납금 폐지는 택시 노동자들의 숙원이었다.
타다는 이를 앱으로 해결하며 신산업의 아이콘으로 떠올랐다.

때) 싼 요금(공급이 많을 때)을 받았다. 콜이 가장 많은 밤 11시 무렵, 타다의 요금은 택시보다 50% 비쌌다. 택시보다 훨씬 민감하게 수요-공급의 변동에 반응하는 요금 체계다.

서울과 일부 수도권에서 서비스한 타다의 운행 차량은 2020년 3월 기준 1700여 대였다. 서울 택시 7만1000여 대에 비해 미미한 숫자이지만 반응은 심상치 않았다. 출시 6개월 만에 회원 수가 50만 명을 넘어섰다. 격렬한 반발도 뒤따랐다. 2019년 5월 분신해 숨진 개인택시 기사 안효령 씨(76)의 택시에는 '공유경제로 꼼수 쓰는 불법 타다 OUT'이라는 문구가 붙어 있었다. 이 과정에서 제기된 질문은 거칠게 이렇게 요약된다. 타다는 혁신인가, 약탈인가?

이용자 후생 vs. 형평성

타다를 혁신으로 보는 쪽은 '이용자 후생(생활이 넉넉하고 윤택해짐)의 증대'에 주목했다. 2018년 서울시에 접수된 택시 민원 가운데 1위는 불친절(7308건), 2위는 승차 거부(6217건)다. 타다는 자사의 노하우로 승차 거부는 물론 '골라 태우기'까지 차단했다. 불친절은 이용자가 매기는 별점과 피드백으로 해결한다. 별점이 높으면 기사에게 혜택을 준다. 별점이 낮거나 민원까지 들어오면 기사를 재교육하거나 계약을 해지한다. 타다 이용자들은 개선 사항으로

'불필요한 대화' '난폭 운전' '불쾌한 냄새(흡연 등)' '불친절한 응대' '업무 외 휴대전화 사용' 등을 앱을 통해 지적할 수 있다. 그간 택시의 불편함으로 지적된 문제들이다. 타다는 클래식 라디오를 틀고, 디퓨저(방향제)를 비치한다. 타다 기사들의 매뉴얼에 따르면, 손님이 먼저 말을 걸기 전에는 말을 걸 수 없다.

타다를 혁신으로 보는 이들은 지금의 '택시 운영 체제'가 고객들에게 강요하는 불편을 강조한다. 택시의 수급 불균형은 우연이 아니라 구조적 필연이라는 이야기다. 서울시의 경우, 개인택시 수가 법인택시의 두 배에 달한다. 문제는, 법인택시가 시간대별로 고르게 운행하는 반면 개인택시의 근무 시간대는 오전 8시~오후 7시에 집중되어 있었다는 것이다.[9] 승객의 처지에서 보면, 수요가 치솟는 밤 10시부터 새벽 1시 사이의 공급량(택시 대수)이 크게 줄어들게 된다. 개인택시 고령화와 관련되는 현상이다. 2016년 기준 개인택시 운전자는 65세 이상이 28.8%로 법인택시의 12.1%보다 두 배 이상 높다. 서울시는 개인택시 심야 시간 의무부제 운행을 시행하려 했으나 '자영업자는 인권도 없느냐'는 반대에 부딪혀야 했다.

서비스 질이 낮은 이유도 있다. 먼저, 법인택시 회사의 경우 서비스 질을 높일 유인이 뚜렷하지 않다. 2019년 기준 서울시에만 254개 법인택시 회사가 있고, 대다수는 100대 이하의 택시를 보유한 영세업체다. 고객들이 특정 회사의 택시를 골라 타지도 않는 상황에서 굳이 서비스 질을 높여 브랜드를 관리할 필요성이 없는 것이다. 더욱이 기사들에 대한 보수가 낮은 편이기 때문에 인력이 택시회사로 유입되지도 않는다. 법인택시 10대 중 3대는 기사를 못 구해 서 있다. 행정당국의 규제도 비효율적이었다. 예컨대 승객들의 승차 거부 신고에 대한 행정처분을 결정해온 것은 각 구청이다. 문제는 정작 이들 구청이 택시회사나 택시기사 단체의 민원에 취약하다는 점이다. 최근에야 서울시청이 행정처분 여부를 직접 판단하기 시작했다. 징계 대상을 기사 개인에서 법인택시 회사로 확대한 조치도 2018년부터다.

반면 타다가 법망을 피한 약탈이라는 주장은 형평성을 강조했다. 돈을 받고 사람을 태울 수 있는(유상운송) 자동차의 조건은 법률로 규정되어 있다. 여객자동차 운수사업법 제34조 2항에 따르면, "누구든지 렌터카를 빌린 사람에게 운전자를 알선할 수 없다." '기사가 딸린 렌터카'는 불법이라는 의미다. 그러나 시행령에 '예외 조항'을 달아놓았다. 예컨대 '11인승 이상 15인승 이하인 승합차를 빌린 사람'이다. 타다를 운영하는 VCNC는 이 규정을 '11인승 레저용 차량RV을 빌린 고객에게 기사를 알선하는 것은 합법'이라고 해석했다. VCNC가 전개한 영업 내용이기도 하다. 택시업계의 시각에서 '예외 조항'은 단지 관광의 활성화를 위한 규정일 뿐이다. 그래서 택시업계는 VCNC가 예외 조항을 터무니없이 확대 해석해서 '유사 택시업'을 영위하고 있다고 비판했다. 택시업계에 따르면, 타다와 '나라시(자가용을 이용한 불법 택시영업)'의 차이는, 전화가 아니라 앱을 사용하는 것뿐이다. 더욱이 택시는 요금을 비롯해서 허다한 규제를 받는데, 타다는 이런 규제에서 비껴나 있다.

돈을 받고 사람을 이동시키는 유상운송업(예컨대 택시)에는 수많은 규제가 있다. 공익을 위한 규제도 있지만, 업계 내의 종사자들을 보호하기 위한 규제도 있다. 면허가 대표적이다. 면허는 해당 종사자의 전문성을 보장해서 소비자를 보호한다는 취지를 갖고 있다. 이와 함께 해당 업종에서 일하는 사람들 수를 제한함으로써 그들의 소득을 유지시키는 기능도 한다. 물론 종사자들을 보호해야 해당 업종이 지속될 수 있으므로, 이 또한 공익과 무관하진 않다. 타다는 누구나 택시 면허 없이 '유상운송업의 기사'로 일할 수 있게 한다는 측면에서 택시업계의 모든 관련자들을 위협한 측면이 있다. 특히 개인택시 관계자들이 느끼는 위기감은 각별했다.

법인택시 기사들이 보수를 받는 노동자인 반면 개인택시 운전자들은 자영업자다. 자기 소유의 택시로 일하고 요금 전체를 매출액으로 잡는다. 개인택시를 굴리려면 면허가 있어야 한다. 1965년 도입된 '개인택시 면허'는 당초엔 법인택시 기사로 정해진 기간 이상 근무한 노동자들에게 부여하는 일종의 '보상'이었다. 지금도 법인택시 운전자들은 사납금 부담 등 열악한 근무 조건 때문에 한 직장에서 오래 일하지 못한다. 반면 개인택시 기사는 장기간 일하며 노후를 지탱할 수 있는 직업의 의미가 크다. 국철희 전 서울개인택시운송사업조합 이사장은 "타다가 운수사업법 시행령의 작은 문구(예외 조항)로 면허제도의 근간을 무너뜨리고 있다. 이대로 간다면 유사 택시로 전체가 도배될 것이 불 보듯 뻔하다. 개인택시라는 직업이 사라진다"라고 말했다.

개인택시 기사들이 분노한 이유는 또 있다. 상당수가 개인택시 면허에 큰돈을 '투자'한 상태이기 때문이다. 다른 직종에서는 불법이지만, 개인택시 면허는 자유롭게 사고팔 수 있는 일종의 자산이다. 1970년대 이후 양도·양수와 심지어 상속까지 허용되었다. 1980년대 이후 지자체들이 개인택시 면허를 남발하면서 개인택시와 법인택시의 비율은 30대 70에서 65대 35로 역전되었다. 이후 개인택시 면허 발급이 중단되자 면허 가격에 '프리미엄'이 붙기도 했다. 서울시에서 개인택시 면허 발급이 중단된 것은 1999년이다. 이후 개인택시 면허를 '소유'하게 된 경로의 80% 정도는 '매입'으로 추정된다. 빚을 내 면허를 산 경우도 적지 않다.

1억 원 가까운 돈을 주고 면허를 산 개인택시 기사들과 달리 타다의 VCNC 같은 신규 사업자는 '면허 값'을 내지 않고 경쟁하기 때문에 공정하지 않다는 주장이 그래서 나왔다. "왜 서민은 돈을 1억 원이나 모으고 그 돈으로 개인택시 면허를 사야 하고⋯ 타다가 1000대이고 개인택시가 1000대이면 타다는 면허권을 안 사서 1000억 원을 덜 투자한 상태로 경쟁하는 거 아닙니까?(김정호 베어베터 대표)"

더욱이 '개인택시 면허' 시장에서는 공급에 비해 수요가 감소하는 추세였다. 면허를 팔려는 사람에 비해 사려는 사람이 줄어들고 있었다는 이야기다. 개인택시 매매업체인 서울택시랜드에 따르면, 2016년 11월 9600만 원이던 개인택시 면허 시세는 타다 출시 직후인 2018년 10월 8600만 원에서 2019년 5월 6400만 원까지 내려갔다(이 가격은 2021년 7월 8100만 원으로 다시 올라갔다). 그렇다면 타다 역시 '면허 값'을 치르게 해야 하는 것일까? 2019년 불붙었던 '타다' 논쟁의 핵심 질문 중 하나가 바로 이것이었다.

기술과 플랫폼이 대체하는 숙련

이에 대한 전현배 서강대 교수(경제학)의 의견은 달랐다. 논점은 '규제의 사회적 정당성'이다. 면허라는 규제는 종사자 수를 제한해서 해당 업종 관계자들의 소득을 보호하는 측면이 분명히 있다. 전문성을 가진 사람만 종사하도록 해서 소비자들의 후생과 안전성을 높이려는 공익적 기능도 가진다. 문제는 ICT(정보통신기술)의 발전으로 택시 노동자 개인의 전문성이 가지는 중요성이 크게 떨어져버렸다는 점이다. 그렇다면 면허는 단지 이 부문으로 진입하려는 다른 노동자들을 차단하는 장치로 전락해버린다. 규제의

사회적 정당성 역시 해체된다.

"기본적으로 택시업에서는, 길을 잘 알아서 최적의 길로 인도해주는 (노동자의) 숙련이 중요했다. 개인택시 면허는 인적 자본에 대한 대가이기도 했다. 그런데 내비게이션이 나온 뒤로 택시(기사)가 제공하는 서비스가 상당 부분 기술에 의해 대체되었다. 승객을 안전하고 친절하게 태운다는 면허의 중요한 기능 역시 앱을 통한 추적과 평가로 일정 부분 가능해졌다. 이런 상황에서는 기존 시스템(과 그 규제)이 현재 택시산업에 적합한 제도인지 근본부터 생각해볼 필요가 있다." 전현배 교수의 지적이다.

'길 찾기'라는 택시 기사의 숙련이 내비게이션으로 해체된 상황에서, 기사의 안전성과 신뢰성, 평판이 '앱'으로 그럭저럭 관리가 가능하다면 이런 질문이 떠오른다. '누구나 택시를 할 수 있다면, 왜 택시만 그걸 해야 하지?' 이 질문을 극단으로 밀어붙인 사업모델이 바로 우버다. 우버는 승객의 '콜'을 운전자에게 연결해주고, 운전자는 그 콜을 수행한 뒤 건당 수수료를 받는다. 이렇게 수요자(승객)와 공급자(차량)를 연결해주는 디지털 네트워크를 '플랫폼'이라고 한다.

플랫폼의 등장으로 인한 '규제의 사회적 정당성 해체'와 '기존 산업 종사자의 피해'는 세계적인 이슈다. 한때 100만 달러를 웃돌던 뉴욕시 택시 면허 가격이 15만 달러까지 폭락했다고《뉴욕타임스》가 보도했다. 우버와 리프트 등 플랫폼 서비스의 허용이 상당한 영향을 미친 것으로 보인다. 대출을 받아 택시 면허를 샀던 이들은 벼랑 끝에 몰렸다. 뉴욕시에서 2018년에만 택시 기사 8명이 목숨을 끊었다. 결국 뉴욕시 의회는 우버와 리프트 등 플랫폼 서비스의 운전자 수를 제한하는 조례를 통과시켰다.

한국은 2013년 들어온 우버에 대해 '자가용을 이용한 유상운송은 불법'이라며 한차례 철퇴를 내린 바 있다. 2018년 10월 타다의 등장으로 '누가 유상운송을 할 수 있는가'라는 논쟁이 사실상 처음 수면 위로 떠올랐다. 그 뒤에 벌어진 일을 돌아보면, 한국의 입법자들은 택시 산업에 관한 한 '규제의 사회적 정당성'이 여전히 인정된다고 판단한 걸로 보인다.

2019년 2월 서울개인택시운송사업조합 전·현직 간부가 이재웅 당시 쏘카 대표와 박재욱 VCNC 대표를 여객자동차 운수사업법 위반 혐의로 고발했다. 법에 따르면 누구든지 면허 없이 유상운송 행위를 할 수 없는데, 타다는 '11인승 이상 15인승 이하인 승합차'라는 예외조항을 이용해 렌터카를 빌린 사람에게 운전자를 알선해 사실상 돈을 받고 고객을 태웠다는 주장이었다. 타다를 '약탈'로 보는 관점을 대변한다. 2019년 10월 검찰은 같은 논리로 두 사람을 불구속 기소했다.

2020년 2월 서울중앙지방법원 1심 판결은 피고인들에게 '무죄'를 선고했다. 타다 서비스의 본질은 '초단기 승합차 렌트'이며, 법이 금지한 '면허 없는 유상운송'에 11인승 렌트카 대여까지 포함된다고 해석하는 것은 법을 지나치게 확대해석하는 것이라고 봤다. 검찰은 항소했다. 이런 와중에 2020년 3월 국회는 법을 개정했다. 개정된 여객자동차 운수사업법은 '11인승 이상 15인승 이하 자동차'를 빌린 사람에게 운전기사를 알선할 수 있는 조건에 '관광 목적' '6시간 이상 대여' '공항 또는 항만에서 대여하거나 반납할 것'을 추가했다. 이른바 '타다 금지법'이었다.

이에 쏘카 등은 2020년 4월 타다 서비스를 중단하고 5월 헌법소원을 청구했다. 개정된 법이 자신들의 직업의 자유, 재산권 등을 침해한다고 주장했다. 2021년 6월 헌법재판소는 이 주장을 기각한다. "사실상 기존 택시운송사업과 중복되는 서비스를 제공하면서도 동등한 규제를 받지 않는 유사영업이 이루어지면서 사회적 갈등이 크게 증가"했고 "역차별적인 규제로 인한 형평성 문제가 발생"했기에, 이를 막으면서도 일정한 조건 아래서는 렌트카에 운전자를 알선할 수 있게 한 개정 법은 과도한 제한이 아니라고 헌재는 판단했다. 특히 개정 법에 따르면 1년 6개월의 준비기간을 줬으며, 택시총량제 안에서 일정한 기여금(분기별 총 매출액의 5%를 내거나 운행횟수당 800원을 합산한 금액 또는 허가대수당 월 40만 원)을 내면 플랫폼 운송 사업을 할 수 있는 길도 열어두었으므로, 이 조항을 통해 달성하려는 공익보다 제한받는 사익이 더 크다고 보기 어렵다고 했다.

타다를 '혁신'으로 본 이들은 기존 택시의 불편을 해결한 데 따

타다와 택시. 타다 현상은 기술과 플랫폼이 숙련을 대체할 때 일어나는 사회변동의 한 표본이다. 눈여겨봐야 할 것은 이들 신산업이 내세운 혁신에 또 다른 착취가 숨어 있을 가능성이다.

ⓒ시사IN포토 이명익

른 '소비자 후생의 증대'를 강조했다. 그런데 지금까지 드러난 바에 따르면, 이는 여객자동차 운수사업법뿐 아니라 노동법을 우회한 결과였다. 타다 드라이버 1만1400여 명 중 1300여 명은 파견 업체 5곳에 고용된 파견 노동자이고, 대다수인 1만여 명은 파견 업체 29곳과 계약을 맺은 '프리랜서' 신분이었다. 파견 노동자는 4대보험에 가입하고 퇴직금도 받지만 프리랜서는 그렇지 않았다.

문제는 프리랜서인 타다 드라이버들이 실제로는 그리 자유롭지 않았다는 점이다. 2019년 7월 인원 감축으로 '함께 하지 못한다'는 통보를 파견업체로부터 받은 프리랜서 타다 드라이버 곽수현 씨는 부당해고 구제 신청을 했다. 2019년 12월 지방노동위원회는 곽 씨가 근로기준법상 근로자가 아니라고 했다. 일할 요일과 시간대, 차고지를 선택할 수 있었다는 이유에서다.

2020년 5월 중앙노동위원회의 판정은 달랐다. 프리랜서 타다 드라이버들은 근무일과 시간대를 선택하긴 했지만, 이미 확정된 타다 배차표상 운행 시간에 맞춰 정해진 차고지에 출근한 뒤, 타다 앱이 정해준 장소에서 앱이 연결해준 이용자를 목적지까지 실어나를 뿐 노동시간과 장소를 임의로 변경할 수 없었다. 하루 10시간 일했고 1시간 30분 휴게시간 안에서만 쉬었다. 정해진 복장을 입고 이용자에게 공통적으로 응대하는 등 매뉴얼에 따라 일하도록 지시받았고, 위반하면 교육이나 경고를 받았다. 콜을 수락하지 않거나 배차를 취소하거나 근무지를 이탈하면 레벨 평가에 부정적으로 반영되었다. 차량도 모두 쏘카의 것이었다.

중앙노동위원회는 이런 상황을 근거로 프리랜서 타다 드라이버 곽수현 씨가 근로기준법상 근로자라고 판단했다. 또한 VCNC가 아닌 모회사 쏘카가 타다의 실질적 운영자이자 타다 드라이버들의 핵심 노동조건을 결정했으므로, 쏘카가 곽 씨의 사용자라고 봤다. 나아가 곽 씨에게 해고 사유와 시기를 서면으로 통지하지 않아 부당해고라고 판단했다. 쏘카 등은 이 판정에 불복해 행정소송을 진행 중이다.

우버도 운전자들을 '독립 계약자'로 간주한다. 이들은 타다 드라이버들보다는 근무 자율성이 높고, 차량도 스스로 마련한다. 타다 드라이버보다 '플랫폼 노동'의 원형에 가깝다. 그런 우버에 대해서도 세계 각국에서 제동을 걸고 있다. 2021년 2월 영국 대법원은 우버 드라이버 25명에 대해 최저임금과 유급휴가를 보장받아야 할 '노동자worker'라고 판단했다. 우버는 자신이 승객과 운전자를 연결하는 기술 플랫폼에 불과하다고 주장했지만, 영국 대법원은 우버가 요금을 정하고, 배차를 할당하는 데다, 특정 경로로 갈 것을 요구하며, 훈련을 위해 운전자들에게 등급을 매기는 등 고용주처럼 행동한다고 판단했다. 앞서 2020년 3월 프랑스 대법원도 우버 운전자가 '노동자'라고 보았다. 같은 해 미국 캘리포니아에서도 우버 운전자 등의 지위와 관련한 법적 공방이 벌어지는 등, 세계적으로 플랫폼 노동자에게 노동법을 적용하려는 움직임은 계속되고 있다.

타다 논쟁은 단지 택시업계만의 문제는 아니다. 당장 법률 플랫폼 '로톡'과 대한변호사협회도 싸우고 있다. 변협은 로톡이 '금품을 받고 특정 당사자를 변호사에게 소개·알선하는 행위를 금지'한 변호사법 34조를 위반하고 있다고 주장한다. 그 이면에는 경쟁 격화로 변호사 수임료가 낮아질 것에 대한 두려움이 존재한다. 반면 로톡은 법률시장의 '정보 비대칭' 완화에 따른 이용자 편익을 강조한다. 기술 발전으로 인해 앞으로 닥칠 사회적 변동과 혼란의 단면을 보여준다.

진입장벽을 계속 유지해야 하는 이유는 무엇인가? 기존 종사자들의 피해는 존재하는가? 또 어떻게 해결할 수 있는가? 새로운 산업이 노동법을 우회할 때, 공동체는 어떻게 취약한 이들의 권익을 보호할 수 있을까? 타다가 쏘아올린 논쟁은 아직 끝났다고 보기 힘들다. 어쩌면 여러 버전으로 반복될 질문이다.

타다가 드러낸
사회변동의 단면들

타다가 한창 서비스를 하던 시절에는 이용할 때마다 기사님에게 말을 걸곤 했다. 근무형태와 시간은 어떤지, '별점'이 어떻게 영향을 미치는지, 일을 시키는 게 누구라고 생각하는지(파견업체인지

VCNC인지 쏘카인지)⋯. 타다 서비스가 종료되었지만, 일반 택시를 타도 질문을 하곤 한다. 특히 법인택시라면 요즘 사납금은 얼마인지, 얼마나 일해서 어느 정도 버는지, 코로나19의 영향은 어떤지 등을 묻는다.

아마 나는 타다의 고용형태를 보고 불법파견 가능성을 꽤 일찌감치 떠올린 기자 중 하나일 것이다. 그런데 이런저런 이유로 확신이 없어 여기저기 두드려만 보다가, 결국 제때 문제를 제기하지 못했다. 다른 언론의 보도로 논쟁이 촉발되었다. 기자로서 굉장히 뼈아픈 기억이다. 지금은 이 업체가 '택시업을 꼭 택시만 해야 하는가'라는 질문에 사회가 답을 내리기 '전에' 사업을 시도한 것은 문제였고, 특히 파견뿐 아니라 '프리랜서'를 쓰는 형태로 고용의 책임도 지지 않았다는 점에서 더더욱 문제적이었다고 생각한다. 조금 더 빨리 정면으로 다뤘으면 어땠을까 하는 아쉬움이 크다.

다만 여전히 변형된 형태의 '사납금'으로밖에 노동을 통제하지 못한다고 말하는 법인택시 회사들을 보면 여러 생각이 든다. 법인택시 노동조합이 그토록 요구해왔던 월급제는, 기술의 통제만 있으면 그렇게 어렵지 않은 일이었다는 것이 '타다' 서비스를 통해 드러났기 때문이다. 기사가 어디에 있는지, 손님의 콜을 수락했는지, 심지어는 몇 초만에 수락했는지까지 통제할 수 있다면, 월급을 시급으로 주어도 문제가 없다. 타다가 드러낸 또 하나의 역설이다.

타다 논란을 기사로 쓸 때마다 전화하던 기사님이 있다. 언제부턴가는 내 전화를 받지 않는다. 그도 그럴 것이, 커피숍으로 불러내 귀찮게만 했지 실질적으로 보탬이 된 적은 없으니까. 지금쯤 다른 법인택시 회사에서 일하며 사납금을 내고 있을까? 그 기사님은 언젠가 물류센터에서 상하차 일을 한 뒤 땀에 젖은 채로 집에 돌아온 이야길 해주었다. 대기업인데 샤워실도 없더라면서 혀를 내두르던 모습이 잔상에 남아 있다. 그는 분명 '프리랜서'로서의 자율성은 별달리 누리지 못했지만, "50대에 이런 일자리 찾기 쉽지 않다"라고 말하는 그에게 더 좋은 다른 일자리가 있지 않느냐고 반문할 근거가 당시의 내게는 없었다. 고용형태에 문제가 있으니 직접고용을 위해 싸우시라고 할 용기도.

언젠가 제2의 타다가 나온다면 그때는 '혁신인지 약탈인지' 일찌감치 결론을 내리고 기자로서 목소릴 높일 수 있을까? 잘 모르겠다. 분명한 것은 노동법을 지키면서도 법인택시 사납금 같은 '오래된 착취'를 끝낼 방법을 우리 공동체가 찾아야 한다는 것이다. 그리 오랜 시간이 걸리지 않기를 바란다.

기술이 인간을 대체할 때

사라지는 직업과
사라지지 않을 권리

출처: 한국도로공사(2009~2018), 금속노조 현대차지부

41.6 ◎ % ◎ 80.6

2009~2018년 고속도로
하이패스 이용률 변화

7477 → 6774

같은 기간 톨게이트
수납원 정원 변화

700

2018년 정년퇴직한
현대차의 정규직 숫자

이 자리를
대신 채운
비정규직 숫자

267

100.0

아예 사라진
일자리의 수

기술이 인간을 대체할 때, 공동체는 어떤 선택을 해야 할까? 2019년 여름 한국사회를 뒤흔든 톨게이트 수납원 집단해고 사건에 깔린 질문은 사실 이것이었다. 사태의 한복판에서 이호승 당시 청와대 경제수석은 '산업의 변화'를 언급하며 이렇게 말했다. "톨게이트 수납원이 없어지는 직업이라는 것도 눈에 보이지 않나." 당장 경제정책 담당자가 이런 말을 해도 되는지 논란이 일었다. 이 말은 '기술이 일자리를 없앤다'는 통념도 담고 있다.

톨게이트 수납원 해고 사건의 시작은 하이패스였다. 2000년 6월, 한국도로공사는 성남·판교·청계 톨게이트에 하이패스 전용차로를 시범 설치했다. 하이패스란 차를 세우지 않고도 무선통신으로 고속도로 요금을 자동 결제하는 시스템이다. 2007년 전국에 도입했다. 하이패스 이용률은 2009년 41.6%에서 2014년 63.6%,

2018년 80.6%로 올라갔다.

"고용불안이 장난 아니었다. 처음에는 1년에 한 번 나오던 감원 숫자가 나중에는 6개월에 한 번꼴로 나왔다." 도명화 민주노총 민주연합노조 톨게이트지부장의 말이다. 그가 일하던 서산톨게이트의 경우 30여 명이던 요금 수납원이 20여 명으로, 다시 10여명으로 줄었다. "필요한 인원이 줄면 누가 나가야 할지 각자 적어서 냈다. '일을 열심히 안 한다' 등의 이유로 뽑힌 몇 명을 내보냈다. 인기투표였다." 안성톨게이트에서 12년 일한 박미숙 씨의 눈에 금방 눈물이 고였다. 2009년 7477명이던 수납원 과업 인원 정원은 2018년 6774명으로 703명이 줄었다. 9년간 매해 평균 수납원 78명이 사라졌다.

톨게이트 수납원은
사라질 직업일까

하이패스 도입 이후 필요한 수납원이 줄어든 것은 사실이다. 하이패스보다 더한 것도 기다리고 있다. 도로공사는 2020년부터 '스마트 톨링'이 도입되면 수납원 자체가 사라진다고 주장해왔다. 스마트 톨링이란 하이패스 단말기가 없는 차량도 카메라가 번호판을 인식해 요금을 후불로 부과하는 시스템이다. 지금은 하이패스를 이용하지 않는 고객을 위해 수납원이 있는 요금소를 남겨두지

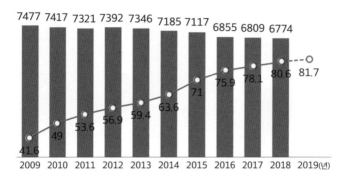

요금 수납원 수와 하이패스 이용률 변화

■ 요금 수납원 수(과업 인원 정원)
-O- 하이패스 이용률
(단위: 명, %)

7477 7417 7321 7392 7346 7185 7117 6855 6809 6774

41.6 49 53.6 56.9 59.4 63.6 71 75.9 78.1 80.6 81.7

2009 2010 2011 2012 2013 2014 2015 2016 2017 2018 2019(년)

출처: 한국도로공사

만, 앞으로는 그럴 필요가 없다는 것이다. 하이패스를 장착한 차는 종전처럼 자동 납부하면 된다.

수납원이 없어질 직업이라는 예측은 적어도 단기적으로는 과장되어 있다. 우선 선행 과제가 해결되지 않았다. 요금을 후불로 부과하려면 해당 차량 주인의 개인정보를 조회해야 한다. 현행 유료도로법으로는 미납 차량에 대해서만 이런 조치가 가능하다. 법률 개정이 필요하다는 의미다. 기술적으로도 완전 무인화는 아직 어렵다. 눈이 많이 오면 영상 인식률이 떨어진다. 이에 따라 스마트 톨링 도입은 2022년 이후로 연기된 상태다.

요금소 절반 이상을 하이패스로 대체한 톨게이트.
기술은 일자리를 잠식한다.
그러나 그 양상은 공동체의 선택에 따라 크게 달라질 수 있[
ⓒ시사IN포토 이명익

도로공사에 따르면, 스마트 톨링을 전면 도입하더라도 수납원은 필요하다. 흔히 수납원 업무는 '돈 받는 게 전부'라고 생각하지만 그렇지 않다. 하이패스 장착 차량이 지나간 뒤에도 사람이 할 일이 있다. 고객 민원에 대응하고, 요금 미납 사실을 고지하며, 차량번호가 제대로 인식되지 않은 것을 바로잡는 일이 모두 수납원의 몫이다. 과적·미납 차량 단속, 각종 일지 작성 등의 업무도 담당하고 있다. 스마트 톨링 이후에도 유지할 수밖에 없는 이런 업무에 필요한 인력이 2500여 명으로 평가된다.

신기술이 일자리에 미치는 영향도 생각만큼 일방적이지는 않다. 기술은 일자리를 없애지만, 새로운 일자리를 만들어내기도 한다. 톨게이트 업무도 마찬가지다. 스마트 톨링이 도입되면 번호판을 인식해 요금을 부과하기 때문에 영상 보정 업무가 크게 늘어난다. 후불 고지나 체납 징수, 전화 민원 등도 증가하는데, 이 또한 사람만이 할 수 있는 업무다. 이처럼 새로 생기는 업무에 1000여명이 필요하다.

결국 스마트 톨링이 전면 도입되더라도 3500명가량의 수납원 고용을 여전히 유지해야 한다. 도로공사는 사람이 돈을 받는 차로를 톨게이트마다 최소 1개 이상 유지할 계획인데, 이 경우 필요 인원은 5000여 명으로 늘어난다. 기존 수납원 인원(당시 6500여 명)에는 못 미치지만 결코 적은 숫자가 아니다. '없어질 일자리'라는 청와대 경제수석의 발언은 신기술의 인력 대체 효과를 과장한 것이다.

어쨌거나 기술이 일자리를 없앨 것이라는 공포는 사람들의 머 릿속에 뿌리 깊이 박혀 있다. 톨게이트 수납원 기사에는 '없어질 업무인데 왜 고용해줘야 하느냐'는 비난이 따라붙는다. 한국은 '제조 노동자 1만 명당 로봇 이용 대수'에서 압도적 1위를 차지하 는 국가다(2019년). 기술이 일자리를 밀어낸다면, 어떻게 대처해 야 할까.

정이환 서울과학기술대 교수(노동사회학)는 "설령 업무가 자동 화되어 인력이 남더라도, '필요 없다'고 인위적으로 구조조정하는 것은 노동 존중 관점에서 맞지 않다. 다른 직무로 전환 배치하거 나, 정 안 되면 노동시간을 줄여서라도 최대한 해법을 찾아야 한 다. 그러고도 안 될 때 최후의 수단으로 정리해고가 있다"라고 말 한다. "현대차도 전기차 시대가 되면 내연기관 인력이 불필요해 진다지만 정년퇴직할 때까지 기다려주지 않는다. 기술 발전으로 인 한 강제 감원이 나쁘다는 정도의 사회적 합의는 공공에든 민간에 든 존재한다고 생각한다."

대체로 10~20년 근무한 수납원의 상당수는 고령이다. 2019년 기준으로 향후 10년 안에 정년 60세에 도달하는 비율이 절반이 넘는 상황이었다. 자연 퇴사로 대처할 여지가 있다. 그럼에도 자 동화의 칼바람이 수납원들을 덮쳤다. 수납원들이 2년마다, 1년마 다, 6개월마다 근로계약서를 새로 쓰는 외주업체 소속이기에 가

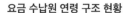

요금 수납원 연령 구조 현황

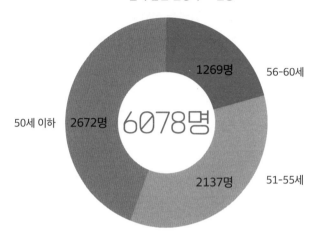

6078명

1269명 56-60세

2672명 50세 이하

2137명 51-55세

출처: 한국도로공사(2019)

능했다.

수납 업무는 원래 도로공사 정규직 직원과 비정규직 직원이 함께하던 일이다. 도로공사는 1995년 5월부터 새로 짓는 톨게이트 영업소의 수납 업무를 외주화하기 시작했다. 김대중 정부 시절인 1998년부터 외주화가 단계적으로 확대되었다. 2008년 12월 이명박 정부는, 마지막까지 도로공사 직원이 맡았던 서울 관문 영업소 10개의 수납 업무마저 외주화했다.

하이패스 때문에 고용불안이 커지자 톨게이트 수납원들은 소송을 시작했다. 2013년 2월, 수납원 500여 명은 도로공사를 상대로 '근로자 지위확인 소송'을 냈다. 2015년 1월, 1심 재판부는 수납원들의 손을 들어주었다. 법원은 수납원들이 하는 업무가 사실상 톨게이트 영업소 운영과 관련된 모든 일이어서 매우 포괄적이며, 특별한 전문성이나 기술을 요하지 않는다고 했다. 그런데도 도로공사는 '고속도로 톨게이트 영업소 운영'이라는 자사의 필수적이고 상시적인 업무를 외주업체들에 넘겼다. 이 업체들은 도로공사의 영업규정이나 지침에 따라 운영됐을 뿐 별도의 조직체계가 없었고, 사업경영상 독립성도 없었다. 외주업체들은 대체로 도로공사에서 일하던 직원들이 퇴직해 운영했다. 용역 대금도, 필요한 요금 수납원을 뜻하는 '과업 인원'도 도로공사에서 정해 내려왔다. 업무 문서에 도로공사 직원의 결재란까지 있었다.

0.5평 톨게이트 부스에 담긴
한국 노동 문제의 최전선

결국 수납원들은 외주업체에 고용되어 있으면서도 도로공사의 톨게이트 영업소에서 도로공사의 지휘·명령을 받아 도로공사를 위해 일해왔다. 이렇게 '고용한 회사'와 '일을 시킨 회사'가 다르면 법적으로 '파견'이다. 도로공사는 무허가 파견업체에서 파견을 받거나 2년 넘게 파견 노동자를 써서는 안 되는데, 수납원들은 그렇게 일해왔다. 법원은 도로공사가 '불법 파견 노동자'를 사용해온 현실을 지적하며 수납원들을 직접고용하라고 판결했다. 2017년 2월 2심도 수납원이 승소했다. 도로공사는 대법원에 상고했다.

2017년 5월 문재인 대통령이 취임 첫 외부 일정으로 인천공항을 찾아 "공공부문부터 임기 내에 비정규직 제로 시대를 열겠다"라고 말했다. 같은 해 7월, 문재인 정부는 '공공부문 비정규직 근로자 정규직 전환 가이드라인'을 발표한다. 공공기관마다 정규직 전환을 논의하는 협의체가 꾸려졌다. 도로공사는 당초 2020년 스마트 톨링 시스템이 도입되면 필요한 수납원이 줄어든다며 수납원은 정규직 전환 대상이 아니라고 버텼다. 계획이 2022년 이후로 연기되고 수납원이 여전히 필요하다는 추산이 나오자 '이들을 어떻게 정규직화할 것인가'가 쟁점으로 떠올랐다.

도로공사는 직접고용 대신 자회사를 만들기로 가닥을 잡았다. '정년 1년 연장' '임금 30% 인상' 같은 당근을 제시하며 수납원들에게 자회사 입사를 독려했다. 6500여 명 중 5000여 명이 자회사행을 선택했다. 대법원 선고를 앞둔 2019년 7월, 도로공사는 자회사인 한국도로공사서비스(주)를 출범시켰다. 끝까지 자회사 입사에 동의하지 않은 1400여 명은 외주업체와의 계약이 만료되는 방식으로 해고되었다. 2019년 8월 대법원이 수납원들의 최종 승소를 확정했다. 2020년 5월에는 도로공사가 직접고용을 거부하던 '2015년 이후 입사한 수납원'에 대해서도 법원이 불법파견을 인정했다. 이로써 도로공사는 해고 수납원 1400여 명을 직접고용하게 되었다.

일단락된 걸까? 그렇게 보기는 어렵다. 법원 판결로 직접고용된 '전직 수납원' 1400여 명은 고속도로 졸음쉼터 내 화장실 청소, 쓰레기 수거 등의 업무를 부여받았다. 도로공사가 수납 업무를 자회사로 넘겼기 때문이다. "사실 졸음쉼터 청소 업무에 필요한 것보다 2~3배 많은 인원이 투입되고 있다. 노동강도가 세다기보다는, 하던 일을 하지 못하는 박탈감이 크다." 도명화 지부장이 말했다. "도로공사는 직접고용을 전혀 대비하지 않은 것 같다. 직영 주유소나 주차장 관리 등 우리가 할 업무를 만들어낸다고는 하는데, 우리로서는 자회사를 없애고 자회사 인원을 직접고용해서 다 같이 수납 업무를 하면 제일 좋다. 고연령대가 많아서 퇴직자가 꽤 발생한다. 도로공사는 절대 받아들이지 않는다. 스마트 톨링이 도입되면 자기들이 책임 못 지니까." 그는 스마트 톨링의 전 단계로 다차로 하이패스가 확대되고 있다면서 "한 5년 안엔 안 들어오겠습니까"라고 말했다.

도로공사는 대법원 판결이 나오기 전 자회사 설립을 밀어붙였다. 대법원 판결이 나온 후에도 어떻게든 수납원 직접고용을 최소화하려 했다. 2018년 결산 기준 도로공사 일반 정규직의 1인당 평균 보수액은 8101만7000원(평균 근속연수 16.28년)이다. 도로공사가 수납원 6500명을 직접고용하면, 기존에 5100명 수준이던 정규직 직원들이 자신의 성과급 등 유무형의 혜택을 수납원들과

화물차와 부딪혀 파손된 요금수납 부스. 수많은 차량이 오가는 나들목에서 수납원의 업무는 통행료 징수만이 아니다. 스마트 톨링 시대에도 수납원은 필요하다는데 한국사회는 진작부터 이들을 '사라질 존재'로 내몰고 있다. ⓒ민주노총 공공연대노동조합 한국도로공사 영업소지회

나눠야 했을 것이다. 특히 '어떤 일을 하면 얼마를 줘야 한다'는 임금의 기준이 없는 한국사회에서, 직접고용된 인력의 임금은 기존 정규직을 따라 오르기 쉽다. 도로공사 정규직들은 수납원 직접고용에 반대했다. 사측은 정규직들의 반대에 편승했다. 도로공사는

심지어 수납원 노조원들에게 본사 점거농성과 관련해 1억 원 손해배상 소송까지 청구했다(2021년 9월 현재까지 취하하지 않았다). 정부는 유의미한 중재를 하지 못했다. 불법파견이라는 맥락은 사라지고, 당사자들은 '정규직화 반대'의 연장선에서 '날 것'의 갈등에 노출되었다. 한 정규직 직원에게 "시험 보고 오라"는 속삭임을 들은 수납원도 있다.

도명화 지부장은 "수납원 직접고용을 반대했던 정규직들과 여전히 갈등이 크다"라고 전했다. "블라인드 같은 익명 소통 공간에 '민노(민주노총) 좀비가 업무로 뭘 물어봤는데 냄새 나 죽는 줄 알았다'는 식의 글이 올라온다. 우리 조합원들이 연령대도 높고 고생하다 들어갔잖나. 그래서 휴가나 병가를 좀 쓰면 그것도 엄청나게 뭐라고 한다. 아직까진 그런 게 제일 힘든데, 언젠가는 다시 수납업무를 할 수 있다는 희망을 가지고 버티고 있다. 좀 더 가치 있는 일을 줘서 우리도 좀 일하고 있다는 걸 느끼고 싶다."

한국사회 노동을 둘러싼 논쟁의 최전선에 불법파견과 정규직화, 자동화가 있다. 톨게이트 갈등은 이 세 전선이 크로스된 무척이나 상징적인 전장이었다. 에어컨도 난방기도 제대로 돌아가지 않는 톨게이트 부스에서 최저임금을 받고 일하던 수납원들은 최신식 도로공사 건물을 보고 깜짝 놀랐다고 했다. 어디에 어떻게 입사했느냐가 신분이 되어버린 한국사회에서 성희롱을 견디며 감정노동을 해온 수납원들은 이제 '인간 대접'을 받길 원한다.

수납원의 약 80%는 여성이다. 네 명 중 한 명이 장애인이다. 기계가 일자리를 대체할 때 공동체의 태도는 어때야 하는지에 대해서, 우리가 얼마나 무자비해질 수 있는지 이 사건은 보여주었다. 어쩌면 수납원이 취약노동에 속한 일자리인 것과 무관하지 않을지도 모른다. 그래서 이 사건은 단순한 정규직화 갈등으로도, '없어질 직업'을 둘러싼 해프닝으로도 읽을 수 없다. 우리 시대 노동의 풍경이 0.5평짜리 톨게이트 부스에 담겨 있었다.

전기차 시대와 '정의로운 전환'

2021년 8월, 탄소중립위원회가 '탄소중립 시나리오 초안'을 발표했다. 1·2안은 2050년 기준 전체 차종 중에서 전기차를 53%, 수소차를 23% 이상 보급하겠다는 계획을 밝혔다. 3안은 전기차를 80% 이상, 수소차 등 친환경차를 17% 보급하고 내연차 비중을 3% 미만으로 하는 방안이다. 어느 쪽이든, 전기·수소차 비중을 급격히 높이는 과정은 이미 추진되고 있고 앞으로 더 가속화될 것임은 분명하다.

전기·수소차는 내연기관차와 달리 엔진·변속기가 필요 없다. 필요한 부품 수도 내연기관에 비해 대폭 줄어든다. 전기차 생산이 본격화되어 전기차 전용 라인을 설치하게 되면, 이전보다 자동화나 '모듈화(부품들을 하나의 덩어리로 생산해 장착하는 방식)'가 진

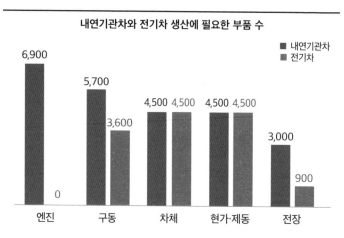

내연기관차와 전기차 생산에 필요한 부품 수

■ 내연기관차
■ 전기차

출처: 일본자동차부품공업협회(IBK경제연구소, 〈한국 자동차부품산업의 경쟁력 분석과 대응방안〉, 2018, 재인용)

행될 여지도 더 많다. 회사 측의 구조조정 의도가 없다 하더라도, 내연기관차에서 전기차로의 변동으로 인해 일자리가 사라지는 것이다.

이런 변화를 둘러싸고 첨예한 전선이 펼쳐지는 곳이 바로 현대자동차(현대차)다. 2017년부터 2025년까지 현대차의 베이비붐 세대 1만7500명이 줄줄이 정년퇴직한다. 이 중 1만4000명이 생산직이다. 꽤 대규모 인원인데, 신규 채용 없이도 공장이 돌아갈까? 회사 측은 '문제없다'고 본다. 기존 현대차 정규직의 노동강도가 그리 높지 않기 때문이다. 현대차 울산공장의 경우 편성효율(인력의 효율적 활용에 관한 지표. 높을수록 효율적)이 55% 수준으로 알려졌다. 해외 공장의 90%대보다 현격히 낮다. 남은 직원을 정년퇴직자 때문에 비는 공정으로 전환 배치하는 것만으로도 충분히 커버할 수 있다는 논리다.

현대차 노조(금속노조 현대차지부)에 따르면 회사가 정년퇴직에도 신규 충원 없이 공장을 돌리는 방법에는 크게 두 가지가 있다. 하나는 자동화·모듈화·외주화. 사람이 필요 없는 공정으로 만들어버리거나 하청업체에 고용을 털어버리는 방식이다. 또 다른 하나는 '촉탁직'이라 불리는 계약직 채용이다. 촉탁직은 현대차 정규직과 임금 차이는 없지만, 최대 계약기간이 2년이다. 불법파견이 문제가 되면서 늘어난 고용 형태다.

현대차 처지에서는 당장 사람이 모자라더라도 촉탁직을 쓰는 편이 비용이 적게 든다. 정규직은 한번 뽑으면 정년까지 해고하기 어렵고 호봉도 올려줘야 하는 반면, 촉탁직은 사람이 모자랄 때 고용했다가 2년을 채우기 전에 계약을 해지하면 그만이기 때문이다. 회사 입장에선 고용 유연성이 확보된다.

2018년 정년퇴직한 700여 명의 생산직 일자리가 어떻게 되었는지 보면 정년퇴직의 효과를 가늠할 수 있다. 노조에 따르면 이중 약 400명은 정규직으로 충원했다. 100명의 일자리는 사라졌다. 정규직이 일하던 267개 공정은 촉탁직에게 맡겼다. 사실 현대차 노사 단체협약 제44조에는 이미 '정년퇴직자의 대체 필요인원은 정년퇴직 7일 전까지 정규직으로 충원한다'고 되어 있다. 그동안 이 조항은 지켜지지 않았다. 하부영 전 금속노조 현대차지부장은 "부끄러운 이야기이지만, 정년퇴직 일자리가 발생하면 기존 정규직이 해당 자리로 재배치되었다. 정년퇴직 직전인 노동자가 가장 쉽고 편한 일을 하기 때문이다. 정규직이 하던 어렵고 힘든 일은 하청이나 촉탁직에게 맡겨왔다"라고 고백했다. 현대차 노사는 정규직이 산재나 휴직 등으로 일시적으로 자리를 비울 때만 촉탁직을 쓰기로 2012년 11월 합의한 바 있다. 그러나 회사 측은 "(인원 협상 권한이 있는) 현장 대의원들의 묵인하에" 상시·지속적 업무에까지 촉탁직을 써왔다.

어찌 되었든 현대차는 생산직 신규 충원을 최소화할 계획이다. 윤여철 현대차 부회장은 "구조조정은 당하는 사람도 힘들지만 하는 사람도 힘들다. 다행히 현대차는 정년퇴직 인원이 있어 구조조정의 아픔은 겪지 않을 것이다"라고 말한 바 있다. 자연감소 인원을 통한 구조조정을 염두에 둔 발언으로 읽힌다.

한국에서 자동차 산업은 제조업 전체 생산액의 12.7%, 수출액의 10.6%를 차지한다. 직접고용 인원만 39만 명에 달한다. 전기차 시대를 맞은 자동차 산업의 고민이 한국만의 이야기는 아니다. 미국 GM과 포드, 독일 폭스바겐 등도 대규모 인력 감축 계획을 발표했다. 판매 부진 속에서 전기차와 자율주행차 분야 투자를 확대하기 위해서다.

이 같은 흐름이 우리 시대 일자리의 미래에 의미하는 바는 무엇일까? 이항구 전 산업연구원 선임연구위원은 "독일 연구를 보면, 내연기관 자동차가 전기차로 100% 전환되었을 경우 독일 전체 자동차 산업에서 고용이 25% 줄어든다. 반면 자율주행차와 관련한 새로운 부품이나 소프트웨어 산업에서는 고용이 15% 늘어난다. 결과적으로 전기차와 자율주행차 시대에 자동차 산업 고용은 10% 줄어든다는 분석이다. 결코 작은 숫자가 아닌 데다, 기존 자동차 산업 일자리가 양질의 일자리이기 때문에 문제가 된다"라고 말했다.

인위적 구조조정 없이 정년퇴직자 자연감소만 이뤄진다고 해도 자동차 산업의 일자리는 줄어들게 된다. 특히 전기차 전환은 내연기관 부품을 주로 제조해왔으며 연구·개발 투자에서도 취약한 국내 1만여 부품사들에게 치명타일 수 있다. 현대차 노조 같은 완성차 노조의 대응이 중요한 이유다.

2021년 6월, 완성차 노조가 속한 금속노조는 '기술변화 및 기후위기 대응과 정의로운 산업전환을 위한 공동결정법' 입법청원을 하겠다고 밝혔다. 산업·업종·지역별로 '민주적 산업전환위원회'를 설치해 노조로 조직되지 않은 부품사 등의 노사를 참여시켜 고용안정과 직업훈련을 논의하는 한편, 각 기업 단위로 '공동결정제도'를 도입해 노사가 산업전환의 방향과 직무 재배치 등을 논의한다는 것이다.

이 입법청원은 10만 명의 동의를 얻지 못해 폐기되었다. 2020

년 말 기준 18만5000여 명에 이르는 금속노조 조합원의 관심조차 얻지 못한 것이다. '괜찮은 일자리'의 씨가 마른 상황에서, 산업의 대전환을 앞둔 한국의 완성차 노조들이 일자리를 얻지 못하는 청년층이나 부품사 등 하청업체 노동자들에게 얼마나 사회적 책임을 느끼고 있는지는 의심스럽다. 금속노조는 이미 기업별 노조를 넘어선 '산업별 노조'로 조직되어 있지만, 현대차 등 완성차 노조의 임금협상은 여전히 기업별 교섭으로 이뤄지고 있다. 2019년 현대차 노조는 2025년까지 퇴직할 베이비붐 세대 1만7500명 중 1만 명이라도 정규직으로 충원하라고 회사에 요구했다. 그러면서도 2021년 현대차 노조는 법적 정년을 국민연금을 받는 나이인 65세까지 연장하라고 국회에 요구했다.

전기차가 아니더라도 기술의 변화는 전방위적으로 자동차 산업의 고용을 줄일 수 있다. 우버 등 플랫폼 서비스를 통해, 자동차를 소유하기보다 빌려 이용하는 흐름이 확산되고(이른바 '공유경제'), 자율주행차가 보편화되어 '차를 소유한 운전자(오너드라이버)'라는 개념이 점차 사라지면, 자동차를 살 사람이 줄어들어 자동차 시장 자체가 쪼그라들 수 있다.

한국은 이미 '제조 노동자 1만 명당 로봇 이용 대수' 1위인 나라다. 이 같은 극단적 자동화에는 노동조합의 묵인도 기여했다는 평가가 있다. 회사는 정규직의 고용을 보장하는 대신 생산공정을 자동화하고, 생산 유연성은 외주화로 확보해왔다.[10] '정의로운 전환'이란 기후위기에 대응해 급격한 산업전환이 일어날 때, 그 과정이 모두에게 정의로워야 한다는 뜻이라고 한다. 한국사회는 준비가 되어 있을까. 성큼 다가온 전기차 시대가 던지는 질문이다.

기술이 몰고온 세 가지 풍경

기술이 숙련을 해체하고 있다. 한국사회를 달군 택시를 둘러싼 갈등의 핵심은 '길 찾기'라는 택시 기사의 숙련이 내비게이션으로 해체된 것과 관련이 있다. 기사의 안전성과 신뢰성, 평판은 호출 플랫폼으로 그럭저럭 관리가 가능하다. 타다와 우버가 던진 질문은 그래서 간단치 않다. '누구나 택시 운전을 할 수 있다면, 왜 택시만 그걸 해야 하지?' 결국 사업을 접은 타다의 향방과 별개로, 여러 직군에서 여러 버전으로 반복될 질문이다.

어떤 기술은 존재를 해체한다. '스마트 톨링'은 무인 시스템이다. 카메라가 자동차 번호를 자동으로 인식해 요금을 청구한다. 고속도로 톨게이트 수납원이 정규직이냐 비정규직이냐는 머지않아 낡은 질문이 될지 모른다. '아무도' 고용하지 않아도 되니까. 스마트 톨링은 전국 민자 고속도로 11곳에서 운영 중이다. 한국도로공사는 전국 요금소 355곳에 스마트 톨링이 도입될 경우 수납원 6100여 명의 52%인 3200여 명을 기계로 대체 가능하다고 추산한 적이 있다.[11] 용역업체 소속이던 수납원들이 톨게이트 옥상에 올라가면서까지 자회사 고용을 거부한 이유다. 이들은 스마트 톨링을 반대하지 않지만, 자회사로는 고용 불안을 해소할 수 없다고 주장해왔다.

전기차와 자율주행차 시대는 자동차 산업의 일자리를 줄인다. 베이비붐 세대 1만7500명의 정년퇴직이 진행 중인 현대차 사측은 신규채용보다 '자연스러운 구조조정'에 방점을 찍고 있다. 2018년 정년퇴직한 700여 명의 생산직 일자리 중 100개는 이미 사라졌다.

세 풍경은 닮았다. 모두 기술이 밀어내는 일자리다. 기존 진입 장벽을 계속 유지해야 하는지, 기술이 대체할 일자리가 있다면 그 과도기의 '비용'은 누가 어떻게 부담해야 하는지, 밀려난 이들을 다시 배치할 산업·고용정책이 있는지 묻고 있는 풍경이다. 소설집《우리가 빛의 속도로 갈 수 없다면》에서 김초엽 작가는 "누군가를 배제하지 않는 기술이라는 것이 가능할까?"라고 묻는다. 한국사회는 답할 준비가 되어 있을까.

05

로켓배송의
빛과 어둠
I

'물류 혁명'의
두 얼굴

출처: 농촌진흥청(2015~2018), 업계추산(2019~)

1조 5000억

2015-2020년
국내 새벽배송 시장 규모

↑

100억

마켓컬리가 예측 주문한
신선식품의 폐기율

1%

쿠팡은 여러모로 독특한 기업이다. 2010년 창업 이후 10년간 한 번도 영업이익을 낸 적이 없다. 이 때문에 '계획된 적자'를 언제까지 감당할 수 있을지에 의심의 눈길이 쏠린다. 한국 기업이면서도 모회사(쿠팡 Inc.)는 미국 뉴욕증권거래소에 상장한 점도 이례적이다. 2010년 쿠팡을 창업한 김범석 CEO는 "고객이 '쿠팡 없이 어떻게 살았을까' 궁금해하는 세상을 만드는 게 우리의 미션이다"라고 말하곤 한다. 그 중심에 '로켓배송'이 있다.

로켓배송은 밤 12시 전에 주문하면 다음 날 상품을 받아볼 수 있도록 보장하는 쿠팡의 배송 서비스다. 마켓컬리는 밤 11시까지 주문한 해산물·고기·야채 등 신선식품을 다음 날 아침 7시까지 문 앞에 가져다준다. 대형마트와 백화점 등 전통적 유통업계마저 이 속도전에 가세했다. '하루배송'을 넘어 '새벽배송'이 업계 표준이 된 것이다.

쿠팡이 '물류 혁명'의 상징인 로켓배송을 시작한 것은 2014년이다. 그로부터 6년이 지난 2020년 쿠팡은 연 매출 13조 원을 기록했다. 상장 당시 시가총액은 100조 원에 달했다. 온-오프라인 상거래 업계의 양대 최강자 네이버-신세계·이마트는 아예 반反쿠팡 연합을 꾸리고 진지하게 견제에 나섰다. 쿠팡을 바라보는 시선은 양면적이다. '역시 혁신 기업이다' 아니면 '저게 무슨 혁신이냐, 사람 갈아넣는 거지'. 그러나 거의 모든 문제가 그렇듯이, 빛과 어둠이 둘 다 있다. 그러므로 대상을 단순화하기 전에 던져야 할 질문은 이것이다. 로켓배송은 어떻게 가능할까? '물류 혁명'이 우리 시대 일자리에 주는 함의는 무엇일까?

직관을 데이터로 대체한 혁신

택배업의 난제는 '어디 사는 고객이 언제, 무엇을, 얼마나 주문할지' 알기 어렵다는 점이다. 그래서 '상품을 보관하는 창고'와 '주문에 대비한 재고' 결정에서부터 딜레마가 생긴다. 창고 문제부터 보자. 창고는 무조건 고객 가까이 있으면 좋다. 그래야 빨리 배송할 수 있다. 가장 단순한 해결 방법은 전국 곳곳에 창고를 짓는 것이지만 그러자면 엄청난 비용이 든다. 그렇다고 하나의 거대 창고에 상품을 몰아넣으면, 멀리 사는 고객에겐 빠른 배송이 불가능해진다.

또한 물품을 얼마나 확보해놓을지도 어려운 문제다(재고). 상품을 너무 적게 사두면(재고가 적으면), 비용 부담은 줄겠지만 품절이나 배송 지연으로 소비자를 실망시킬 가능성이 커진다. 너무 많이 확보해놓으면 보관비용은 물론이거니와 팔리지 않을 경우 엄청난 타격을 입을 수밖에 없다.

이런 난제를 '데이터 기반 의사결정'이라는 기법으로 극복해낸 업체가 바로 미국 아마존이다. 2005년 아마존은 유료 서비스(연회비 119달러)인 '아마존 프라임' 회원에게 무료 이틀 배송을 시작했다. '빠른 배송'의 기원이다. 지금은 지역과 물품에 따라 당일 배송이나 2시간 내 배송도 가능하다. 한국의 100배에 가까운 미국 면적을 생각하면 놀라운 일이다.

'아마존 이전'에는 사람의 직관이 재고를 관리했다. 예컨대 밸런타인데이를 앞둔 시기에 초콜릿이 얼마나 팔릴지는 예년의 단순 판매 추이와 감에 따라 막연하게 예측하는 게 전부였다. 그런데 아마존이 직관을 데이터로 대체하기 시작한 것이다. 신광섭 인천대 동북아물류대학원 교수는 이렇게 설명한다. "과거에는 '재고를 얼마나 채워야 할까'라는 질문에 아무도 명확히 답할 수 없었다. 그런데 (인터넷을 통해, 소비와 관련된) 많은 양의 정제된 데이터를 실시간으로 확보하고 인공지능 기술 덕분에 신속하게 분석해서 미래의 수요를 예측할 수 있게 되었다. '재고 보충' '판매' '배송'

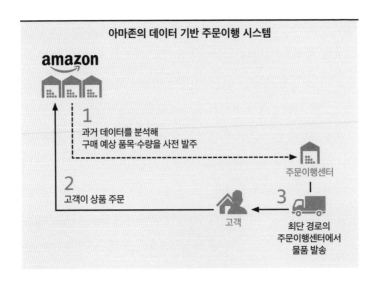

아마존의 데이터 기반 주문이행 시스템

amazon

1
과거 데이터를 분석해
구매 예상 품목·수량을 사전 발주

주문이행센터

2
고객이 상품 주문

고객

3
최단 경로의
주문이행센터에서
물품 발송

등의 계획에서 정확도가 매우 높아졌다. 한마디로 '데이터 기반 의사결정'이 가능해진 것이다. 이것이 물류 혁명의 본질이다."

아마존은 고객의 소비 행위와 관련한 데이터를 광범위하게 수집하고, 이를 인공지능으로 분석해 사업의 전 영역에 활용한다. 상품 추천은 물론이고 빠른 배송에도 데이터 활용은 중요하다. 북미 전역에는 '주문이행센터'라고 불리는 아마존의 거대 창고가 110개 넘게 있다. 그중 큰 것의 면적은 축구장 22개 크기에 이른다. 거대한 주문이행센터의 어디에 어떤 상품을 보관할지부터 인공지능이 결정한다. 주문이 들어오면 배송 목적지, 재고, 주문 현황 같은 데이터를 종합해서 가장 빠른 배송이 가능한 센터를 고른다. 배송 차량을 정하는 것은 물론, 날씨와 교통량 등을 고려한 최적의 배송 경로를 뽑아내는 데도 인공지능이 활용된다. 이 모든 의사결정의 근간에는 '실시간으로 수집되는 데이터'가 있다.

한국의 쿠팡과 마켓컬리를 관통하는 메커니즘 역시 '데이터 기반 의사결정'이다. 마켓컬리의 '새벽배송'은 데이터를 활용한 '예측 발주' 덕분에 가능하다. 전남 완도에서 나는 전복을 예로 들어보자. 기존 업체에서는 고객의 주문을 받은 뒤 비로소 전복을 따서 배송했다. 불확실한 상황에서 전복을 미리 사두면 그에 따른 비용과 위험을 해당 업체가 고스란히 부담해야 하기 때문이다. 불가피한 선택이지만 그만큼 소비자가 전복을 받기까지 긴 시간이 걸릴 수밖에 없다.

반면 마켓컬리는 과거의 데이터를 활용해 다음 날의 주문량을 예측해 상품을 선발주한다. 예컨대 2월 23일 오후에 다음날 들어올 주문량을 예측해 전복을 발주하는 식이다. 전복은 다음 날 오후 4시까지 서울 송파구 장지동 마켓컬리 물류센터로 온다. 그 와중에도 소비자들은 마켓컬리 앱에서 전복 '구입' 버튼을 클릭한다. 마켓컬리는 밤 11시에 2월 24일분의 주문을 마감하고 전복을 배송한다. 남은 재고는 폐기한다. 예측이 부정확할수록 폐기율은 높아질 것이다. 가령 1000개의 전복을 예측 발주했는데 현실에서 500개만 주문되었다면 폐기율은 50%다. 이를 낮추기 위해 이 회사의 '데이터 분석 전담팀'은 과거의 품절이나 폐기, 판촉 자료는 물론 상품의 가격 변동에 따라 수요가 변하는 정도(가격 탄력성)까지 여러 데이터를 수집해서 예측에 활용한다.

물론 통계 모델을 구축한다고 성공적인 예측이 보장되는 것은 아니다. '이론'과 '현실'은 엄연히 다르므로, 이론을 현실에 맞춰 보정하는 작업이 필요하다. 이를 위해 마켓컬리는 '데이터 물어주는 멍멍이'라는 자료를 30분 간격으로 공유한다.[*] 멍멍이가 물어오는 자료는 해당 시각까지 누적된 당일 매출, 고객 수, 주문 수, 객단가(고객 1인당 평균 매입액) 등이다. 30분 단위 집계와 추정이 필요한 이유는, 예측과 실제로 발생하는 수요의 편차를 조정해 일별로 마케팅과 운영을 최적화하기 위해서다.

인공지능과 데이터는 재고관리뿐 아니라 운영 전반에 활용된다. 그날 포장할 인원과 배송 차량 역시 매출 예측에 따라 조절한다. 배송 경로 역시 자체 개발한 시스템으로 최적화한다. 교통 상황을 고려하면서도 특정 지역이나 기사에 물량이 몰려 배송이 지연되는 걸 막기 위해서다. 기사들은 앱을 통해 전달받은 경로대로 배송한다. 이렇듯 통계와 인공지능에 기반한 재고 관리와 운영 최적화에 힘입은 마켓컬리의 폐기율은 평균 1% 안쪽에 머문다고 한다.

마켓컬리가 하루에 주문 약 12만 건을 처리하는 반면, 쿠팡의

---

[*]   운영 방식에 대한 서술은 2019년 2월 취재 당시 기준이다.

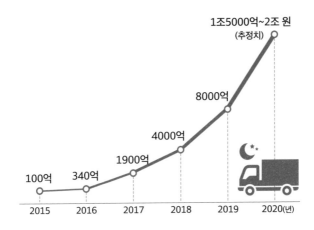

국내 새벽배송 시장 규모

1조5000억~2조 원
(추정치)

8000억

4000억

1900억

100억   340억

2015   2016   2017   2018   2019   2020(년)

출처: 농촌진흥청(~2018), 업계 추산(2019~)

로켓배송은 하루에 상품 약 200만~250만 개를 출고한다. 쿠팡에 따르면, 밤 10시에서 12시 사이에 하루 주문의 3분의 1 정도가 몰린다. 로켓배송이 가능한 품목은 600만 가지다. 전국에 있는 쿠팡 물류센터(창고) 170여 곳의 면적을 모두 합치면, 축구장 400개 이상의 넓이에 달한다. 쿠팡 물류센터 중에서도 연면적 3만 평(9만 9174㎡) 이상인 물류센터를 '메가 물류센터'라고 부른다. 인천, 경기도 남양주 덕평, 고양, 화성 동탄, 대구에 위치해 있다. 이는 아마존의 웬만한 주문이행센터(7만4322㎡)를 넘어서는 규모다.

주문이 들어온 물건을 연면적 3만 평이 넘는 거대한 물류센터에서 빠르게 찾으려면 어떻게 해야 할까? 기존의 물류센터에서는 비슷한 품목별로 물건을 쌓아둔다. 가령 주문된 상품을 집어오는 피킹picking 직원이 샴푸를 찾으려면 아무리 멀어도 샴푸가 있는 곳까지 가야 한다. 그만큼 상품을 창고에서 내보내기까지 걸리는 시간도 길어진다. 쿠팡의 시스템은 좀 다르다. 샴푸가 창고의 한 곳이 아니라 여기저기에 일정 분량씩 진열되는 식이다. 시스템의 명칭인 '랜덤 스토Random stow'는 '무작위로 넣는다'라는 의미다. 언뜻 무질서해 보이는 이 같은 배치는, 실은 상품별로 예측된 입출고 시점, 주문 빈도, 물품 특성 등을 고려한 인공지능의 판단에 따른 것이다.

만약 샴푸와 휴지를 동시에 '피킹' 해야 한다면, 인공지능이 두 물품과 직원의 위치를 고려해서 가장 빠르게 찾아 창고 밖으로 내보낼 수 있는 동선을 알려준다. 이는 물론 시스템이 모든 상품의 위치와 입출고 현황을 실시간으로 추적하기 때문에 가능하다. 쿠팡이 주문부터 배송까지의 효율성을 극적으로 올린 비결이다.

빠른 배송이 바꾼 경제 지도

미국의 아마존에서 시작된 물류 혁명은 한국에서도 본궤도에 오르기 시작했다. 물류 혁명은 단지 '배송이 빨라졌다'에 그치는 것이 아니라 경제 전반에 영향을 미친다. 미국에서는 전자상거래에 밀려 전통적 오프라인 업체들이 쪼그라드는 현상을 '아마존 효과Amazon Effect'라고 부른다. 세계 최대 장난감 유통업체 토이저러스가 2017년, '유통 공룡'으로 126년의 역사를 자랑했던 시어스가 2018년, 미국의 대표적인 중저가 백화점 브랜드 JC 페니가 2020년 각각 파산보호 신청을 했다. 시어스 백화점과 K마트 매장은 2013년 2000개에 달했지만 2018년에는 687개로 줄었다. 이 오프라인 업체들은 아마존 등 온라인으로 소비가 옮아가는 흐름에 제대로 대응하지 못했다. '아마존 당하다Be Amazoned' '소매 종말Retail Apocalypse'과 같은 유행어가 떠돌 정도다.

'아마존 효과'는 거시경제 변수에까지 엄청난 영향을 준다. 알베르토 카발로 하버드 경영대학원 교수에 따르면 '아마존 효과'로 '가격 결정 메커니즘'이 바뀌었다. 변화의 줄기는 두 가지다. 첫째, 가격 조정 주기가 짧아졌다. 원래 백화점이나 마트 같은 오프라인 유통업체들은 한번 정한 가격표를 좀처럼 바꿔 달지 않는다. 비용이 많이 들뿐더러 자칫 실수라도 하면 혼란을 초래하기 때문이다. 그러나 아마존 같은 온라인 업체가 실시간으로 최저가 경쟁을 주도함으로써 시장을 장악하자 미국의 오프라인 유통업체들도 대열에 동참하기 시작했다. 둘째, 지역별 물가 격차가 사라졌다. 광활한 미국에서는 식료품 등에서 지역별로 가격 차이가 매우 컸다. 그러나 온라인에서의 가격 경쟁이 오프라인으로 번지면서 전국적으로 소비자 물가가 대동소이해지는 현상이 나타나게 된 것이다.

카발로의 논문을 소개한 홍춘욱 EAR리서치 대표는 물류 혁명이 진행 중인 한국에서도 함의가 적지 않은 연구라고 이야기한다. "미국의 총 소매시장에서 온라인 비중은 9%에 불과하다. 그런데도 이 정도다. 우리는 더 높다(18.2%, 모두 2017년 기준). 배송 서비스를 둘러싼 소매업체들의 온라인 경쟁 격화를 고려하면, 미국에서 '가격'에 벌어진 일들이 한국에서 더욱 강하게, 단기간에 일어날 가능성이 있다."

최저임금 인상 이후 줄곧 화두인 자영업 붕괴도 이와 무관하지 않다. 홍춘욱 대표는 "재래시장이나 소매업체에 대한 정부의 지원을 무력화하는 힘이 사실 여기(물류 혁명)에 있다고 본다".《골목의 전쟁》저자 김영준 씨는 "최저임금이나 임대료보다 자영업자들을 힘들게 하는 가장 큰 원인이 온라인 거래 확대라고 생각한다. 도소매를 넘어 음식점 자영업도 간편식 배송에 타격을 입고 있다"라고 말한다.

소멸하는 일자리
탄생하는 일자리

2018년 12월엔 한국에서의 '아마존 효과'를 실증한 보고서[12]가 나와 주목받았다. 이에 따르면, 온라인 상품 판매 비중이 확대되면서 2014~2017년의 근원 인플레이션(단기적 충격을 제외한 기초

경제 여건에 의해 결정되는 물가상승률)이 연평균 0.2%포인트 내외로 하락했다. 이 기간 온라인 거래가 오프라인 판매를 대체하면서 도소매업 부문 취업자 수가 연평균 약 1만6000명 감소한 것으로 나타났다. 다만 이 보고서는 "오프라인 매출이 줄어들면서 초래한 도소매업의 고용 감소 효과만을 시산한 것"이라며, "온라인 매출이 고용 전반에 미치는 효과는 ICT(정보통신기술), 물류 부문 등에서 창출되는 신규 고용을 모두 감안하여 추정될 필요가 있다"라고 단서를 달았다.

실제로 물류 혁명은 온라인 부문에서 일자리를 만들어내고 있다. 아마존은 물론 쿠팡과 마켓컬리의 물류 혁신은 데이터를 기반으로 하는 과학적 예측 기법, 즉 '데이터 사이언스'로 가능했다. G마켓을 공동 창업한 김영덕 전 롯데액셀러레이터 상무는 물류 부문에서 기존 유통업체들과 IT 회사(쿠팡·마켓컬리 등) 간에 물류 부문을 둘러싼 쟁탈전이 진행되고 있는 것으로 본다. 승부는 데이터에 달려 있다. "데이터를 잘 모아서 핵심 경쟁력으로 활용하는 기업들이 세계적으로는 아마존, 국내에서는 쿠팡·지마켓·마켓컬리처럼 역사가 짧은 IT 회사들이다. 기존 오프라인 회사들도 POS(판매시점 관리 시스템)로 찍은 데이터를 많이 보유하고 있다지만, '기획되어 있지 않은 데이터'여서 구멍이 뻥뻥 뚫린다. '데이터 사이언스'에 활용하려면, 아무 생각 없이 데이터를 모아서는 안 된다. 특정 문제, 예컨대 고객 수요 예측을 해결할 목적으로 잘 설계하고 기획해서 데이터를 수집해야 활용 가능하다."

그가 보기에 기존 유통업체와 IT 회사의 차이는 인적 구성이다. "기존 오프라인 기업들은 회사의 핵심 임원이나 '키맨'이 매장 MD 출신이나 업계에서 잔뼈가 굵은 '물류인' 같은 사람이다. 아마존에서는 수학자, 개발자, 데이터 사이언티스트가 중심이다. 기본적으로 수학이 필요하고, 데이터 흐름을 관리하는 게 사업의 핵심이라 보기 때문이다. 쿠팡 직원의 40%가 개발자라는 것은 회사의 성격을 정확히 대변해준다. 손정의 소프트뱅크 회장의 비전펀드가 조 단위의 거액을 쿠팡에 투자한 것도 쿠팡의 '데이터 기반 DNA'를 평가한 것이라 본다." 신세계가 2021년 6월 이베이코리아를 3조4400억 원에 인수한 것도 사업구조를 온라인·디지털로 전환하려는 움직임이다.

개발자 등 데이터 사이언티스트뿐 아니라 물류센터에서 아르바이트 하는 사람도 많아졌다. 지입 화물차주, 용달 차량 등 개인사업자 신분인 배송기사 수요도 크게 늘어났다. 2019년 2월 서울 송파구 동남권물류단지에서 만난 한 배송기사는 낮에는 이마트의 온라인 서비스인 '쓱배송', 밤에는 마켓컬리 '새벽배송'으로 투잡을 뛰고 있었다. 그는 "스리잡, 포잡 하는 사람도 있다. 2011년이 일을 시작할 때는 1300만 원이던 노란색 영업용 번호판(화물자동차 운수사업법에 따라 유상운송을 할 수 있는 번호판. 택시 면허와 유사하다)이 8년 만에 3000만 원으로 뛰었다"라고 말했다.

배송기사인 '쿠팡맨(현재 쿠팡친구)'을 직접고용해 호평받은 쿠팡은 2018년 8월 일반인이 자기 차량으로 로켓배송을 수행하는 '쿠팡플렉스'를 시작했다(영업용 번호판이 없어도 법적으로 '화물차'가 아닌 이상 유상운송을 할 수 있다고 국토교통부는 해석한다). 쿠팡은 쿠팡플렉스가 생긴 지 6개월 만에 30만 명이 지원했고, 하루 평균 4000명이 일한다고 밝힌 바 있다. 쿠팡플렉스의 정확한 규모는 공개하지 않는다. 쿠팡플렉스는 계약서상 '배송사업자' 신분이고, 쿠팡처럼 자사가 매입한 상품을 배송하는 것은 법적으로 '택배'가 아니라는 이유로 산재보험을 포함한 4대보험이 일체 적용되지 않는다. 건당 수수료로 돈을 번다. 쿠팡플렉스는 등장하자마자 타다 기사와 함께 '뜨는 부업' 목록에 이름을 올렸다. 한 쿠팡맨은 "로켓배송은 플렉스 없으면 안 돌아간다"라고 말한다.

쿠팡플렉스 지원자가 많아지면서 갈등도 생긴다. 수도권의 한 캠프(물류센터에서 가져온 상품을 분배하는 기지)는 3000원이던 쿠팡플렉스 배송 단가를 750원으로 낮췄다. 단체 카카오톡 채팅방으로 일감을 배분받는 쿠팡플렉스 기사들은 '이 가격으로 못하겠다' '기름값도 안 나온다'라며 '한 명도 배송 나가지 말자'는 데 뜻을 모았다고 한다. 이 상황을 아는 한 관계자는 "쿠팡플렉스들이 '파업'을 한 거다. 노조도 아닌데 단합이 잘된다. 인력이 모자라 다른 캠프 쿠팡맨들이 지원을 나갔다"라고 말했다.

1만5000여 명에 이르는 쿠팡맨의 80% 이상은 계약직일 것으로 추정된다. 3개월 수습기간을 거쳐 계약이 두 번 갱신되어 총 2년을 근무해야 정직원이 되는데(중간에 정규직으로 전환되기도 한다), 이 때문에 임금체계 변경 등 회사의 요구에 제 목소리를 내기 어렵다. 쿠팡맨들은 이런 상황을 개선하고, 6년간 동결된 임금도 높이고 싶다. 쿠팡맨들의 노조는 있다(민주노총 공공운수노조 쿠팡지부). 조합원은 약 500명 수준인데 이 중 300명이 계약직이다. 그러나 코로나19 상황으로 파업을 하기 쉽지 않다. 쿠팡플렉스 역시 노동법의 보호를 받기 어렵다. 배송 중 사고라도 나면 모두 본인 책임이다. 한 쿠팡맨은 "1970~1980년대의 착취와는 분명 다르다. 기업은 기술혁신에 따라 가치를 높이는 반면 노동 측면에서는 비정규직·계약직 일자리가 양산되는 것은 분명히 문제다"라고 말했다.

쿠팡은 장보기를 잊은 것을 깨닫고 밤늦게 상품을 주문하는 워킹맘을 전형적인 쿠팡 고객으로 그리곤 한다. 인공지능을 기반으로 한 물류 혁명이 예측의 정확도를 높여 유통 비용을 극적으로 낮췄기에 가능한 일이다. 그런 한편 쿠팡은 막대한 돈을 쏟아부으며 로켓배송 관련 인력을 유지하면서도, 큰 규모를 바탕으로 비교적 저렴한 가격에 상품을 제공하고 있다. 당장의 이익을 추구하는 대신 공격적인 투자로 경쟁자를 몰아내는 '약탈적 가격 책정'이다. 플랫폼 기업에게 이는 합리적 전략이다. 이용자가 많아질수록 효용이 올라가므로 초반에 얼마나 많은 이용자를 확보하느냐가

셔틀버스에서 내려 쿠팡 물류센터로 향하는 사람들. 쿠팡이 자랑하는 물류 혁명의 핵심은
데이터와 인공지능이지만, 이를 현장에서 수행하는 것은 결국 인간 노동자. 이제부터 살필
'로켓배송의 그림자'도 거기에 있다. ⓒ시사IN포토 김흥구

관건이어서다. 아마존은 얼마간 "손실을 지속하고 이익을 희생하
며 공격적으로 투자하려는 의지"를 보였고, 투자자들은 이 손실
에 대해 인내하거나 심지어 메워주었다. 나중에 점유율이 높아지
면 쏟아부은 돈을 '회수'할 수 있다는 걸 알기 때문이다.

그러나 플랫폼 기업이 당장의 낮은 가격 때문에 아무런 규제도 받지 않는다면, 경쟁을 어렵게 만들고 진입장벽을 높이는 플랫폼의 해악을 놓치게 된다. 미국 최연소 연방거래위원장 리나 칸이 로스쿨생 시절 쓴 논문에 따르면, "소비자들의 장기적 이익에는 (낮은 가격뿐 아니라) 상품의 질과 다양성, 혁신이 포함된다. 이는 강력한 경쟁 과정과 개방적 시장을 통해 가장 잘 촉진된다."[13] 쿠팡과 같은 플랫폼 기업의 영향력이 '독점' 수준으로 발전하지 않도록 해야 하는 이유다.

쿠팡의 모든 배송과정은 인공지능이 예측한 입출고 시점, 주문 빈도, 물품 특성 등에 따라 데이터로 면밀하게 관리되지만, 지시를 수행하는 것은 사람이다. 쿠팡은 특히 이 부분에서 많은 비판을 받아왔고, 일시적이지만 불매운동까지도 직면해야 했다. 이제 이 부분을 살펴보자.

06

로켓배송의 빛과 어둠 II

떠오르는 기업의 추락하는 노동

혁신기업 쿠팡의 2020년 물류센터 설비투자 비용

난방이 되지 않는
쿠팡 물류센터에서
노동자들에게 하나씩
지급한 핫팩의 소매단가

인공지능 기반 물류 혁명이 오프라인 유통업계의 일자리를 제거하는 경향이 있는 것은 사실이다. 그러나 앞서도 밝혔듯 온라인 부문에서는 거꾸로 고용을 창출한다. 특히 코로나19 확산으로 쿠팡 같은 온라인 배송업체 주문량이 늘면서 물류 노동 종사자도 증가했다. 이들은 다른 사람들의 '사회적 거리두기'를 가능하게 만들기 위해 스스로 위험을 감수하는 존재들이기도 하다. 이 중에는 코로나19로 인한 실직이나 소득 감소 위기의 희생자도 포함되어 있다. 국가의 사회안전망이 부실한 상황에서, 영세 자영업자를 포함한 이 땅의 취약계층은 대거 쿠팡으로 향했다.

나는 코로나19 방역의 최전선이라 할 쿠팡의 물류 현장에서 벌어진 일련의 비극을 기록했다. 그것은 한국의 아마존을 꿈꾸는 이 독특한 업체가 도달한, 인공지능을 활용한 눈부신 성취의 뒷면이다.

계약직 쿠팡맨의 죽음

쿠팡맨이 죽었다. 46세 김정현 씨. 2020년 3월 12일 새벽 2시께, 경기도 안산의 한 빌라 4층에서 5층 사이 계단에서 쓰러진 채 발견되었다. 박스 10여 개를 엘리베이터가 없는 건물 계단을 오르내리며 배송하던 중이었다. 오전 1시께 김 씨의 배송이 멈추자 1시 30분쯤부터 동료 쿠팡맨이 그를 찾아 나섰다. 30분 뒤에 발견된 김 씨는 심폐소생술에도 깨어나지 못했다. 사인은 허혈성 심장질환이었다.

아이가 둘이다. 다른 직장에 다니다 퇴직한 뒤 공백기에 쿠팡을 찾았다. 3개월 수습 계약직으로 고용되어 이틀씩의 본사교육과 동행 배송을 거쳐 2월 18일부터 단독 배송에 투입됐다. 김 씨가 속한 야간조는 밤 10시에 출근해 1차 배송을 이튿날 새벽 3시까지 마친 뒤 2차 배송을 오전 7시까지 끝내야 했다.

김 씨가 배송을 시작한 2020년 2월은 코로나19가 신천지 대구교회를 중심으로 급속히 퍼져나갈 무렵이다. 김 씨가 일했던 안산 1캠프(물류센터에서 가져온 상품을 분배하는 기지)의 한 쿠팡맨은 "코로나19가 터지고 나서는 체감상 물량이 30%는 늘어난 것 같다. 가구수가 같아도 한 집에서 여러 개, 고중량을 시키는 경우가 많아졌다. 특히 우유나 김치, 쌀, 요플레가 무겁다"라고 말했다. 세탁기나 냉장고 등 21㎏ 이상 대형 물품은 쿠팡맨이 직접 배송하지 않는다. 하지만 한 집에서 여러 개를 시킬 때의 무게 제한이나 하루 배송 물량, 배송 가구수 등엔 제한이 없다.

숨진 김 씨는 야간조 비정규직이었다. 쿠팡맨으로 입사하면 일종의 수습 개념으로 '라이트'에 소속되는데, 역량 테스트를 거쳐 '노멀'로 전환된다. 라이트의 배송 물량은 노멀의 75% 정도이고, 최저임금 수준의 급여를 받는다. '라이트'로 입사한 김 씨는 9단계(현재는 7단계)까지 이어지는 쿠팡의 임금테이블 '잡job 레벨'에서 맨 아래 단계였다.

쿠팡이 늘어난 물량에 대처하는 방법이 쿠팡맨 채용만 있는 것은 아니다. 일반인이 자기 차량으로 로켓배송을 수행하는 쿠팡플렉스가 있기 때문이다. 쿠팡은 코로나19로 늘어난 물량에 대응하기 위해 쿠팡플렉스를 3배로 늘렸다.

쿠팡맨 김 씨가 숨진 지 5일이 지난 2020년 3월 17일 밤 11시. 그가 일하던 안산1캠프 입구에는 끝이 보이지 않을 만큼의 자가용·밴·봉고차 행렬이 두 줄로 늘어서 있었다. 일찍 도착한 자가용들이 밤 10시 30분부터 차례로 물건을 실으러 캠프에 들어갔다. 캠프 앞에서 대기 중이던 박성우 씨는 쿠팡플렉스 심야배송을 시작한 지 한 달 되었다고 했다. "드라마나 영화 분장 일을 하는데, 코로나19로 작품이 계속 연기되고 다른 일도 안 잡히고 있어서

쿠팡맨 김 씨가 숨진 닷새 만에 찾은 쿠팡의 안산1캠프 입구. 일감을 찾아 모여든 쿠팡플렉스 차량으로 가득하다. ⓒ전혜원

시작했다. 하루에 50~60개 배송하는데 시작한 시점에 비해 단가가 많이 떨어졌다. 1000원 넘던 개당 배송단가가 지금은 900원, 800원이다. 비닐로만 포장된 물건은 개당 단가가 750원이다."

같은 캠프에서 쿠팡맨 김 씨가 숨진 것을 그는 뉴스를 통해 접했다. 박 씨는 "쿠팡맨 하고는 별로 부딪칠 일이 없는데 마음이 좋지 않았다"라고 말했다. "우리도 시간의 압박이 심하다. 오전 7시까지 못 끝내면 전화가 온다. 제시간에 못하는 사람에겐 일감을 안 준다. '블랙리스트'도 있다. 중간에 숨이 꼴딱꼴딱 넘어가도 정해진 시간 내로 일을 끝내야 한다. 나도 얼마 전에 배송하다 어지러움을 느낀 적이 있다."

체육관 관장 주동철 씨는 쿠팡플렉스를 시작한 지 3주째다. 그 역시 코로나19의 직격탄을 맞고 이 일을 하게 되었다. "2주 전만 해도 사람들이 이렇게까지 많이 나오진 않았다고 하더라. 하루 100개 넘게 배송하는 '선입차'와 하루 100개 미만 배송하는 '후입차' 모두 (코로나19) 이전에는 40~50대였다가 요즘 90대로 늘었다고 한다. 그러다 보니 허탕 치는 날도 생긴다. 엊그저께도 여기서 기다리다가 '물량이 없어서 1인당 10개도 안 돌아갈 것 같은데 어떻게 하겠냐'고 하기에 빠지겠다고 하고 돌아갔다."

그가 운영하는 체육관은 초토화되었다. "원래는 1월에 예비소집을 하며 이벤트를 열면 2월부터 입관이 시작된다. 그렇게 1년을 산다. 하루 20~30명이 입관 문의를 해오다가 2월에 코로나19가 터지면서 문의 자체가 없어졌다"라고 주 씨는 말했다. "시청에서 연락이 와서 '만약에 휴관 안 하다가 확진자가 나오면 전국적으로 체육관 이름과 사업자 번호가 뿌려질 수밖에 없다'고 했다. 결국 반강제로 3월 1일 휴관했다가 보름 만인 어제 다시 열었다. 60명이던 관원이 6명 남았다."

주 씨는 월 88만 원인 임차료를 내지 못했다. 어제도 건물주에게 임차료를 내라는 문자를 받았다. 주 씨는 사범 3명의 월급을 주기 위해 적금을 깼고, 차와 금붙이를 팔았다. 신용카드 현금서비스도 받았다. "후배 관장이 정부에서 한다는 소상공인 대출을 신청했다. 신청자가 너무 많아 두 달 후에야 받을 수 있다더라. 오늘 당장 10만 원이 없어 죽겠는데 그게 무슨 소용이겠나." 하루 3~4시간 들여 60개 배송하면 4만2000원을 가져가는 '플랫폼 노동자' 주 씨는 배송 중 사망한 수습 계약직 쿠팡맨 김 씨를 보는 심경이 복잡하다. "안타까운 일이긴 한데, 우리랑 물량을 나눠서 했으면 어땠을까. 쿠팡맨과 우리는 입장이 다르다. 우리는 물량이 없어서 문제다."

비정규직 김 씨는 물량에 치여도 일을 멈출 수 없었다. 플랫폼 노동자 주 씨는 일거리를 원해도 잡을 수가 없다. 코로나19 시대에 사회적 거리두기 흐름을 타고 '특수'를 누린다는 배송업체 현장에는, 재난의 충격을 온몸으로 맞는 취약계층의 삶이 어지럽게 뒤틀린다.

쿠팡의 물류 혁신은
420원짜리인가

세상은 쿠팡의 자체 배송인력 '쿠팡맨'만을 기억한다. 그러나 앞서 이야기했듯 '로켓배송'은 쿠팡맨뿐 아니라 '쿠팡플렉스'라 불리는 플랫폼 노동자들의 노동에도 기대고 있다.

상품을 배송하기 전 단계에도 많은 노동력이 필요하다. 전국의 쿠팡 물류센터에서는 상품을 납품받아 창고에 진열하고, 진열대에서 고객이 주문한 상품을 찾아 포장대에 가져다주며(피킹pick-ing, 집품), 상품을 박스에 담은 뒤 송장을 붙여 레일에 태워 보내고(패킹packing, 포장), 포장된 상품을 지게차 등으로 옮겨 배송지역으로 내보내는 업무 등이 24시간 내내 이뤄진다.

코로나19로 배송 수요가 급증한 2020년 이후, 쿠팡 물류센터 노동자들의 근무환경이 수면 위로 드러나기 시작했다.

경기도 화성시 쿠팡 동탄물류센터 화장실에서 51세 여성 최영애 씨가 쓰러져 숨졌다. 최 씨는 스물다섯 살 아들과 스물두 살 딸을 홀로 키워온 가장이었다. 사회복지사인 최 씨는 2020년 12월 다니던 요양병원을 그만두고 쿠팡 동탄물류센터에서 아르바이트를 시작했다. 이틀에 한 번꼴로, 오후 6시부터 다음 날 오전 4시까지 '오후조'로 일하고 일당 10만4640원을 벌었다. 일주일쯤 전 근무를 신청하면 전날 근무가 확정되는 '일용직'이었다.

여섯 번째 출근한 2021년 1월 10일, 최 씨는 언니 영미 씨와 수원역에서 만나 셔틀버스를 타고 30~40분 거리의 물류센터로 왔다. 서로 다른 층에서 오후 6시부터 다음 날 오전 4시까지 일했다. 기록적인 한파가 몰아친 때였다. 1월 10~11일 동탄물류센터가 있는 화성시의 기온은 최고 영하 3℃에서 최저 영하 18℃까지 내려갔다.

물류센터는 난방이 되지 않았다. 언니 영미 씨는 평소 안 입던 내복도 바지 속에 껴입고 모자도 사서 쓰고 갔는데도 "많이 추웠다"라고 말했다. "(관리자들이) 밤 10시경에 느지막이 핫팩(손난로)을 하나 줬다. 다들 추우니까 핫팩을 손에 들고 일했다." 개인 핫팩은 반입할 수 없고 물병도 투명한 것만 소지할 수 있었다. 영미 씨는 그날 주머니에 물병을 챙겨 갔지만, 쉴 틈 없이 쏟아지는 배송 물품을 처리하느라 물을 마시지 못했다. 쿠팡 물류센터에서는 부서별로 돌아가며 1시간 동안 밥을 먹는 것 외에는 휴게시간이 따로 없다.

1월 11일 오전 4시경 먼저 근무를 마친 영애 씨가 지하 1층 휴게실에서 언니를 기다렸다. 가장 추운 시간대였지만, 이곳 역시 난방이 되지 않았다. 영애 씨는 오전 5시쯤 잔업을 마친 언니와 만났다. 두 사람은 퇴근버스를 타기 전 야외에 마련된 간이 화장실에 함께 들어갔다. 한참이 지나도록 영애 씨가 나오지 않자 언니는 119에 신고하고 물류센터 직원을 불러 화장실 문을 열었다. 쓰러진 동생에게 구급차가 올 때까지 심폐소생술을 시행했다. 병원으로 실려간 영애 씨는 끝내 숨졌다. 심근경색이었다.

박창범 강동경희대병원 심장혈관내과 교수는 "추운 날씨는 심장병, 특히 급성심근경색의 위험성을 높인다고 알려져 있다. 추위를 느끼는 피부의 수용기관이 자극되면, 교감신경을 자극하는 호

르몬이 분비되어 혈관을 수축시키고 맥박을 증가시키며 혈압을 올리는데, 이런 변화들이 심근경색을 촉진하는 것으로 보인다"라고 설명한다. "이전 연구를 보면 온도가 10℃ 내려가면 급성심근경색 위험도가 평균 9% 증가했다. 절대온도보다는 갑작스러운 온도 변화에 우리 몸이 더 민감하게 반응한다."

바로 이런 이유로, 겨울철에 갑자기 기온이 내려가면 기상청은 한파특보를 내린다. 단순히 수도관 동파를 막기 위해서가 아니라, 각 가정이나 기관에서 적절한 난방으로 신체를 보호하라는 신호다. 최 씨가 숨을 거두던 날 경기 화성시에는 한파주의보가 발효돼 있었다. 쿠팡은 "고인은 외부가 아닌 실내에서 진열된 상품을 포장대로 옮기는 집품 업무를 담당했다. 실내 공간은 외부와 달리 통상 상온(15~25℃)이 유지된다"라고 주장했다.

그러나 복수의 근무자들은 실내 공간이어도 작업장이 춥고, 특히 한파 기간에는 '매우 추웠다'고 증언한다. 물류센터 3층에서 오후조로 피킹(집품) 일을 하는 일용직 직원은 "공기 자체가 찬 편이고, 물류센터다 보니 (바깥과) 연결되어 있어서 바람이 안쪽으로 들어온다. 추워서 옷을 몇 겹씩 껴입고 일해야 한다"라고 말했다. 이곳 물류센터 지하 1층, 지상 1층, 1.5층, 2층, 3층, 4층에서 모두 근무해봤다는 일용직 직원은 "(건물 내부에) 난방이 되지 않아서 춥다. 옷이나 모자, 장갑도 따로 주지 않는다"라고 전했다. 1.5층에서 포장 업무를 하는 계약직 직원은 "그(최 씨의 죽음) 이후에 지하

1층 휴게실에 난로 몇 개를 들여놓았더라. 이미 한파가 지난 다음이었다. 휴게실은 식사시간에 잠깐 이용하는 거고 일할 때는 여전히 핫팩에 의지해야 한다. 그나마 한 개씩 받던 핫팩을 요즘은 두개씩 받는다"라고 말했다.

'허브'라 불리는 공정이 이뤄지는 1층은 사실상 야외나 다름없다. 허브 공정은 포장되어 내려온 상품을 지역별로 분류해 '캠프(각 지역의 소규모 물류센터)'로 보내는 단계다. 상품을 화물차에 싣는 '상하차' 작업도 여기서 이뤄진다. 이곳 허브에서 주간조로 상하차 일을 하는 계약직 직원은 퇴근길에 만난 기자에게 이날 받은 핫팩 두 개를 보여주었다. 쿠팡에서 개당 420원에 파는 제품이다. "밖에서 일하니까 바람을 다 맞는다. 각자 입고 온 패딩과 핫팩으로 버티는데, 핫팩 한 개나 두 개나 큰 차이가 없다. 추울 때는 손가락이 터질 것 같다."

쿠팡은 "화물 차량의 출입과 상품의 입출고가 개방된 공간에서 동시에 이뤄지는 특성 때문에 냉난방 설비가 구조적으로 불가능하다. 식당, 휴게실, 화장실 등 작업과 관계없는 공간에는 난방시설을 설치해 근로자들이 이용하도록 하고 있다"라고 언론에 밝혔다. "상품의 안전한 보관" "소방 안전상의 이유"를 들기도 했다. 그러나 쿠팡 동탄물류센터의 모든 층에서 일해본 일용직 직원은 쿠팡 측의 주장에 "내부에도 화물차가 올라가는 곳이 있긴 하지만 일부다. 난방을 하려면 할 수 있다"라고 반박했다. 시중에는 실외 작업장에 더운 바람을 공급하는 산업용 기기가 판매되고 있다. 쿠팡이 지하 1층 휴게실에 난로를 들여놓은 것은 최 씨의 죽음 이후다.

현행 산업안전보건법 제39조는 "사업주는 작업자의 건강 장해를 예방하기 위해 필요한 보건조치를 취해야 한다"라고 규정해놓았다. 이 가운데는 '환기·채광·조명·보온·방습·청결 등의 적정 기준을 유지하지 않아 발생하는 건강 장해'가 포함된다. 쿠팡 부천 물류센터에서 발생한 코로나19 집단감염 피해자들을 지원하고 있는 권영국 변호사는 "쿠팡이 물류센터에 난방을 가동하지 않은 것은 산업안전보건법 제39조 위반이라고 본다"라고 말했다. "꼭 장작에 불을 지피지 않더라도, 스팀이나 온풍기 등 보온을 위한 다양한 방법이 있다. 쿠팡은 물류 혁신을 이야기하면서 난방 혁신은 왜 이야기하지 않나?"

최 씨의 죽음 이후 비판이 이어지자 쿠팡은 "자동포장 시스템과 자동분류기를 도입하고 컨베이어벨트를 증설하며 인공지능을 활용한 작업 동선 최적화로 업무 강도를 낮췄다. 2020년 한 해 동안 기술 투자를 포함한 설비투자 비용은 5000억 원이 넘는다"라고 반박했다. 정작 이 5000억 원에 냉난방 시설 설치 비용은 포함되지 않았다.

추운 작업장에서 일하는 노동자의 보호에 대한 법적 규정은 미비하다. 고용노동부가 옥외 작업장 등 겨울철 추위에 취약한 작업장에 '(저체온증, 동상 등) 한랭질환 예방 가이드'를 홍보하고, 사업주가 이행하도록 권고할 뿐이다. 이 가이드에는 '따뜻한 장소를 작업 장소와 가까운 곳에 마련' '한파특보(주의보, 경보) 발령 시 적절하게 휴식시간을 조정' 등의 내용이 적혀 있다. '한랭질환 예방 자율점검표'에도 '한파특보 시 적정한 휴식시간을 제공하고 있는가?' 등의 점검 항목이 있다. 쿠팡은 이 가이드나 자율점검표에 따라 자체 점검을 실시한 적이 있느냐는 질문에 구체적인 답변을 하지 않았다.

'로켓배송'은 밤 12시 전에 주문하면 그다음 날에 배송해주는 서비스다. 그러나 쿠팡의 주장대로 '난방설비가 불가능한 구조'에서 일을 시킨다면, 갑작스러운 한파 같은 재난 상황에서는 택배가 다소 지체되더라도 작업을 중지해야 마땅할 것이다. '영하 몇 ℃ 이하로 기온이 내려가면 작업을 중지하는 식의 내부 기준이나 규정, 매뉴얼이 있느냐'는 질문에 쿠팡 관계자는 "내부적으로 확인이 안 되는 사항이다"라고 말했다. 권동희 노무사는 "'한랭 환경에 노출되는 업무'는 뇌혈관·심장 질환이 업무상 질병인지 판단할 때 고려하는 위험 요소 중 하나다. 사업주는 일정 정도 이상의 추운 환경에서 일하는 노동자를 보호하기 위한 조치나 매뉴얼을 갖춰야 한다"라고 말했다.

2020년 5월, 쿠팡 인천물류센터에서 40대 계약직 남성 고영준 씨가 새벽 2시 40분쯤 물류센터 4층 화장실에서 쓰러진 뒤 숨졌다. 사인은 동맥경화였다. 10월에는 쿠팡 칠곡물류센터에서 일하는 일용직 남성 장덕준 씨가 철야근무를 마친 오전 6시경 자택 욕조에서 웅크려 숨진 채 발견되었다. 급성심근경색이었다. 그리고 이듬해 1월 11일 새벽, 최영애 씨가 쿠팡 동탄물류센터 화장실에서 쓰러진 뒤 돌아오지 못했다. 2021년 3월 6일에는 서울 송파 1캠프에서 심야배송을 해온 쿠팡맨 이형철 씨가 자신이 지내던 고시원에서 숨진 채 발견되었다. 같은 날 쿠팡 서울 구로 1캠프에서 '캠프 리더'라 불리는 관리자로 일해온 정성근 씨도 숨졌다. 그는 낮 12시부터 밤 11시까지 일한 것으로 알려졌다. 한 동료는 관리자인 고인이 장시간 노동과 추가근무에 시달렸다고 《경향신문》에 전했다. 3월 24일에는 심야·새벽배송에 투입된 지 2일차였던 박용진 씨가 인천 계양구의 한 주택가에서 쓰러진 채 발견된 뒤 숨졌다.

이 죽음들은 업무 환경과 관계가 없을까. 권동희 노무사는 "야간노동, 중량물 취급, 시간에 쫓기는 업무 등은 모두 과로사의 원인이나 위험인자다. 한랭 작업 역시 산재법에서 보는 위험인자다"라고 말했다. 조성식 동아대병원 직업환경의학과 교수도 "심야노동과 무관하다고 보기 어렵다"라고 판단했다. "우리 몸은 밤에는 쉬게끔 적응되어 있다. 밤 11시부터 오전 5시 같은 시간대가 가장 안 좋다. 병원처럼 사회적으로 꼭 필요한 일이 아니라면 야간노동을 최대한 줄여야 한다. 특히 업무강도가 센데 정작 해당 노동자에겐 업무 과정을 통제할 권한이 없는 상태가 일반적으로 제일 잘 알려진 스트레스 모형이다."

2020년 12월 기준 2만8451명에 이르는 쿠팡 물류센터 노동자들은 자유롭게 문제를 제기하기 어렵다. 이들이 소속된 쿠팡풀필먼트서비스는 극소수 정규직과 3개월-9개월-1년의 계약기간을 거쳐 정규직화되는 계약직, '단기'라 불리는 다수의 일용직으로 굴러가는 구조다. 동탄물류센터에서 오후조로 집품 일을 하는 사원은 "계약직이다 보니 웬만하면 참고 일한다. 4시간, 5시간씩 하루 종일 서 있다시피 하니 힘들다. 앉아 있으면 (관리자가) 뭐라고 한다"라고 말했다. 김인아 한양대병원 직업환경의학과 교수는 "외국에서 야간노동 관련 가이드를 만들 때는 밤에 일할 경우 주간보다 노동강도를 낮춰주는 게 일반적이다. 한국 안전보건공단의 교대근무 설계 지침에도 야간노동은 노동강도를 줄이거나 중간에 잠깐 자는 시간을 주라고 되어 있다. 그만큼 생물학적으로 저하된 상황에서 일하는 것이기 때문이다"라고 말했다.

철야 후 자택에서 숨진 장덕준 씨의 어머니 박미숙 씨는 근로복지공단에 아들의 죽음을 산재로 인정해달라고 신청했다. 스물일곱 살이던 장 씨는 쿠팡 칠곡물류센터에서 저녁 7시부터 다음 날 새벽 4시까지 1년4개월을 일했다. 동료들은 그가 마지막 근무일에 가슴 통증을 호소했다고 증언한다. 2021년 2월 9일, 근로복지공단 대구북부지사는 장덕준 씨의 죽음이 산재라고 판정했다. 어머니 박 씨는 "물류센터의 작업환경이 얼마나 열악한지 이제야

쿠팡 노동자 돌연사 논란 일지

사망일	이름 (나이)	사망 당시 생활	고용 형태	근무 기간	근무 시간대	사인
2020년 3월12일	김정현 (46)	쿠팡 경기도 안산 1캠프에서 오후 10시부터 심야·새벽배송에 투입되던 중 새벽 2시께 경기도 안산의 한 빌라에서 쓰러진 채 발견된 뒤 사망	계약직	1개월	심야·새벽배송 (오후 10시~오전 7시)	허혈성 심장질환
2020년 5월28일	고영준 (40대)	쿠팡 인천물류센터에서 오후 6시부터 일하던 도중 4층 화장실에서 오전 2시40분경 쓰러진 채 발견된 뒤 사망	계약직	3개월	오후조 (오후 6시~새벽 4시)	동맥경화
2020년 10월12일	정덕준 (27)	쿠팡 칠곡물류센터에서 오후 7시부터 다음 날 오전 4시까지 일하고 퇴근한 뒤 지택 욕조에서 응크려 숨진 채 발견	일용직	1년 4개월	오후조 (오후 7시~새벽 4시)	급성 심근경색
2021년 1월11일	최영애 (51)	쿠팡 동탄물류센터에서 오후 6시부터 다음 날 오전 4시까지 일하고 오전 5시경 1층 화장실에 들어갔다가 쓰러진 채 발견된 뒤 사망	일용직	6일	오후조 (오후 6시~새벽 4시)	급성 심근경색
2021년 3월6일	이향철 (48)	쿠팡 서울 송파 1캠프에서 1년간 심야·새벽배송을 전담했고 가뒤 복귀 예정이었으나 거주하던 고시원에서 숨진 채 발견	정규직	1년	심야·새벽배송 (오후 9시~새벽 7시)	뇌신혈관계 질환
2021년 3월6일	정성군 (미상)	쿠팡 서울 구로 1캠프에서 1년간 '캠프 리더'로 일한다 퇴근 뒤 심정지로 사망	미상	1년	중간조(낮 12시)~ 오후 11시) '퇴근 후 4~5시간 연장근무 중인	미상
2021년 3월24일	박용진 (42)	쿠팡맨으로 심야·새벽배송 업무에 투입된 지 2일차 인천 계양구 계산동의 한 주택가에서 쓰러진 채 발견된 뒤 사망 쿠팡 "업사 이후 실시한 건강검진 결과 심장 관련 이상 소견이 있어 추가 검사를 진행 중이었다"	계약직	2일	심야·새벽배송 (오후 9시~오전 7시)	미상

최영미 씨가 죽은 영애 씨와 나눈 마지막 문자 메시지.
최저 영하 18℃의 한파가 불어닥친 그날, 난방이 되지 않는 물류센터에서
사람들은 겨우 핫팩 하나씩만 쥐고 일을 했다.
ⓒ시사IN포토 조남진

드러나기 시작했다"라고 말했다. "아들이 동료들과 나눈 카카오톡을 보면, 물류센터는 여름엔 너무 덥고 겨울엔 너무 춥다. 그러면서도 (식사시간 외에) 쉬는 시간이 없다."

쿠팡 물류센터에서는 근무 중 휴대전화를 소지할 수 없다. 사물함에 넣어두고 휴게시간에나 잠깐 볼 수 있을 뿐이다. 숨지기 전날 밤 11시 37분, 최영애 씨는 언니에게 "오늘은 열한 시에 밥 먹었어"라는 문자를 보냈다. 최 씨가 남긴 마지막 메시지다. 그날 도시락에 담긴 밥과 반찬은 차갑게 굳어 있었다. 쿠팡은 "삼가 고인의 명복을 빌며 유족께 심심한 위로의 말씀을 전한다"라면서도 "당사는 법에서 정한 휴게시간을 포함해 근로기준법을 준수하고 있고 대규모 추가 고용, 기술 및 자동화설비 투자, 전국 물류센터 내 물류 업무 종사자 100% 직고용을 바탕으로 차별화된 근로 환경을 제공하기 위해 노력하고 있다"라고 밝혔다. 그러나 심야노동을 줄일 계획이 있는지, 냉난방 시설을 포함한 업무환경을 개선할 것인지, 근무 중 휴게시간을 추가로 부여할 의사가 있는지에 대한 기자의 질문에 쿠팡은 끝내 답변하지 않았다.

왜 에어컨도 없이 일했을까

2021년 6월 경기도 이천의 쿠팡 덕평물류센터에 불이 났다. 소방당국이 초기 확보한 CCTV에 따르면, 지하 2층 선반 위 멀티탭에서 처음 불꽃이 튀었다. 직원들은 선풍기를 이용하기 위해 설치한 멀티탭이라고 진술했다. 화재 현장을 포함한 쿠팡의 메가 물류센터들은 모두 2010년대에 지어졌지만, 작업공간에는 에어컨이 없다. 일부 사무공간과 휴게실에만 있을 뿐이다. 2021년 한국의 첨단 물류기업에서 일하는 노동자들은 왜 에어컨도 없이 선풍기 바람을 쐬며 일해야 했을까?

쿠팡은 "화물 차량의 출입과 상품의 입출고가 개방된 공간에서 동시에 이뤄지는 특성 때문에 냉난방 설비가 구조적으로 불가능하다. 유사한 업무가 이뤄지는 전국의 모든 물류센터가 마찬가지다"라고 주장해왔다. 방대한 면적을 고려하면 냉방은 무리라는 의견도 있다. 그러나 같은 쿠팡 물류센터 중에서도 냉장·냉동식품을 보관하는 일부 센터는 거액을 들여 적정 온도를 유지하고 있다. 물류센터라고 냉난방이 불가능하지는 않은 것이다. 이미 지어진 물류센터에 에어컨 설치공사를 진행 중인 사례도 있다. 무엇보다 쿠팡 물류센터는 선풍기와 컨베이어 벨트가 사실상 24시간 내내 돌아가는 구조다. 전형배 강원대 법학전문대학원 교수는 "물류센터를 24시간 가동한다고 해서 불법은 아니다. 그러나 현행 산업안전보건법상 사업주는 사업장 온도를 적절히 조절해 쾌적한 작업환경을 마련하고, 전기기구로부터 발생할 수 있는 화재 등 각종 위험을 방지할 의무가 있다"라고 말했다.

이천 화재 직전인 2021년 6월 6일 민주노총 공공운수노조 전

국물류센터지부 쿠팡물류센터지회가 설립되었다. 김한민 전국물류센터지부장은 불이 난 쿠팡 덕평물류센터에서 2020년 8월부터 12월까지 일용직으로 일했다. 김 지부장은 "노조 출범 이전에 네이버 밴드로 노동자들의 요구사항을 모아보니 1위가 휴게시간이었다. 임금도 아니고 10분이라도 (식사시간 1시간 외에) 휴게시간을 달라는 거였다"라고 말했다. "집이 이천이라 다른 물류센터도 많이 가봤는데, 예를 들면 나이키 물류센터는 에어컨이 있을 뿐 아니라 쉬는 시간과 공간을 충분히 준다. 거기는 새벽 2시에 컨베이어벨트 전기를 아예 내려버린다. 30분 동안 쉬라면서 빵과 우유, 에너지바도 준다. 반면 쿠팡은 어느 센터든 크긴 하지만, 에어컨 있는 휴게공간이 작업공간 내에 없다. 있더라도 식사시간 말고는 쉬는 시간이 없어 중간에 갈 수가 없다. 최근에 동탄물류센터에서 식사시간 1시간에서 10분을 빼고 이에 10분을 따로 추가해서 휴게시간을 20분으로 만든 것 정도다(그나마도 심야조는 식사시간 30분에 휴게시간 10분이다). 쉴 시간과 공간을 제대로 마련하라고 요구하려 한다. 회사의 의지만 있으면 가능하다."

이천 화재 대응에서 일용직인 최초 발견자가 핸드폰이 없어 119 신고를 직접 하지 못한 것으로 드러났다. 관리자가 아닌 일용직·계약직 직원은 쿠팡 물류센터에서 일하는 동안 캐비닛에 핸드폰을 넣어두어야 한다. 이 때문에 아버지의 임종을 지키지 못한 사람도 있다고 한다. 동탄물류센터에서 오후조 계약직으로 일하는 민병조 쿠팡물류센터지회장은 "물류 일을 3년 정도 했지만 핸드폰을 맡겨야 하는 곳은 여기가 처음이다. 다른 물류회사도 열악하지만 10분이라도 쉬는 시간을 줬다. 사고가 나든 어떤 상황이 오든, 사람을 능동적인 인간으로 대우하는 것과 아닌 것은 결과물이 다를 수밖에 없다"라고 말했다.

쿠팡은 '한국의 아마존'을 꿈꾼다고 알려져 있다. 미국 아마존의 물류창고에도 에어컨이 없어서 여름이면 노동자들이 구급차로 실려 가는 일이 비일비재했다. 2011년 펜실베이니아 지역신문 《모닝콜》의 보도로 이런 현실이 알려졌고, 노동자들의 시위도 잇따랐다. 2012년 제프 베이조스 최고경영자CEO는 5200만 달러(약 590억 원)를 들여 미국 전역의 아마존 물류창고에 에어컨을 설치하겠다고 발표했다. 더위로 업무가 느려졌다는 이유로 일자리를 잃은 전직 아마존 물류창고 노동자 카렌 살라스키 씨는 2012년 일간지 《시애틀타임스》에 에어컨 설치에 대해 이렇게 말했다. "이것은 올바른 방향으로 나아가는 한 걸음입니다. 노동자들은 존중받을 필요가 있습니다."

쿠팡 덕평물류센터 화재가 난 2021년 6월 17일, 김범석 전 쿠팡 이사회 의장이 국내 등기이사와 이사회 의장을 사임했다는 사실이 알려졌다. 쿠팡은 "이번 화재가 발생하기 17일 전인 5월 31일 이미 사임이 이뤄졌다"라고 설명했다. 화재 발생 이틀 만인 6월 19일, 광주소방서 구조대장 김동식 소방령(53)이 화재 진압 와

중에 드넓고 미로 같은 물류센터를 빠져나오지 못하고 숨진 채 발견됐다.

안전에는 돈이 들고, 비용을 전가하면 누군가가 목숨을 잃을 수 있다. 세월호 참사를 비롯한 여러 사건에서 반복되는 교훈이다. 이천 덕평물류센터에서 화재신고가 접수된 시각인 오전 5시 36분에는 심야조와 상하차 인원만 남아 있었기에 280명이 전원 대피할 수 있었다. 다음에도 그러리라는 법은 없다. 쿠팡은 화재한 달여 뒤인 2021년 8월 중순에야 "물류센터별 상황에 따라 에어컨·이동식 에어컨·대형 선풍기 등 냉방시설을 설치했고, 휴게실과 작업공간에 대한 다양한 냉방설비 설치 등 여러 대책을 추가로 준비하고 있다"라고 밝혔다.

혁신 기업에
딱 하나 없는 상상력

2020년 3월 쿠팡 안산1캠프. 위험한 줄 알면서도, 트럭을 몰고 야간 배송에 나서는 쿠팡맨들을 막아섰다. 유리창 너머 어리둥절해하는 쿠팡맨들에게 까치발을 들고 무작정 명함을 들이밀었다. 입사한 지 한 달도 안 돼 야간 배송 중 새벽 2시께 빌라 계단에서 숨진 김정현 씨가 일하던 곳이었다. 노조원이 없는 캠프라 노조를 통한 섭외는 어려웠다. 어떻게든 김씨와 같은 캠프에서 일한 동료

쿠팡맨 김정현 씨가 일하던 안산1캠프. 이곳을 비롯해 쿠팡의 물류 현장에서 벌어진 일련의 비극은 인공지능이 이룬 성취로 덮을 수 없는 어둠이다. ⓒ전혜원

의 이야기를 듣고 싶었다. "실례합니다. 주간지《시사IN》에서 나온 전혜원이라고 하는데요. 얼마 전에 여기서 동료분이 일하시다가 돌아가셨다고 들어서, 다시는 이런 일이 없게 하려면 뭐가 바뀌어야 할지 익명으로라도 혹시 한 말씀 해주실 수 있으시면 연락 꼭 부탁드립니다!"

명함을 보고 연락해준 한 명의 멘트가 기사로 나갔다. 그에게 기사가 나온 잡지를 우편으로 보낸 뒤, 이런 문자를 받았다. "보내

주신 것 받아서 잘 읽어봤습니다. 감사합니다. 아직 추운 밤날씨였는데 열정적인 모습이 멋있었습니다. 파이팅하세요!"

분에 넘치는 격려를 받을 때가 많지만 이상하게도 이 문자만큼은 기억에 더 오래 남았다. 부끄러움 때문인 것 같다. 내가 보기에 열정적인 것은 그였다. 그는 제한된 시간에 엄청난 물량을 소화해내는 사람이었다. 노조에 가입하지 않은 그는 "고객님들이 상품을 좀 나눠서 주문해줬으면 좋겠다"라는 소박한 바람을 남겼다.

한국 노동시장의 오늘을 보려면 쿠팡 물류센터 앞을 가야 한다고, 오래 전부터 생각해왔다. 쿠팡플렉스로 일하다 골반뼈가 부러진 최서경 씨의 이야기는 일부러 찾은 극단적 사례가 아니었다. 체육관 관장 주동철 씨도, 방송계 프리랜서 박성우 씨도 그냥 찾아갔더니 거기에 있었다. 지금 이 순간 수많은 자영업자, 프리랜서들의 실업급여 역할을 쿠팡플렉스가 하고 있다고 해도 과언이 아닐 것이다. 물류센터의 계약직과 일용직 상당수는 코로나19 시대에 일자리를 찾아온 사람들이다.

쿠팡이 배송기사 상당수를 직접고용하는 것은 분명 이례적이다. 보통은 고용하지 않고 개인사업자와 일대일 계약을 맺어 건당 수수료를 준다(쿠팡플렉스가 이런 모델이다). 택배기사를 특수고용노동자라 부르는 이유다. 물류센터 인력도 하청업체를 통하지 않고 쿠팡처럼 자회사가 직접 뽑는 모델은 드물다. 쿠팡은 이런 점을 내세운다. 문제가 생기면 적극 방어한다. 우리는 사업주가 아니라고 발을 빼는 여타 기업보다는 기본적으로 더 낫다.

하지만 거기서 끝나는 이야기는 아니다. 쿠팡이 자랑하는 고용과 4대보험 가입(쿠팡 물류센터 노동자와 쿠팡맨의 경우)이 무슨 특별한 혜택인지는 생각해볼 지점이 있다. 인공지능을 통해 고도로 효율화한 자사의 물류 시스템에 따라 배송 과정을 관리하려면 세밀한 지시와 유연한 배치가 필수적이다. 이런 시스템은 직접고용이 아니면 사실상 불가능할 것이다. 식사와 통근버스 역시 자신들의 사업 영위에 필요한 인력이기 때문에, 또한 통일된 관리를 위해서 제공하는 것이라고 봐야 하지 않을까.

야간 노동이 무슨 혁신이냐고 따지지는 않겠다. 혁신인지 아닌지는 시장이 판단한다고 생각한다. 그러나 불법이 아니라고 해서 식사시간 1시간 외에는 휴게시간이 없는 것, 최영애 씨가 사망한 뒤에야 휴게실에 난로를 들인 것, 김동식 소방관의 희생 끝에 겨우 일부 에어컨을 설치하기 시작한 것을 어떻게 이해해야 할까. 야간 노동 중 화장실에서 쓰러진 뒤 숨진 고영준 씨와 같은 인천 4물류센터에서 일하다가 지금은 쿠팡을 떠난 최준혁 씨는 "코로나 시대에 쿠팡 같은 회사가 없는 일자리를 만들어줘서 고마운 면도 있지만, 생명의 가치, 인간성의 가치도 어느정도 생각했으면 좋겠다"라고 말했다. 내가 그 자리에서 일하는 사람이라면 어떨지 상상해보는 능력. 눈부신 성취를 이룬 이 혁신 기업에 딱 하나 없는 것은 바로 그런 상상력이 아닐까.

07

들어갈 자격 vs. 일할 자격

공정은 어떻게
차별이 되는가

출처: 공공기관 알리오(2017)

인천공항에서 일하는
정규직과 비정규직 숫자

1265 : 9225

87.9%

인천공항
비정규직 비율

인천공항
정규직화 논란

인천공항 정규직은 좋은 일자리다. 2020년 상반기 신입 공채의 경쟁률이 203대 1에 달했다. 비정규직 정규직화로 인천공항 용역업체 노동자들의 고용이 비로소 안정되었다는데, 인천공항 정규직은 여전히 높은 성벽에 둘러싸여 있다. 그렇다면 2017년 하반기부터 시작돼 2020년 한국사회를 집어삼켰던 '인천공항 정규직화 논란'이란 정확히 무엇이었을까? '공정'이란 단어가 가장 먼저 떠오른다. 그러나 어떤 공정인가. 누구의, 무엇을 위한 기회의 평등인가. 우리 공동체가 진도를 나가려면 반드시 짚고 넘어가야 할 질문이다. 인천공항 정규직화는 왜 그토록 격렬한 반발에 부딪혔나.

2017년 5월 12일 문재인 대통령이 취임 첫 외부 일정으로 인천공항을 찾았다. 문 대통령은 이 자리에서 "공공부문부터 임기 내에 비정규직 제로 시대를 열겠다"라고 말했다. 정일영 당시 인천공항 사장은 "공항 가족 1만 명 모두를 금년 내에 비정규직에서 정규직으로 전환하겠다"라고 화답했다.

아웃소싱으로 굴러가는
대한민국의 관문

2017년 기준 인천공항 소속 정규직은 1265명, 파견·용역 노동자(비정규직)는 9225명이다. 인천공항에서 체크인을 하고 짐을 부치고 화장실에 들르고 보안검색을 거치는 동안 만나는, '인천공항을 위해 일하는 노동자' 10명 중 8명 이상(87.9%)이 비정규직이었다. 인천국제공항공사는 출범할 때부터 관리직군을 제외하곤 대부분 아웃소싱했다. '공공부문에도 비정규직이 만연한 현실'을 보여주기에 가장 상징적인 사업장이어서 대통령도 첫 방문지로 이곳을 택한 것으로 보인다.

2017년 7월 문재인 정부는 '정규직 전환 가이드라인'을 발표한다. 노무현 정부 이래 역대 정부 모두 공공부문 정규직화를 추진했지만, 해당 공공기관이 직접고용한 기간제 노동자뿐 아니라 파견·용역 노동자도 정규직 전환 대상으로 명시한 것은 처음이다. 정부는 '상시·지속 업무'는 정규직으로 전환하되, 그 중에서도 국민의 생명·안전과 밀접한 상시·지속 업무는 '직접고용' 정규직화가 원칙이라고 명시했다.

이 과정에서 '직접고용'의 대상이 되는 생명·안전 업무의 범위가 어디까지인가가 논쟁의 대상으로 떠올랐다. 2017년 11월 23일 열린 공청회에서 인천공항 사측 연구용역은 생명·안전 업무 범위를 매우 좁게 해석해 854명을 직접고용 인원으로 해석했다. 반면 비정규직 측 연구용역은 4504명을 직접고용 범위에 넣었다. 이 자리에서 정규직 사원들이 비정규직 사원들에게 공개적으로 야유(내지는 양측이 충돌)하는 일이 벌어졌다.

공청회에 앞서 인천공항 정규직 노조는 '공사 직원 채용은 공개경쟁 채용이 원칙이다'라는 제목의 성명서를 냈다. 당시 정규직 노조의 주장은 '직접고용을 요구하려면 공개채용을 거쳐라'로 요약된다. 정규직 노조는 정규직 전환에 반대하지 않는다면서도, 기존 용역업체 노동자들에 대해 직접고용은 최소화하는 대신 자회사를 만들어 고용하는 안을 선호했다. 반면 기존 용역업체 노동자들은 자회사보다는 인천공항에 직접고용되는 것을 선호했다. 이는 모든 공공기관이 비슷한 상황이었지만, 인천공항은 기존 정규직이 극소수인 데다 직군이 다양하고 한국노총·민주노총 산하 여러 노조가 있었으며 대통령이 다녀간 1호 사업장이라는 점 때문에 갈등의 압력이 훨씬 높았다.

대통령 방문 3년여 뒤인 2020년 6월, 인천공항은 정규직 전환이 6월 말로 완료된다고 밝혔다. 인천공항에 필요한 상시·지속적

업무를 하는 9785명 중 대부분(7642명, 78.1%)은 공항 운영, 시설/
시스템 관리, 보안경비 등 3개 자회사로 고용되었다.

자회사가 아니라 인천공항 정규직으로 고용되는 이들도 있다.
정부의 정규직 전환 가이드라인에 따르면, 상시·지속 업무이면서
생명·안전에 밀접한 업무는 자회사가 아니라 해당 공공기관이 직
접고용하는 것이 원칙이다. 인천공항은 공항 소방대 211명, 야생
동물 통제인력 30명, 보안검색 인력 1902명 등 2143명(21.9%)을
상시·지속 업무이자 생명·안전 업무로 보고 인천공항 정규직으
로 직접고용하기로 했다.

자회사 형태의 정규직 전환은 별 논란이 되지 않았다. 직접고
용은 달랐다. 인천공항의 발표 직후 '공기업 비정규직의 정규화
그만해주십시오'라는 제목의 청와대 청원에 27만 명 넘는 이들이
동의했다. 청원문 중 한 대목이다. "사무 직렬의 경우 토익 만점에
가까워야 고작 서류를 통과할 수 있는 회사에서, 비슷한 스펙을
갖기는커녕 시험도 없이 그냥 다 전환이 공평한 것인가 의문이 듭
니다." '공채 없는 보안검색 직접고용은 불공정하다'는 논리다. 그
런데 이 문제는 논의의 층위를 나눠서 볼 필요가 있다.

우선 시험 없이 다 전환된다는 것은 사실이 아니다. 직접고용
으로 전환되는 이들 중 문재인 대통령이 방문한 2017년 5월 12
일 이후 입사자는 공개 채용을 거치기로 했다. 이들은 입사할 때,
추후 정규직화 정책이 추진될 것을 알고 있었다고 판단해서다.

문 대통령 방문 전에 입사한 이들은 적격심사 방식으로 채용한다. 가장 인원이 많은 보안검색 직군의 경우, 1902명 중 약 800명(42.1%)은 공개채용을 거쳐야 한다.

그렇다면 2017년 5월 12일 이전 입사한 보안검색 요원 1100여 명이 '공개채용'을 거치지 않고 인천공항 정규직이 되는 것은 불공정한가? 인천공항 정규직의 2020년 상반기 일반직(사무) 입사 경쟁률은 203대 1을 기록했다. 서류-필기-AI 면접-1차 면접-2차 면접이라는 바늘구멍을 뚫어야 인천공항 정규직이 되는데, (필기) 시험도 치르지 않고 정규직이 되는 것은 자격 없는 이들이 받는 과도한 보상, 곧 무임승차라는 주장이 존재한다.

이에 대해 보안검색 직군의 직접고용은 취업준비생과는 관련이 없다는 반론이 나온 바 있다. 취업준비생 대다수가 희망하는 인천공항 정규직은 보안검색이 아닌 '사무직'이기 때문이다. 다만 이번에 보안검색 직군이 직접고용되는 형태인 '공공기관의 청원경찰'을 선호하는 취업준비생은 있을 수 있다.

보안검색 직군은 인천공항 정규직이 되더라도 기존 정규직보다 낮은 임금을 받으므로 청년들이 선호하는 일자리는 아니지 않을까? 인천공항은 직접고용될 보안검색 요원들의 평균 연봉을 약 3850만 원 수준으로 정할 방침이라고 밝혔다. 그러나 이들이 받게 될 구체적 임금수준은 아직 정해지지 않았으며, 이 역시 장기적으로는 기존 정규직 임금을 따라 오를 수 있다. 울타리 밖에 있

인천공항의 보안검색 요원들. 코로나19 이전인 2017년 기준 연간 6000만 명이 드나든
인천공항의 보안검색을 도맡은 1902명의 요원은 모두 비정규직이었다. 평균 근속기간 5년,
12~14시간씩 교대 근무를 해온 이들의 '일할 자격'이 인천국제공항공사에 '들어갈 자격'과
불화를 겪고 있다. ⓒ시사IN포토 신선영

을 때보다 울타리 안에 있을 때 임금 격차가 더 도드라져 보이기
때문이다. 따라서 평균 연봉 3850만 원을 넘어서는 좋은 일자리
가 될 가능성을 배제할 수 없다.

직접고용 정규직화로 신규 채용 규모가 줄어들 가능성에 대해

선, 완전히 배제하긴 어렵다. 공기업 인건비는 기획재정부가 총액 인건비제로 엄격히 통제하지만, 지침상으로는 기존 정규직과 새로 전환된 정규직 인건비가 따로 관리된다. 다만 공기업은 신규 채용 등 증원 시 기재부와 협의하게 되어 있고, 그간 기재부가 각 기관의 정원TO 확대에 깐깐하게 굴어온 역사를 감안하면, 줄어들 여지가 없다고 하기는 어렵다.

들어갈 자격 vs. 일할 자격, '괜찮은 자회사'라는 대안

질문을 조금 더 밀어붙여 보자. 청년들이 선호할 만한 일자리가 될 가능성이 있다면, 2017년 5월 12일 이전 입사자라도 공개채용을 거쳐야 할까? 이러면 기존 근무자도 떨어질 수 있다. 공공부문 비정규직 정규직화가 기존 비정규직에게 이익이 되고자 추진하는 정책인 점을 감안하면, 이렇게 일자리를 잃게 만드는 것은 모순이다.

보안검색 업무는 인천공항에 필요한 '상시·지속 업무'다. 정부 가이드라인상 정규직 전환 대상이다. 이 노동자들의 정규직 전환에 필요한 '자격'은 정말 '시험'과 같은 공개채용으로 측정해야 하는 것일까. 보안검색 요원들은 평균 5년간(3년 이상 근무자 72%) 하루 12~14시간씩 12조 8교대로 그 일을 해온 사람들이다. 208시간의 항공보안 관련 교육을 이수하고 국토교통부가 주관하는 인증평가를 통과했다. 1년에 한 번씩 별도 평가도 받는다. 만일 그 일을 가장 잘할 수 있는 '자격'이 기준이라면, 같은 사업장에서 계속 그 일을 수행해왔다는 사실이야말로 자격의 증거일 수 있다. 소속이 바뀐다고 해서 이들이 하는 일이 달라지는 것도 아니다.

그런데 이 시험이라는 것은 정규직 전환 가운데서도 직접고용 전환에만 강하게 요구된다. 인천공항이 밝힌 채용 절차를 보면, 자회사로 고용될 때는 탈락의 위험이 거의 없는 반면, 직접고용인 경우에는 '필기전형'으로 치러지는 '시험'이 요구된다. 직접고용 과정에서 적격심사 대상 중 소방대원 17명이, 공개채용 대상 중 소방대원 28명과 야생동물통제 인력 2명이 탈락했다(총 47명). 이들은 2020년 8월 해고되었다. 향후 2017년 5월 12일 이후 입사한 보안검색 요원 일부도 공채를 거치며 탈락할 것으로 보인다.

왜 자회사로 가면 시험이 필요 없고 직접고용할 때에는 시험이 필요한가. 이 시험은 무엇을 위한 시험인가. 시험을 통과한 인천공항 정규직 노동자들이 무엇을 얻고 있는지에 그 답이 있다. 공공기관 알리오 공시 자료를 보면, 인천공항 정규직 직원의 1인당 평균 연봉은 2019년 결산 기준 9129만8000원이다. 이 가운데 경영평가 성과급이 880만4000원이다. 신입사원 초임은 4507만9000원으로 공기업 중 11년 연속 1위를 기록했다. 근속에 따라 임금이 높아지는 연공형 임금체계다. 공공기관이어서 정년 60세를 적용받는 이들의 평균 근속연수는 11.5년으로 전체 노동시장 평균(6.7년, 2019년 기준)보다 길다.

반면 똑같이 인천공항에서 일하지만 시험을 거치지 않아 '자격'을 얻지 못한 비정규직 노동자들은 처우가 많이 다르다. 보안 검색 요원들은 입사 후 처음 1년 동안은 최저임금(8590원, 2020년 기준)을 시급으로 받는다. 10년 차 정도에 처음 1년보다 1263원 오른 시급 9853원을 받는 게 고작이다. 용역업체와 3~5년 단위로 계약해 근속이 제대로 인정되지 않는다. 하는 일의 차이에 비춰볼 때 이 같은 격차가 정의로운지 한국사회는 제대로 답한 적이 없다. 김대희 인천국제공항 보안검색노동조합 위원장은 "시험을 보라고 하는데, 하루 14시간씩 근무하는 보안검색 요원들이 고시원 같은 곳에서 2~3년 준비한 이들과 대결하는 것이 공정한 구조인지 묻고 싶다. 시험을 보는 노력만 노력이고, 공항 승객의 생명과 안전을 위해 계속 일해온 것은 노력이 아닌가"라고 되물었다.

'공개채용 원칙'과 '기존 비정규직에게 불이익이 없어야 한다는 원칙'이 첨예하게 부딪치는 배경은 공기업이 좋은 일자리인 것과 관련이 있다. 2019년 공기업 정규직 직원들의 평균 연봉은 7941만7000원이다. 고용도 안정적이다. 그렇다면 이렇게 물을 수도 있다. 어쨌든 탈락자를 최소화하면서 정규직화를 추진한다면 기존 비정규직의 처우가 개선되고 좋은 일자리도 많아지는 것 아닌가.

그럴 수도 있다. 문제는 현재로서는 공공부문 정규직 전환의 효과를 민간으로 확산시키는 기제가 존재하지 않는다는 점이다. 상징적 효과만 있을 뿐이다. 2020년 말 기준 19만2698명이 직접고용 또는 자회사 방식으로 공공부문의 정규직이 되었지만, 정권 초기 일부 민간 대기업의 정규직화 말고는 민간에 확산되는 움직임이 보이지 않았다. '상시·지속 업무는 정규직 고용' 같은 원칙을 민간에 확산시키기 위한 공약이 바로 '비정규직 사용사유 제한'이다. 법 개정 사안이다. 정책의 타당성과 별개로, 이 정책은 별달리 추진되지 않았다.

게다가 한국에선 직무나 직종에 따른 임금 수준이 사회적으로 합의된 바 없다. 무슨 일을 하느냐보다는 어디에 다니느냐가 보상을 결정한다. 그 보상은 대개 첫 직장에 따라 결정되며, 평생에 걸쳐 영향을 미친다. 특히 공기업은 근속에 따라 임금이 높아지는 연공급(호봉제) 임금체계다. 이런 상황에서 직접고용으로 정규직화된 이들의 임금 체계가 기존 정규직을 따라가게 되면, 공공부문 안에서의 격차는 줄어들지 모르지만, 비슷한 일을 하는 민간부문과의 격차가 벌어진다.

이런 측면에서, 주로 진보 언론에서 '꼼수' 내지는 '악', '가짜 정규직화'로 묘사해온 자회사 방식의 정규직화를 돌아볼 필요가 있다. 공공기관은 연차에 따라 임금이 올라가는 체계, 즉 연공급 체계(호봉제)다. 직무에 따른 임금 세분화가 안 되어 있다. 이런 상황에서 직접고용된 인원이 들어오면, 임금을 어떻게 차등해서 지급할지 기준이 없다. 직접고용 인원에 일시적으로 직무급(하는 일에 따라 임금 지급)을 적용하더라도, '우리도 호봉제를 적용해달라'는 요구가 분출할 수 있다. 인천공항처럼 정규직으로 전환된 인원이 많은 경우엔 이런 요구를 무시하기도 힘들다.

반면 자회사 방식이라면 기존 정규직과의 임금 격차가 눈에 덜 띄고 이에 대한 저항도 덜하다. 그러면서도 용역업체 소속일 때보다 고용이 안정되고 처우가 개선된다. 자회사 방식의 정규직화가 바람직하다고 볼 수는 없지만(특히 불법파견 소지가 있는 경우) 한국의 현실에서 고육지책일 수 있는 이유다. 또한 이 방식은 탈락자를 거의 발생시키지 않는다. 인천공항처럼 기존 정규직보다 많은 인력이 전환되어 반발이 심한 경우, 자회사 방식은 타협의 여지를 제공한다. 공공부문 정규직화 과정에서 수많은 자회사가 만들어졌다. 괜찮은 자회사 모델을 만들어갈 책임은 모회사를 포함한 공공부문 노사 모두에게 있다.

인천공항 정규직화
논란이 폭로한 것

공공부문과 민간부문의 격차가 벌어지면 안 된다는 명제 이전에, 공공부문의 근로조건이 민간보다 월등히 높은 것이 왜 문제가 되는지 짚을 필요가 있다. 공기업은 기본적으로 독점이므로, 시장 원리보다는 국가정책이나 정부 방침에 따라 기업의 이익이 결정된다. 예컨대 한국전력의 경우 전기요금이 얼마인가에 따라 좌우된다. 인천공항의 수익 역시 효율적 경영뿐 아니라 독점권으로부터도 나온다는 점에서 렌트rent(지대)에 가깝다. 한국사회에서 이 같은 '렌트'를 누릴 '자격 있는 소수'를 결정해온 것이 공개채용(시험)이다.

그런데 공기업의 진정한 주인은 시민이다. 공기업 경영진은 정부를 대리하고, 정부는 시민을 대리한다. 인천공항 정규직이 시험한 번으로 사실상 평생 얻고 있는 결과는 납세자의 이익에 충실한가? 시민이 제공받는 서비스의 질과 밀접한 관련이 있는가? 공채시험으로 얻는 유무형의 이익이 100% '노력' 또는 '재능'에 따른 것인지도 따져볼 필요가 있다.

"공기업의 근로조건을 좋게 만드는 중요한 논리는 모범 사용자가 돼서 앞서서 민간부문을 견인한다는 거다. 그게 되면 좋은데, 안 되면 격차만 벌어진다. 현대자동차가 바로 그런 경우다. 현대자동차 노조의 논리는 우리 임금이 높아지면 그걸로 나머지를 다 끌어온다는 건데, 그게 안 되면 끌어오는 게 아니라 격차가 벌어지고 특권층이 된다. 공기업도 그럴 우려가 있다. 그래서 공기업은, 예를 들면 고용 형태라든지 고용안정성이라든지 인격적 관리라든지 민주적 노사관계라든지 노동자 경영 참가라든지 이런 쪽에서 모범 사용자가 되면 되는 것이지, 임금까지 높여줘야 하는 건 아니라고 생각한다. 공기업은 임금에서 모범 사용자가 돼선 안 된다. 다르게 보면 이 사람들은 고용 안정 등 여러 면에서 이점을 누리고 있으니까 임금은 손해를 보는 게 사회적으로 형평성이 있다." 정이환 서울과학기술대 교수(노동사회학)의 지적이다.

인천공항 정규직 노조는 보안검색 직군의 직접고용을 반대하지 않지만, 자신들과 합의 없이 추진해선 안 된다고 주장한다. 자신들이 동의한 것은 오직 보안검색 직군의 '자회사 고용'이라는 것이다. 인천공항 사측은 정규직 노조와 여론의 반대를 들어 보안검색 직군의 직접고용을 미루고 있다. 보안검색 노동자 중에서도 2017년 5월 12일 이후 입사자들은 '자회사 고용'을 더 선호한다. 실직의 위험 때문이다.

논란이 한창이던 2020년 7월 인천공항 동관 1층 로비에는 박스가 놓여 있었다. 직원들이 퇴근할 때 부러트린 연필을 넣는다고 했다. 연필은 '노력'을 상징한다. 인천공항 정규직 노조는 '공정하고 투명한 정규직 전환' 서명운동을 벌이면서 "성실하게 노력하는 사람이 좋은 기회를 잡을 수 있는 대한민국을 만들기 위함"이라고 했다.

그러나 인천공항 정규직화 논란이 폭로한 것은, 노력에 따른 보상을 넘어 공공부문 정규직이 일자리라기보다 신분이나 특권으로 인식되고 있다는 사실 자체다. 2017년 정규직 전환 방안 공

인천공항 동관 로비에 놓인 '부러진 펜' 박스. ⓒ전혜원

청회에서 눈물을 보였다가 야유를 받은 오순옥 당시 인천공항지역지부 수석부지부장은 "그동안 열심히 공항 서비스 평가 1등을 만들어왔는데…. 조선 시대 양반과 노비가 이런 건가 싶었다"라고 말했는데, 비유가 아니라 현실이다. 대졸 하향 취업자 10명 중 6명은 직장을 두 번 옮겨도 상향 이동을 하지 못한다. 첫 직장이 중소기업인 대졸자가 2년 뒤 대기업 정규직으로 '점프'에 성공한 비율은 7.5%다. 한국의 구직자들이 취업 재수, 삼수를 해서라도 울타리 안쪽으로 들어가려 애쓰는 이유다.

인천공항 정규직은 좋은 일자리다. 왜 좋은 일자리인가? 왜 다른 일자리는 그럴 수 없는가? 공기업이 우리 사회에서 좋은 일자리라는 게 어떤 의미인가? 펜으로 진입하는 안온한 세계와 나머지 허허벌판으로 구성된 이 체제는 지속 가능한가? 너무 많은 울타리 밖 동료 시민을 배제하지는 않는가? 정규직의 사전적 의미는 사측과 직접, 기간의 정함이 없는 근로계약을 한 풀타임 노동자다. 한국사회에서는 가파른 호봉상승과 후한 복리후생, 그리고 '간판'이자 '신분'이다. 이론상 모두에게 돌아가기 어렵다. 그러니까 문제는 '비'정규직이 아니라 '정규직' 그 자체였는지도 모른다. 인천공항 정규직화 논란이 던진 질문이다.

의사 파업,
공정은 어떻게
그들의 무기가 되었나

2020년 의사 파업을 촉발한 것은 '정원 확대'였다. 의대 정원을 10년간 연 400명씩 늘리면 의사 수가 늘어나 경쟁이 치열해진다는 우려 때문이다. 이 자체는 정부가 특정 직종의 면허 숫자를 늘리려 할 때 이해 당사자들로부터 나오기 마련인 '고전적 반대'에 가깝다. 정부가 내놓은 또 다른 계획인 '국립 공공의대 설립'은, 폐교된 서남의대 정원 49명을 이왕이면 나라에서 교육시켜, 현재 지원자가 모자란 감염내과 전문의, 역학조사관 등을 양성한다는 내용이다. 이 분야에 관심이 없는 다른 의사들이 딱히 반대할 이유가 없다.

그런데 시간이 갈수록 정원 확대보다 오히려 공공의대 설립이 의대생과 전공의 등 '젊은 의사'들을 더욱 화나게 한 것으로 보인다. 공공의대 학생을 '시·도지사 추천제'로 뽑는다는 대목이 문제였다. 보건복지부는 "시·도지사가 개인적인 권한으로 특정인을 임의로 추천할 수 없"으며 "전문가·시민사회단체 관계자 등이 참여하는 중립적인 시·도 추천위원회"를 구성할 것이라고 해명했지만 오히려 논란이 커졌다. 심지어 '586 권력자'들이 친인척을 공공의대 학생으로 밀어 넣으려고 한다는 소문까지 퍼졌다.

당초 공공의대는, 지금의 의료 인력들이 가지 않는 지방 및 기피 부문의 의사를 어떻게 충원할 것인가라는 문제의식에서 나왔다. 의사로 성장한 뒤 수도권으로 옮기지 않고 지방에서 일할 필수의료 부문의 인력을 뽑는 문제였기 때문에 '그 지역 행정 수장(시·도지사)의 추천'이 거론되었던 것이다. 즉 공공의대는 '지역 간 의료 격차'와 '필수의료 부문의 의사를 지방에 머물게 하는 방법'에 대한 문재인 정부 나름의 해법이었다. 그러나 사회적 논의는 '추천제라는 경로로 의대에 들어가는 것은 불공정'하다는 날선 반발로 이어졌을 뿐 정작 문제의 핵심은 비켜가고 말았다.

한국사회는 비슷한 구조의 사건을 알고 있다. 인천공항 정규직화 과정에서 보안검색 요원 1902명을 직접고용하기로 하자 '공채 없는 직접고용은 불공정하다'는 반발이 튀어나왔다. 해당 보안검색 요원들이 얼마나 오랜 기간 문제없이 일해왔는지, 보안검색 업무가 인천공항을 이용하는 시민들의 안전에 밀접한 업무인지 아닌지, 인천공항 정규직과 하청업체 노동자 사이의 임금 격차가 정당했는지 따위의 질문은 '다른 경로는 불공정하다'는 외침 앞에 무력했다.

이쯤 되면 공정은 우리 시대의 블랙홀이다. 일단 '불공정 논란'에 불이 붙으면, 논의는 한 발짝도 나아가지 못한다. 논의를 뒤엎을 힘이 있는 의사 집단은 자신들의 의지를 실제로 관철했다. 의사 파업은 인천공항 정규직화 논란의 극단화된 버전이라 할 만하다. 이에 두 사건에서 드러난 공정 담론을 생각해보는 자리를 마련했다. 의료 쪽에서는 의사 파업에 비판적 목소리를 내온 정형준 인도주의실천의사협의회 공공의료위원장(원진녹색병원 재활의학과 전문의), 노동 쪽에서는 서울시 산하 공기업 정규직화를 추진하며 청년들의 반대와 맞닥뜨렸던 조성주 전 서울시 노동협력관(현 정치발전소 대표), 공정 담론을 연구해온 김정희원 미국 애리조나 주립대학 교수(커뮤니케이션학)가 참여했다. 좌담은 2020년 9월 9일 《시사IN》편집국에서 진행되었다.

공정 담론에 숨은 서사
: '나의 성공'보다 '남의 패배'가 더 중요하다

전혜원 '매년 전교 1등을 놓치지 않기 위해 학창 시절 공부에 매진한 의사'와 '성적은 한참 모자라지만 추천제로 공공의대에 입학한 의사' 중 누구를 고르겠냐고 물은 대한의사협회 산하 의료정책연구소의 카드뉴스가 논란이 되었다.

정형준 현실을 알면 '내부 총질'이다. 기성세대 의사들이 그 카드뉴스를 보고 기함을 했다. 1992년 자연계열 학력고사 배치표가 SNS에서 화제였는데, 당시 지방의대에 가는 성적이 서울대나 연세대, 고려대의 웬만한 과들보다 낮았다. 전에도 학벌주의나 서열주의는 있었지만, 의과대학이 그 정점에 서게 된 것은 1997년 외환위기 이후 비정규직이 양산되고 불안정 노동이 확산되면서다. 제가 그 전에 의대에 들어갔기 때문에 잘 안다(웃음). 의과대학 입학 성적의 인플레이션은 한국사회 노동환경 변화와 관련 있는 현상이다. 고학력자가 의사가 되어야 더 기여할 수 있다는 합의가 우리 사회에 있는 것도 아니었다.

조성주 소득이 높고 안정적인 일자리를 둘러싸고 '공정' 담론이 튀어나온다. 그게 세대의 표피를 쓰고 나타나는 것은, 실제로 노동시장이 달라졌기 때문이다. 서울시 산하 공기업에서 비정규직의 정규직화를 진행할 때, 같은 민주노총 조합원인데도 20~30대 조합원의 반발을 40~50대 조합원들이 이해하지 못하더라. 40~50대 조합원들 입장에선 정규직화되는 저 사람들이 예전에 다 자기들과 같이 일하던 동료이고 외환위기 이후 외주화되었다가 돌아오는 것이었다. 20~30대 조합원들에겐 그게 아닌 거다. 나이 든 조합원들이 굉장히 당황스러워했다.

김정희원　저성장 사회가 오랫동안 지속되면서 젊은 세대가 직접적으로 영향을 받았다. 예전만큼 질 좋은 일자리가 많지 않고, 학벌이나 자격증이 더 이상 괜찮은 직업을 보장해주지 않는다. 밥그릇 싸움에 민감해질 수밖에 없다. 의사나 (공기업) 정규직 같은 일자리를 노력해서 얻게 되었는데, (비정규직의 정규직화나 공공의대 같은) 구조적 개입이 '나'의 노력을 헛수고로 돌린다며 일단 반발하고 본다. 좀 더 넓은 시각으로 사회적 불평등이나 역사적 맥락을 고려하지 않고 자신에 대한 공격으로 받아들인다.

　　그러나 이때 공정성을 들이대는 건 굉장히 문제적이다. 사실 그 공정성은 자신이 속한 집단의 이해관계를 반영할 뿐이다. '내 밥그릇을 빼앗아가거나 내 노력을 보상해주지 않아서 불공정하다'는 것이지 사회적 공정성을 말하는 게 아니다. 자신의 이해관계를 들이대면서도 '절차적 공정성이 문제'라며 이를 은폐한다. 미국에서는 이런 현상을 흔히 웨포나이즈weaponize(무기화)라고 한다. 담론 싸움에서 (공정성 같은) 특정 단어를 무기화하는 거다. 사실 공공의대가 얼마나 복잡한 문제인가? 이 정책을 둘러싸고 검토해야 할 갈등이나 세부사항이 정말 많다. 인천공항 정규직화 역시 풍부하고 섬세한 사회적 논의가 필요한 의제인데, 공정성이라고 말하는 순간 논의가 활발해지는 게 아니라 차단되어버린다. 나아가 다른 집단에 속한 사람이 말할 자격을 잃어버리게 된다. 그들은 '절차적 공정성' 같은 정의로워 보이는 개념을 들고나온다. 그 순간, 비정규직은 갑자기 불공정하게 수혜를 입은 것처럼 되어버린다. 결코 그렇지 않은데도.

조성주 (서울시 산하 공기업 정규직화를 추진할 당시) 20대 후반의 정규직 신입사원들은 그 업무를 1년도 채 하지 않았다. 비정규직은 똑같은 업무를 7년 동안 했다. 30대 초반으로 나이 차이도 별로 나지 않는다. 경영진 입장에서 냉정하게 생각하면 비정규직을 뽑는 게 맞다. 7년 동안 아무 문제 없이 그 일을 해왔으니까. 비정규직의 숙련도가 높으니 임금도 더 높아야 된다. 하지만 그 원리가 작동하지 않는다. 왜? 정규직들이 '나는 시험 쳐서 들어왔으니 더 공정한 절차를 거쳤다'고 주장하는 것이다. 비정규직은 입직 과정이 다르다는 이유로 근속을 덜 쳐주고 임금도 더 낮게 줘야 한다.

의사든 공기업 정규직이든 정부 정책에 따른 소득 감소를 우려할 수 있다. 밥그릇 싸움을 할 수 있다. 2019년 비슷한 구조의 사건이 있었다. 현대차 노동조합이 광주형 일자리(광주에 현대차가 투자하는 자동차공장을 지어 경형 SUV를 연간 10만 대 생산하는 정책. 노동자들은 적정시간 일하고 적정임금을 받는다)에 반대했다. 사회 전체적으로 일자리가 늘어나더라도 이 공장이 생기면 현대차 노동자들의 잔업·특근 물량이 떨어져 소득이 줄어들 수 있으니까. 여기선 공정성 담론이 나오지 않았다. 광주형 일자리를 반대하는 주력인 50대 현대차 노조 조합원 처지에서는 공정성 담론을 무기화할 수 있는 '자기 서사'가 없는 거다. 반면 청년 세대에겐 자기 서사가 있다. '나는 노력하고 고생해서 시험 치고 경쟁했다.' 노동시장 변화가 강요한 서사이기도 하다.

김정희원 공정성이라는 개념을 자신의 논리를 뒷받침하기 위해 사용하는 집단이 누군지 들여다보면, 거의 항상 그 맥락에서 기득권자들이다. 이미 의사라든지 이미 정규직인 사람들이다.

전혜원 의사나 공기업 정규직은 한국사회에서 높은 소득을 올리는 사람들이다. 시험을 잘 본 '능력' 있는 이들만이 의사나 공기업 정규직이 될 자격이 있다는 논리가 읽힌다.

정형준 대한의사협회의 카드뉴스가 드러낸 건 지난 20년간 양성된 의사 집단의 엘리트주의, 능력주의, 성과주의다. 우리가 그만큼 성적이 좋은 엘리트들이고, 한번 이겼기 때문에 계속 모든 걸 독점해야 한다는 논리인데, 지적한 것처럼 공정이나 정의 같은 단어를 갖다 붙였을 뿐이다. 특히 이번에 공공의대나 의사 증원에 반대하기 위해 집단 휴진을 하는 과정에서 가장 전면에 나선 집단이 필수의료를 공급하는 대학병원의 전공의였다는 건, 기본적인 직업윤리나 '전문가주의'조차 잠식당했다고 봐야 한다. 이렇게 양성한 의사들이 과연 우리 사회에서 사람의 생명을 다루는 필수적이고 공적인 역할을 할 수 있는지 심각한 의문을 던져주었다.

조성주 고어 비달이라는 미국의 작가가 이런 말을 했다고 한다. "성공만으로는 충분하지 않다. 남들이 패배해야 한다." 자본주의 사회에서 돈을 많이 버는 게 성공이라면, 공정을 들고나오는 것은 단순히 소득 감소를 우려해서만은 아니라고 본다. 내가 엘리트가 되고 성공하는 것만으로는 불충분하다. 고생했고 고난을 거쳤지만, 그 경쟁을 통과하는 과정 자체가 자신이 얼마나 능력 있는 사람인지 증명해주는 서사로 작동한다. 그 과정을 못 이겨낸 사람들은 패배자로 있어야 자신이 정당해진다. 내가 소득을 많이 올려 성공하는 것보다 남들이 패배자의 위치에 있는 게 더 중요하다. 이런 구분이 안 될 수 있다는 위기감을 느끼는 것처럼 보인다.

서울시 산하 공기업 정규직화를 추진할 때 불공정하다고 앞장서서 반대하던 사람 중 한 명의 이야기를 들었는데, 정말 가슴이 아팠다. 그 사람은 20대 내내 계약직과 파견직으로 살았는데 너무 차별을 많이 당했다고 한다. 억울해서 노량진 고시원에 들어갔다. 3년을 공부해서 30대 초반에 서울교통공사의 정규직이 되었다. 이 사람은 비정규직 차별이 얼마나 심한지 안다. 20대 때 자신이 그렇게 살았으니까. 그런데 쟤네가 그냥 들어와? 눈앞에서 불공정하다고 하는데, 당시에는 반박을 잘 못하겠더라.

왼쪽부터 정형준 인도주의실천의사협의회 공공의료위원장,
김정희원 미국 애리조나 주립대학 교수, 조성주 전 서울시 노동협력관. ©시사IN포토 신선영

김정희원   흔히 수능시험이 어떤 사람의 학업성취도를 객관적이고 공정하게 측정한다고 생각하지만 실제로는 그렇지 않다. 문제를 내는 사람이든, 사교육의 혜택을 받은 사람이든, 교육제도 전반에 걸쳐서 모든 사람이 태어나면서부터 이미 일정한 구조 안에 놓이게 된다. 그래서 수능이란 객관적으로 누군가를 평가하기보다는 이 교육제도 안에서 혜택받은 사람이 더 잘하게 되어 있는 구조인데, 그걸 보지 못한다. 어떤 사람의 능력을 평가하는 시스템 자체가 이미 편향되어 있는 사회에 우리가 살기 때문에, 진정한 의미의 능력주의라는 건 존재하지 않는다. 강남 8학군에서 족집게 과외를 받아 대학에 가는 아이와, 정말 명석하지만 그 사실이 이웃들에게마저 드러나지 않는 농어촌 아이 사이에 공정 경쟁

이 어떻게 가능한가? 애초에 기울어진 운동장이다. 그런데도 이 사람들(의사나 공기업 정규직)은 어떤 '진공상태'에서 자신의 노력 대비 결과가 나올 수 있다고 믿는 비뚤어진 신념체계 속에서 살고 있다. 오히려 한국사회의 문제는 이런 식의 불평등을 해소해주는 기제가 너무 부족하다는 것이다.

전혜원 사임한 박지현 대한전공의협의회장이 부동산 정책, 인천공항 정규직화 논란을 언급하며 "과정의 공정성 따위는 안중에도 없는 정부에 맞서 저희는 이 땅의 청년들과 연대하려 한다"라고 밝혔다.

김정희원 과정과 절차의 공정성을 말하는 사람들은, 도대체 과정과 절차가 공정하다는 게 정확히 무엇을 의미하는지 구체적으로 제시할 의무가 있다. 그걸 말해버리면 어이없는 결론이 나온다. 모든 사람이 똑같은 입시나 취직 프로세스를 거쳐야 한다는 주장이기 때문이다. 사회 전체에 일반적으로 적용될 수 있는 개념이 아니다. 이 사람들이 말하는 건 '내가 노력한 만큼 보상받아야 한다, 그리고 내가 한 걸 다른 사람도 똑같이 해야 한다'라는, 일종의 통속화된 버전의 '공정 룰rule' 이상도 이하도 아니다. '공정equity'은 '정의justice'를 구성하는 여러 원리 중 하나에 불과한데, 한국사회에서 공정성이 널리 받아들여지는 개념이 되어버려 사람들이 좀처럼 반론을 제기하지 못한다.

조성주 공공의대를 반대하는 사람들이 말하는 공정이 수능이라면, 인천공항 정규직화에서는 그게 공채다. 공채를 거쳐야 공정하다는 논리다. 다른 건 아무것도 필요 없다. 7년 동안 무사고로 열심히 일하고 아무리 숙련도가 높아도. 수능과 공채의 공통점은 결국 시험이다. 그 근간에는 '너는 어떤 경쟁을 통과해서 왔느냐'는 물음이 깔려 있다. 수치화되는 점수로 사람의 능력을 어떻게 다 판별하겠나.

정형준 공정을 무기화한다는 측면에서 두 사건이 비슷하다는 데 동의한다. 다만 인천공항 정규직 노동자에 비해 의사 집단은 훨씬 큰 힘을 갖고 있다. 의사들이 이번에 벌인 집단 휴진은 이들이 독점적이고 배타적으로 국민 건강을 책임지고 있기에 가능했다. 정부가 사실상 백기 투항한 이유도 대안이 없어서다. 의사는 국민들이 보기에도 명백한 특권층이다. 의사 집단이 특권층이 아니라면 '수능 1등부터 3000등까지 의대 간다'는 이야기가 왜 나오겠나. 공채로 공기업에 갔든 시험 쳐서 공무원이 되었든, 공공부문의 젊은 노동자들과 의사들의 소득이나 사회적 지위는 완전히 다르다. ('이 땅의 청년들과 연대하겠다'는 박지현 회장의 발언을 보면), 의사들이 마치 그들(비정규직의 정규직화에 반대하는 공공부문의 젊은 정규직 노동자들)과 비슷한 과정을 겪었고 자신들의 특권을 내려놓고 '연대'할 수 있는 것처럼 이야기하는데, 좀 코미디다.

초등학교 때부터 공부를 잘하면 모든 걸 독점할 수 있다고 가르쳐왔다. 얼마 전 영화 〈벌새〉를 보니 선생님이 '너네 공부 안 하면 청소부 된다'고 하더라. 이런 이야기가 만연한 한국사회의 끝장판을 보는 것 같다. 의사라는 직업은 윤리성과 헌신성도 필요하기 때문에 성적이 아닌 다른 부분을 보는 트랙도 있어야 한다는 사회적 합의가 필요하다.

한국사회를 지배하는 '원자화 모델'

전혜원 "기회는 평등할 것입니다. 과정은 공정할 것입니다. 결과는 정의로울 것입니다." 문재인 대통령 취임사가 공정이 논란이 될 때마다 인용된다.

조성주 서울시 산하 공기업 정규직화를 추진할 때 '북한으로 가라'는 악성 메일을 많이 받았는데 늘 첫 문장이 그 취임사였다(웃음). 생각해보면 그 취임사가 진짜 달성될 수 있는 건지 잘 모르겠다. 지금 한국사회의 모든 문제, 교육이나 노동시장에서의 차별을 보면, 근간에 자리 잡고 있는 건 '불평등'이다. 그런데 불평등이 존재하는 상황에서 기회가 평등할 리가 있나? 과정이 공정할 수 있나? 산출된 결과를 정의롭다고 하면 지금의 불평등한 구조에서 아래쪽에 있는 사람들한테는 '그냥 닥치고 받아들여'라고밖에 안 들릴 수 있다.

촛불 이후 공정 담론이 불거졌지만 그보다 훨씬 더 중요했던 우리 사회의 근본적 문제는 불평등이었다. 이 문제를 많이 다루지 못한 것 같다. 최저임금 인상, 공공부문 정규직화 두 가지로 모든 노동시장 불평등 문제를 퉁쳐버렸다. 나머지 문제가 다뤄지거나 개선된 느낌이 없다. 그런데 비정규직은 악이고, 정규직은 선인가? 이를테면 어떤 산업에서 비슷한 일을 하는 사람들의 임금이 지금처럼 차이 나는 것 자체가 맞는지부터 물어야 하는 것 아니었을까? 비정규직으로 있다가 정규직화된 사람들이 연대의 원리를 실현할 거라 기대하지만 많은 경우 그렇지 않다. 오히려 해당 기업 안에 갇혀서 '우리 것'을 지키는 데 몰두하기 쉽다. 불평등에 대한 사고를 훨씬 깊게 하지 않으면, 공정성을 둘러싼 논란은 취업시장의 서열에 따라 각종 공무원 시험에서, 임용고시에서, 공기업 공채에서 또 반복될 것이다. 취업시장의 서열이란 그 앞의 교육 불평등에 따른 서열일 거고, 그건 아마 부모 소득의 서열과 맞아떨어지지 않겠나? 이렇게 가는 구조를 계속 둘 것인지 종합적으로 봐야 한다.

정형준 기울어진 운동장을 평평하게 만들어주는 건 결국 재분배 정책이고 복지 시스템이다. 만약 한국사회가 기본적인 사회 최저선을 보장해주고, 어떤 일에 실패해도 인간다운 삶을 살 수 있는 사회라면 어떨까? 과연 수많은 사람들이 '전문직이어야 살아남는다'는 이유로 무한경쟁해서 의사가 되려 할까? 그렇게 생각하지 않는다. 영국에선 의사가 노동자 임금보다 세 배 정도를 더 받지만, 힘든 일이고 노동시간도 길다는 인식이 있다. 주치의가 되면 밤에도 전화를 받거나 응급상황에 대응해야 한다. 대신 무상교육이다. 그런 교육을 받았으니 의사들은 사회에 공헌한다. 성적 좋은 사람들이 다 의사가 된다기보다는 공부를 좋아하고, 힘든 일을 하더라도 존경받고 싶은 사람들이 의사가 된다. 국가에서 세금을 써서 공공 의료기관을 확충하고 여기서 일할 사람을 공공 부문에서 키워내야 한다. 나아가 재분배에도 적극 나서야 한다.

김정희원 동의한다. '기회는 평등하고…'라는 슬로건은 마치 우리가 이미 평평한 운동장에 있는 것처럼 이야기하고 있다. 굉장히 텅 빈 것처럼 들려서, 정확하게 이 각각의 표현이 무엇을 의미하는지 물어보고 싶을 정도다. 현실에 존재하는 불평등을 무화하는 슬로건이다. 정부는 이렇게 두루뭉술하게 말할 게 아니라 훨씬더 적극적으로 불평등 해소 정책을 펴야 한다. 미국에서 그런 밈meme(다양하게 복제되는 파급력을 지닌 콘텐츠)이 돈 적이 있다. 키가 다른 세 사람이 축구 경기를 보는데 장벽이 쳐져 있다. 첫 번째 그림에서는 세 사람에게 똑같은 높이의 디딤돌을 받쳐줘서 키가 작은 사람은 경기를 보지 못한다. 두 번째 그림에서는 키 작은 사람에게 가장 높은 디딤돌을 받쳐줘서 모두가 경기를 볼 수 있게 해준다. 그런데 사실은 그게 아니라 장벽 자체를 없애는 게 핵심이다. 그게 진정으로 구조적 불평등을 해소한다는 의미다. 궁극적으로 우리가 추구해야 하는 건 애초부터 장벽이 없는 사회, 그래서 개인의 핸디캡이 실제로 불리하게 작용하지 않는 사회다.

한국사회 전체를 지배하는 멘탈리티는 '원자화atomization 모델'이다. 내가 열심히 노력했으니까 1등 하고, 성공하고, 좋은 직업을 가져야 한다. 그 외의 모든 경로는 부당하다. 이러면 개인의 노력만으로 설명될 수 없는 구조적이고 역사적인 불평등은 지워지고 능력주의에 대한 맹신만 남는다. 개개인이 자신을 하나의 기업가로 여기는 것이다. 원자화 모델을 탈피하기 위해 한국사회에서 시급히 강조되어야 하는 가치는 연대다. 왜 연대해야 할까? 혼자만 언제까지나 잘나갈 사람은 없다. 극단적으로 말하자면, 의사라는 직업도 A.I.(인공지능)로 대체될 수 있다. 언제 없어질지 모른다. 대안적 가치로서의 사회적 연대와 유대를 끊임없이 이야기해야 한다.

정형준 이번에 젊은 의사들이 이렇게까지 하는 건, 아직까지 한국사회에서 그럴 가능성이 거의 없는데, '의사들도 노동계급의 비정규직처럼 추락할 것'이라는 두려움과 공포감을 내부의 강성 우파들이 퍼뜨렸기 때문이다. '의사 증가율이 지금도 높은데 정원 확대되면 다 죽는다'는 식의 말도 안 되는 자료가 대표적이다. 내가 의대에 다니던 1990년대 후반에도 선배나 교수들이 그런 얘길 많이 했다. '좋은 시절 다 끝났다, 너희들은 취직할 데도 개원할 데도 없다.' 그 기저에 깔린 건 일자리가 없어질 거라는 두려움이다.

조성주 그런 공포감이 비논리적이지만 통하는 건 명확한 비교군이, 압도적 다수로 존재하기 때문이다. 고개만 딱 돌리면 보이잖나. 한국 노동시장이 너무나 극명하게 갈려 있으니까, 조금만 삐끗하면 어떻게 살아가는지 다 아는 거다.

김정희원 궁극적으로는 구조적 이유로 실직해도 별 문제 없이 먹고살 수 있게 만들어줘야 한다. 그게 국가의 책임이다.

우리가 만든 세상을 보라

2020년 8월 서울 청계천 인근. '잃어버린 공정을 찾아서'라는 제목의 문화제가 열렸다. 한국노총 인천공항공사 정규직 노조가 연이 문화제에 주최측 추산 공사 직원과 취업준비생 등 1500여 명이 참석했다. 이들은 이 자리에서 '인국공 공정정신 99%'가 함유되었다는 '공정수'라는 이름의 생수와, '#JUSTICE' 문구가 적힌 마스크를 나눠주었다. 참가자들은 문재인 대통령의 대선후보 시절 슬로건을 차용해 '기회는 평등하게, 과정은 공정하게, 결과는 정의롭게'라고 외쳤다. '공정송'을 부르고 공정 비행기를 날렸다. 아이를 데려온 이들도 많았다.

이날 그들이 보여준 정서는 '이기심'보다는 차라리 '정의감'에 가까웠다. 사실, 인천공항 정규직 직원들은 '비정규직의 정규직 전환에 반대한다'고 말한 적은 없다. '자신들과의 합의 없는 직접고용' 정규직화에 반대할 뿐이다. 이는 사실상 보안검색 직군을 직접고용하겠다는 사측의 결정을 받아들일 수 없다는 뜻이지만, 이들에게서 여론의 비난을 두려워하는 기색은 느껴지지 않았다. 오히려 지하철역에서 서명운동을 벌일 만큼 공개적으로 활동했다. '공개채용 없는 직접고용은 불공정하다'는 주장이 적어도 온라인 공론장에서는 광범위한 동의를 얻기 때문으로 보인다.

옳고 그름을 떠나, 공공부문 종사자들이 광장에 나와 '공정'을 외치는 모습은 퍽 생경했다. '시험 만능주의' 세태를 한탄하거나 '정규직 노조의 이기주의'라고 딱지를 붙여서 끝날 이야기는 아니다. 우리가 이야기해야 할 것은 공공부문 울타리 안에 이미 진입한 이들과 진입을 시도하는 이들, 그리고 들어갈 꿈도 못꾸는 이들 간의 거리다. 그런 의미에서 이날의 광경은, 한국사회에서 공공부문이 섬이 되었음을 보여주는 상징적 장면이라 할 만하다.

공공부문 정규직이 섬이라면, 아마도 그 섬으로부터 가장 먼 곳에 살고 있을 이들의 눈을, 나는 마주친 적이 있다. 코로나19의 직격탄을 맞고 쿠팡 물류센터 앞에 길게 진을 치고 대기하던 자영업자들, 삼성전자 3차 하청업체 BK테크에서 네 달 일하고 메탄올에 중독돼 2급 시각장애를 얻은 30대 청년, 결혼을 앞두고 있지만 육아휴직을 꿈꿀 수 없다고 말하던 여성 프리랜서 방송 작가, 인천 남동공단의 한 도금업체에서 '방독 마스크 착용'이라 적힌 표지판 아래 면 마스크를 끼고 작업하던 노동자…. 청년실업도 진입을 늦출 여유가 있는 이들의 얘기다. 버틸 수 없는 사람부터 미끄러진다. 중소기업, 하청, 특수고용, 일용직 등으로 분류되는 세계에서는 신분보장은커녕 생명보장도 안 된다.

한국사회는 공개채용이라는 이름으로 기존의 울타리를 승인할 것인가, 울타리 밖 시민들의 편에 설 것인가 기로에 서 있다. 인천공항 정규직 노조는 정규직화 반대 서명운동을 벌일 게 아니라 자신들의 보상을 일부 유보해서라도 사람을 더 뽑자고 해야 한다. 나아가서는 민간부문 임금을 올리는 운동을 해야 한다. 지금 같은 어려운 시기에는 더 그렇다. 쉽지 않은 일이지만, 그것이 적어도 공공부문 종사자가 '광장'에 나가 외칠 주제로는 더 적절하다고 생각한다.

"그러니까 우리 탓이 맞아. 우리가 만든 세상이야. 축하한다. 다들 건배하자!So yes, it's our fault, this is the world we built. Congratu-lations. Cheers, all!"

영국 드라마 〈이어즈 앤 이어즈Years&Years〉에 등장하는 대사다. 극 중 화자는 영국 사회가 망가져가는 과정을 지켜본 아흔이 넘은 여성으로, 그는 '우리가 계산대 여자들을 기계가 대체하도록 내버려두었다'며 자조한다. 거리에 나가서 시위하지도, 항의 편지를 쓰지도, 다른 가게로 가지도 않았다고 말이다. 운 좋은 소수에 속하지 못한 사람은 인간 대접을 받지 못하는, 심지어 목숨 부지를 걱정해야 하는 세상은 누가 만들었나. 운이 아니라 재능 있는 소수라고 해도 이런 낙차는 정의롭지 않다. 아니, 지속가능하지 않다. 늙은 나도, 젊은 나의 자식도 언젠가 그곳으로 떨어질 것이므로.

존재하는 성벽을 그대로 두고서 추진된 정규직화는, 성벽 밖에 남은 이들의 저항 또는 냉소를 피하기 어렵다. 이번에 정규직으로 전환되는 이들이 인천공항을 위해 그 일을 계속 해왔고 또한 잘할 수 있는 '자격 있는' 이들이라는 사실만으로는, 유감스럽게도 돌파가 어렵다. 그게 우리가 만든 세상이다. 그걸 인정하는 데서부터 시작해야 한다고 믿는다.

08

일터에서
죽지 않을 권리

우리는 왜 날마다
명복을 비는가

2020년 한 해 동안 산업재해로 사망한 노동자

2062명

산업안전보건법 위반 사건 중 실형 선고 비율

0.57%

출처: 한국산업안전보건공단(2021), 더불어민주당 이용득 의원실(2019)

왜 반복되는가

"우리는 왜 한 걸음도 앞으로 나아가지 못하는가. 우리는 왜 넘어진 자리에서 거듭 넘어지는가. 우리는 왜 빤히 보이는 길을 가지 못하는가. 우리는 왜 날마다 도루묵이 되는가. 우리는 왜 날마다 명복을 비는가. 우리는 왜 이런가."

2020년 4월, 38명이 숨진 경기도 이천 냉동창고 화재를 두고 소설가 김훈은 이렇게 물었다. 그가 언급한 대로 이런 참사는 처음이 아니다. 2008년 1월에도 같은 지역 냉동창고에서 화재로 수십 명이 죽고 다친 바 있다. 그날엔 9개 업체 소속 54명의 노동자가 냉동설비 마무리 공사를 하고 있었다. 일부 작업에는 톨루엔과 아세톤 등 인화성 물질이 함유된 접착제가 사용되었다.

작업이 이뤄지는 동안 배풍기는 가동되지 않았다. 가스로 인한 폭발이나 화재를 감지할 수 있는 가스검지기와 경보기도 설치되

"왜 우리는 넘어진 자리에서 거듭 넘어지는가."
2020년 이천 물류창고 화재 참사 희생자들의 추모식. ⓒ시사IN포토 이명익

어 있지 않았다. 가연성 가스 농도를 따로 측정하는 사람 역시 없었다. 화재감지기와 스프링클러, 방화문 등 소방설비조차 공사 편의를 위해 해제한 상태였다. 환기 불량 상태에서 원인 미상의 발화가 폭발로 이어졌다. 4명은 빠져나왔지만 10명은 탈출 과정에서 크고 작은 부상을 입었다. 40명이 사망했다.

당시 시공사인 주식회사 코리아2000과 대표이사는 각각 벌금 2000만 원을 선고받았다. 시공사 현장소장은 징역 10개월에 집행유예 2년, 벌금 100만 원을 선고받았다. 함께 기소된 방화관리자 등 발주처 직원들은 징역 또는 금고(노역이 없는 감옥살이) 8~10개월에 집행유예 2년을 선고받았다. 40명이 죽었지만 아무도 감옥에 가지 않았다.

1심 재판부는 "안전불감증에 따른 인재"로, 사회 일반에 경고를 주는 "일반 예방 효과를 달성하기 위해 엄히 처벌할 필요가 있다"라고 했다. 그러면서도 유족과의 합의와 반성을 양형 이유로 밝혔다. 검찰은 형량이 너무 가볍다고 항소했으나 기각되었다. 2심 재판부는 "직접적 화재 원인에 대한 책임 소재가 명확히 규명되지 않았고 피고인(대표이사)에게 위 화재에 대한 직접적이고 구체적인 과실이 있었던 것으로는 보이지 않는다"라고 했다.

**산재 사망이 교통사고로
취급받는 까닭**

화재 원인이 미상으로 남은 점도 판결에 영향을 미쳤을 것이다. 그러나 '40명 사망에 벌금 2000만 원'을 가능하게 하는 공식은 따로 있다. 전형배 강원대 법학전문대학원 교수는 이렇게 설명한다. "산재 사망을, 어떤 나라는 기업 범죄로 인식한다. 기업이 안전보건 시스템을 제대로 만들지 않고, 위험을 잘 관리하지 못했기 때문에 사망사고가 일어났다고 본다. 기업이 책임을 면하려면 사고 당시의 일반적인 기술 수준이나 경제 상황, 동종업계 관행에 비춰 봤을 때 충분히 합리적인 조치를 했다고 기업 스스로 입증해야 한다. 반면 한국은 안전규정을 기업이 고용한 '노동자(주로 중간 이하 관리직)'가 지켜야 할 규정으로 이해한다. 사고가 나면 그 회사의 안전보건 시스템에 책임을 묻기보다 노동자 개인의 규정 위반을 처벌한다."

중간 이하 관리자(노동자)가 규정을 어긴 것 때문에 산재가 발생했다면, 그 규정 위반은 '고의'가 아니라 '실수'로 간주될 수밖에 없다. 다시 전형배 교수의 설명이다. "한국 법원이 산재를 보는 방식은 이렇다. '규정을 어긴 사람이 정말 죽이려고 그랬겠느냐, 원하지 않았지만 실수로 사람이 죽은 거지.' 산재 사망을 교통사고 비슷한, 어쩔 수 없이 발생한 실수로 보는 것이다. 구조적으로 일어나는 기업 범죄라고 생각하지 않는다. 피고인이 유족과 합의하고 잘못을 뉘우치면 법원은 약하게 처벌하고 사건을 마무리한다."

사람이 일하다 사망하면 산재다. 산업안전보건법(산안법)은 산재를 막기 위해 각종 의무를 규정해놓았다. 안전조치를 하지 않아서 사람을 죽게 하면 '7년 이하의 징역 또는 1억 원 이하 벌금'에 처한다.

그런데 판사가 법대로만 선고하는 것은 아니다. 판사·검사·변호사 등으로 구성된 대법원 양형위원회가 만드는 '양형기준'을 참고한다. 이 기준에 따르면, 산안법 위반죄는 주로 교통사고에 적용되는 과실치사상 범죄와 같은 범주에 속해 있다. 2021년 6월 이전까지의 양형기준을 적용하면, 산재 사망 시 가해자에 대한 기본 형량은 6개월~1년 6개월이었다. 이에 따라 최단 4개월~최장 3년 6개월의 처벌이 이뤄졌다. 여기에 '피해자가 처벌을 원하지 않음' '진지한 반성' '형사처벌 전력 없음' 등이 감경 요소로 작용한다.

그 결과로 산안법상의 '7년 이하 징역, 1억 원 이하 벌금'은 현실에서 작동하지 않았다. 2009년에서 2019년까지 10년간 이 법과 관련해 기소된 사건 중 실형을 선고받은 비율은 0.57%에 불과하다. 집행유예와 벌금형을 선고받은 비율은 80.76%이다. 산안법 위반 사범 10명 중 8명은 집행유예나 벌금형에 그친다.[14]

실형을 받는다 해도 대부분 1년을 넘지 않는다. 산안법 사건 1심 판결문 1714건(2013~2017년)을 분석한 연구[15]에 따르면, 실형 선고 시 징역 기간은 평균 10.9개월, 금고 기간은 9.9개월이다. 형벌의 대부분을 차지하는 벌금의 5년(2013~2017년) 평균 액수는 약 421만 원이다.

주로 처벌 대상이 되는 건설업의 현장소장은 대부분 공사 기간에만 일하고 현장을 옮겨 다니는 계약직이다. 발주 금액과 기한에 맞춰 일을 끝내지 않으면 잘리는 사람들이다. 인화성 물질이 가득한 작업장에서 환기를 하지 않거나 용접 작업을 시키는 바람에 발생한 사망 사고가 단지 현장 책임자 잘못일까. 해당 공사를 기한 내에 마무리하기 위한, 혹은 사고 위험성을 과소평가하거나 묵인한 기업의 시스템이 일으킨 참사는 아닐까? 만약 그렇다면, 현장 소장이나 방화 관리자 같은 '자연인'을 넘어 기업 그 자체를 처벌해야 하지 않을까?

자연인이 아니면서 법률상 권리와 의무를 갖는 주체를 '법인'이라고 한다. 전통적으로, 주식회사 같은 법인은 자연인과 달리 죄를 범할 능력이 없다고 간주되어왔다. 형사처벌은 개인이 도덕적으로 비난받을 만하다는 점을 전제로 한다. 기업 법인 그 자체는 사람이 아니므로 도덕관념을 가질 수 없다. 그러나 현대사회에서 기업은 생산 활동을 통해 그 이익을 향유하는 사회적 실체로 인정되고 있다. 크고 복잡한 기업일수록 직원들의 업무는 세분화되어 있다. 개개인의 잘못을 처벌하는 방식으로는, 위험을 감수하는 기업의 경영정책을 감시하거나 사고를 예방하기 어렵다. 이에 영국·미국·오스트레일리아·뉴질랜드·캐나다 등 영미법 국가에서는 기업을 먼저 처벌하는 법리가 발전해왔다.

반면 한국은 독일-일본의 영향을 받은 대륙법계 국가다. 기업의 범죄능력을 인정하지 않는 나라에 속한다. 한국에서 기업을 처벌하려면 먼저 산안법의 안전규정을 위반한 개인을 특정할 수 있어야 한다. 주로 안전·보건을 담당하는 관리자다. 이 관리자를 회사가 제대로 감독하지 못했음을 검사가 입증해야 기업에도 책임을 물을 수 있다. 법인은 항상 개인의 잘못과 묶여야 '세트'로 처벌받을 수 있는 것이다.

그런데 현행 산안법의 세세한 규정 중 어느 조항을 누가 어떻게 위반했는지 입증하고, 법인이 이를 관리·감독하지 못한 점까지 밝혀내 법인을 처벌(법인을 형무소에 넣을 수는 없기 때문에 주로 벌금형)하기란 꽤 까다롭다. 이렇다 보니 검사가 형법의 업무상 과실치사죄를 적용해 중간관리자를 처벌하는 수준에서 마무리하는 경우가 많다. 법인은 빠져나간다. 어쩌다 해당 법인의 책임이 인정되더라도 형량은 높지 않다. 앞서의 연구에 따르면 2013~2017년 5년간 산안법을 위반한 법인에 선고된 평균 벌금액은 약 448만 원이다. 자연인의 평균 벌금액(약 421만 원)과 큰 차이가 없다. 이렇듯 그동안의 법이 산재 사건의 구조적 원인을 포착하지 못하면서, 산재 범죄에 대한 처벌은 사실상 실종되었다.

'죽은 노동자의 사회'는 지속가능하지 않다

이런 한계를 극복하기 위해 2006년 시민단체 노동건강연대 등이 '최악의 살인기업 선정식'을 연 것을 시작으로 '기업살인법' 제정

운동이 이어져왔다. 2019년 1월 '김용균법'이라 불리는 산업안전보건법(산안법) 개정안이 국회를 통과해 사내하청에 대한 원청 사업주의 책임이 강화되었다. 2021년 1월에는 경영책임자 등이 안전조치를 하지 않아 사람이 죽으면 1년 이상 징역에 처하는 내용의 중대재해처벌법(중재법)이 제정됐다. 2021년 3월 29일 대법원 양형위원회는 산안법 위반죄의 기본 형량을 1년~2년 6개월로 올리고, 유사한 산재가 반복된 경우 가중처벌하는 내용의 새 양형기준을 만들었다.

변화는 더디다. 38명이 숨진 2020년 4월 이천 물류창고 화재로 그해 12월 1심에서 금고 8개월에 집행유예 2년을 선고받은 발주처 한익스프레스 TF 팀장에게, 2021년 7월 항소심에서는 무죄가 떨어졌다. 앞서 1심은 우레탄 폼 작업이나 용접 작업 등 위험한 작업이 끝난 뒤에 대피로를 폐쇄했어야 함에도, 발주처 TF 팀장이 안전조치 확인도 없이 대피로 폐쇄를 결정해 지하 2층 작업자들이 화재 현장을 빠져나오지 못했다며 객관적 주의의무를 위반했다고 했다.

항소심 재판부는 다르게 봤다. 발주처에 산재 예방 의무를 부과하는 개정 산업안전보건법은 시행일인 2020년 1월 16일 이후 체결한 건설공사 설계 계약부터 적용된다. 그런데 이 사건이 벌어진 공사 계약은 그 이전에 마무리되었다는 것이다. 발주처는 감리사에 시공 감독업무를 넘겼고, 대피로 폐쇄는 "발주자의 권한 범위 내에 있는 설계변경"이라고 항소심 재판부는 판단했다. '위험 작업 전에' 대피로 폐쇄가 이뤄진 게 문제인데, 폐쇄 시점까지 발주처가 구체적으로 지시하지는 않았다는 논리다. 재판부는 "현대 사회에 있어 분야별 분업화·전문화는 더 심화되고 있는 상황"이라며, 어떤 작업을 지시하거나 감독했다고 해서 안전조치 의무를 인정하는 것은 신중해야 한다고 밝혔다.

그러나 항소심 재판부도 인정하듯이 설계 변경은 발주처의 승인 없이는 불가능했다. 심지어 발주처의 공기 단축 요구가 있었고 이에 따라 시공사가 공사를 서둘러 위험이 커졌는데도, 1심 재판부는 공기단축 요구가 사고 시점보다 훨씬 전인 2019년경일 뿐 그 이후로 있었다는 증거가 없고, 실제로는 그렇게 서두를 필요가 없었는데도 시공사가 발주처 이메일의 "취지를 잘못 받아들여 자체적으로" 공사를 서둘렀다며 이 혐의를 인정하지 않았다. 검찰이 항소했으나 2심은 이에 대해 다시 판단하지 않았다. '분야별 분업화·전문화'가 극단적으로 이뤄진 결과, 이 사건에서 가장 무거운 처벌을 받은 것은 시공사 건우의 현장소장(징역 3년)이다. 그밖에 시공사의 안전관리자와 감리사 감리단장에게 각각 금고 2년과 1년 6개월이 선고되었을 뿐이다. 법인 건우에는 1심에서 벌금 3000만 원이 내려졌고 2심에서도 유지됐다. 2008년 '40명 사망에 벌금 2000만 원'이던 것이 2020년에는 '38명 사망에 벌금 3000만 원'으로 바뀌었다. 이것도 변화일까?

2008·2020 이천 물류창고 화재 비교

2008년 이천 물류창고	건물 구조	2020년 이천 물류창고
지상 2층, 지하 1층 연면적 2만9000㎡	건물 구조	지상 4층, 지하 2층 연면적 1만1000㎡
지하 1층 냉동설비 부근	발화 지점	지하 2층 화물용 승강기 구역
용접 작업 중 인화성 가스 폭발	발화 원인(추정)	용접 작업 중 인화성 가스 폭발
작업 전 소방설비 해제, 경보장치 미작동	피해 확대 원인	작업 전 대피로 폐쇄, 경보장치 미작동
40명	사망자	38명
벌금 2000만 원	시공사 법인 처벌	벌금 3000만 원

같은 지역에서 12년의 시차를 두고 발생한 물류창고 화재 사건은 화재의 원인과 대처, 피해 규모, 처벌에 이르기까지 놀랍도록 빼닮았다.

강태선 세명대 보건안전공학과 교수는 2008년 이천 냉동창고 화재 당시 근로감독관으로 현장을 조사한 바 있다. 그는 "2015년 메르스 사태로부터 교훈을 얻어 코로나19 방역이 가능했다고 한다. 그러나 2008년 1월의 냉동창고 화재로부터는 12년이 지나도록 교훈을 삼지 못했다"라고 말한다. 그는 반복되는 냉동창고 화재와 국제적 찬사를 받고 있는 한국의 코로나19 방역을 비교하면서 "누가 피해를 보느냐의 문제와 무관하지 않다고 본다"라고 덧붙였다. "메르스나 코로나19는 국민 전체가 피해를 보지만, 산재 사망은 우리 사회에서 가장 열악한 위치에 있는 노동자들이니 아무도 신경 쓰지 않는다. 수사 실무자였음에도 판결이 어떻게 났는지조차 제대로 듣지 못했다. 사고 정보가 담긴 한국산업안전보건공단의 재해 조사 의견서도 일반에 공개되지 않고, 재발 방지를 위한 실험도 충실히 이뤄지지 않는다. 사고 원인에 대한 진지한 사회적 토론이 이뤄지지 않는 게 문제가 반복되는 원인이 아닐까."

2021년 7월 고용노동부 산하에 '산업안전보건본부'라는 조직이 출범했다. 5개과 47명에서 10개과 82명으로 인원이 늘었다. 하지만 인사나 예산에서 독자적인 권한을 갖지 못한다. 현장 감독이 최우선으로 이뤄지도록 인력과 예산을 보강하는 것, 건설공사의 정점에 있는 발주처가 단가를 충분히 주도록 하는 유인을 만드는 것, 현장 노동자들의 노동조합 활동을 독려해 발언권을 주는 것 등은 중대재해처벌법 제정보다 얼른 와닿지 않고, 오래 걸리며, 인기 없는 과제일지 모른다. 한국사회가 지난 십수 년 동안 얼버무려온 과제이기도 하다. 분명한 것은 "날마다 명복"을 비는 어떤 사회도 지속 가능하지 않다는 것이다.

사회적 부검—
무엇이 이들을 죽였는가

위험은 아래로 흘러 '하청'에 고인다

스물세 살 청년 김정민 씨가 사망했다. 인천 남동공단에 있는 영세 도금업체에 입사한 지 한 달도 채 되지 않아 유해 화학물질에 중독되었다. 2018년 5월 2일 입사해 주로 보조 업무를 하던 그는, 5월 28일 수조에 물 30ℓ와 시안화나트륨 30g을 섞는 전기도금 공정에 처음 투입되었다. 맹독성 가스인 시안화수소가 발생하는 작업이다. 그러나 담당자가 자리를 비우면서 대체인력으로 들어간 신입에겐 마스크도 없었다. 작업을 마치고 화장실에 다녀온 그는 음료를 마시고 다시 작업장에 들어가다 쓰러졌다. 공장 근처 병원 응급실에 실려 갔다. 뇌사 상태로 버티다 6월 18일 사망했다.

시안화수소의 '시안'은 청산가리의 '청산'에 해당한다. 흡입하면 치명적이어서 산업안전보건법에서도 '관리대상 유해물질'로 지정했다. 이런 물질을 다루는 사업주는 위험을 노동자에게 알리고, 보호구를 지급하며, 환기시설을 마련할 의무가 있다.

하지만 시민단체 노동건강연대가 제공한 사고 정보 자료에 따르면, 사고가 난 도금조에는 환기시설인 국소 배기장치가 설치되어 있지 않았다. 시안화수소를 다룰 때는 방독 마스크나 외부의 신선한 공기를 주입하는 송기 마스크를 써야 하지만, 원래 담당 직원은 방진 마스크만 쓰고 해왔다. 김정민 씨는 그 방진 마스크조차 쓰지 않은 상태였다. 이 업체 대표는 "위험한 줄 알고 들어왔고 안전교육도 했다. 보호구도 다 착용했는데 (마스크) 하나만 안 쓴 것이다"라고 주장했다. 그가 말한 보호구란 고무장갑·장화·앞치마다. 유해가스 차단과는 거리가 멀다. 조성식 동아대병원 직업환경의학과 교수는 "방진 마스크는 말 그대로 먼지를 막는 마스크여서 유해가스에는 효과가 없다. 시안화수소가 세포호흡을 방해해서 고농도로 노출되면 급사할 수 있다. 그래서 사실은 방독 마스크도 위험하고, 송기 마스크가 제일 안전하다. 영세 사업장에서 맹독성 물질마저 관리가 안 되는 장면을 여실히 보여준다"라고 말했다. 이 업체의 직원은 숨진 김 씨를 포함해 6명이다.

정부가 관리하는 유해 화학물질에 급성중독된 사고는 이번이 처음이 아니다. 2015년과 2016년, 경기도 부천과 인천에 있는 삼성·LG 3차 하청업체에서 스마트폰 부품을 만들던 20~30대 노동자 6명이 메탄올 중독으로 실명하거나 시력 손상, 뇌 손상을 입었다. 모두 파견 노동자였다. 메탄올 역시 산안법상 관리대상 유해물질이지만 현장에서 법은 작동하지 않았다. 제조업 직접 생산공정에 파견된 것 자체가 불법이었다. 인천 남동공단의 파견업체 대성컴퍼니를 통해 삼성전자 3차 하청업체 BK테크에서 4개월간 일하고 2급 시각장애를 입은 전정훈 씨는 "메탄올을 쓴다고, 위험한 물질이라고 아무도 알려주지 않았다. 알코올 냄새가 나서 일반 알코올인 줄 알았다. 일회용 면 마스크만 지급되었고, 얇게 코팅된 장갑을 꼈는데 쓰다 보면 금세 젖었다. 환기시설도 제대로 되어 있지 않았다"라고 말한다. 사고 이후 고용노동부는 메탄올을 위험하게 다룰 것으로 추정되는 사업장 3100여 곳을 일제 점검했다.

하지만 화학물질 관리체계의 사각지대에서 일하는 노동자들이 급성중독으로 목숨을 잃는 사고는 계속되었다. 2017년 8월 스물세 살 청년 이성준 씨가 화학물질에 중독되어 사망했다. 그는 경기도 안성의 소화기 제조업체에서 파견 노동자로 일하며 'HCFC-123'이라는 화학물질을 소화기에 채워 넣는 업무를 했다. 역시 제조업 불법파견이었다. HCFC-123은 반복 노출되면 간 손상 위험이 있지만, 관리대상 유해물질 목록에 아예 포함되어 있지 않았다. 그곳에서 일한 누구도 안전수칙을 교육받거나 보호구를 지급받지 못했다. 작업 현장에 환기시설은 없었다. 그는 급성 독성간염을 앓다 사망했다. 고용노동부는 사고가 일어난 뒤에야 불법파견 사실을 확인하고, 소방청으로부터 이 물질을 사용하는 소화기 제조업체 20곳 명단을 받아 실태 점검을 벌였다. 이 씨가 숨진 뒤 HCFC-123은 뒤늦게 관리대상 유해물질에 추가되었다. 메탄올 중독 피해자 전정훈 씨는 김정민 씨의 시안화수소 중독 사망 사고를 듣고 "예견된 것 아닌가 하는 생각이 들었다"라고 말한다. "우리나라는 뭐가 터지면 딱 그것만 하는 것 같다. 메탄올뿐 아니라 비슷한 화학약품을 쓰는 업체들을 제대로 확인했어야 한다. 심지어 내가 사고를 당한 뒤에도 제대로 관리·감독이 되지 않아 또 다른 메탄올 실명 피해자가 발생했다."

전문가들도 유해 화학물질 관리·감독의 부재를 문제의 뿌리로 지적한다. 우선은 거대한 '공백'이 존재한다. 국내에서 유통되거나 사용되는 화학물질은 4만 5000여 종이 넘고, 신규 화학물질이 매년 300~400여 종 도입되고 있다. 산업 현장에서 쓰는 화학물질만 1만 7000여 종으로 추산된다. 그런데 산안법이 사업주의 안전조치를 의무화한 관리대상 유해물질은 173종에 불과하다.

이밖에도 산안법은 '작업환경 측정 대상 유해인자'에 해당하는 화학물질(192종)을 사용하는 사업장의 경우 고용노동부가 지정한 민간 측정기관으로부터 정기적으로 노출량을 점검받도록 하고 있다. 또한 '특수건강진단 대상 유해인자'인 화학물질(181종, 소화기 제조업체 사고 당시 169종)을 쓰는 사업장은 작업 배치 전후 정기적으로 직업환경의학 전문의에게 건강 상태를 확인받게 했다. 그

인천 남동공단의 하청업체에서 일하다 메탄올 중독으로 2급 시각장애를 얻은 전정훈 씨. 그는 김정민 씨의 사고 소식에 "예견된 것"이라고 말했다. ⓒ시사IN포토 신선영

러나 소화기 제조업체에서 쓴 HCFC-123은 어떤 목록에도 들어 있지 않았다. 제도의 구멍을 드러낸 사례다.

관리체계에 들어와 있는 물질이라도 실제로 이에 노출되는 노동자 규모가 어느 정도인지는 아무도 모른다. 추정할 뿐이다. 안전보건공단이 5년마다 전국 사업장의 화학물질 취급 현황을 조사하는 '작업환경 실태조사' 역시 산재보험 가입 사업장 기준이다. 그나마도 5인 이상 제조사업장은 전수조사, 5인 미만 사업장은 표본조사다. 영세 사업장일수록 사각지대다.

메탄올의 경우 관리대상 유해물질이자 작업환경 측정·특수건강진단 대상 물질이었다. 하지만 전정훈 씨 등 사고를 당한 이들을 파견받은 사업주는 제대로 된 안전·보건조치를 하지 않았다. 작업환경 측정도, 특수건강진단도 받지 않았다. 국가도 이를 몰랐다. 메탄올 사고 뒤 작업환경 측정을 실시한 결과 고용노동부의 공기 중 메탄올 단시간 노출 기준 250ppm을 많게는 10배까지 초과한 것이 드러났다. 사고 이후 고용노동부는 작업환경 측정과 특수건강진단을 실시하고 감독했다.

김정민 씨를 숨지게 한 시안화수소 역시 관리대상 유해물질이자 작업환경 측정·특수건강진단 대상에 해당한다. 그런데 김씨가 일한 사업장은 실제로 작업환경 측정을 받아온 곳이었다. 2009년부터 2018년 상반기까지 매번 시안화수소 노출량이 기준치 이하로 측정되었다. 고용노동부에 따르면 이곳은 그간 특수건강진단도 받아왔지만 피해자 김 씨를 포함한 신입사원은 포함되지 않았다. 고용노동부 관계자는 "이 업체에 점검을 나갔고, (방진마스크 사용이나 국소 배기장치 미설치에 대해) 지도를 한 것으로 안다"라고 말했다. 국가가 마련한 이중 삼중 안전장치가 모두 뚫린 것이다.

6개월 내지 1년에 한 번 하는 특수건강진단으로 급성중독 예방은 어렵다. 역시 6개월 내지 1년에 한 번 하는 작업환경 측정으로 사고를 원천적으로 막기도 쉽지 않다. 남는 것은 사업주의 보건조치이지만, 안전보건 관리 책임자를 두는 의무 역시 50인 이상 사업장에 한한다. 정부의 관리·감독 행정력은 영세한 업체일수록 미치지 않고, 이번에 보듯 점검에 나서도 사고가 난다.

한 작업환경 측정기관 관계자는 "작업환경 측정 제도의 의미는 유해 화학물질 노출량이 기준치를 초과할 가능성이 얼마나 있는지 정기 모니터링하는 정도다. 측정할 때마다 편차가 심하고 모든 위험 공정을 포괄하기 어려운 데다, 사업주와는 '갑을 관계'에 있는 민간 기관인 측정기관들이 환기시설 마련과 보호구 착용 지도를 하는 데는 한계가 있다"라고 말한다.

이렇듯 화학물질 중독, 특히 급성중독 관리체계가 미비한 상황에서 위험은 '아래'로 흐른다. 메탄올 사건에서도 3차 하청업체에서 일한 파견 노동자들이 피해를 받았다. 소화기 제조업체의 경우 원청이 없는 직원 20여 명의 소규모 업체였지만, 독성간염을 앓다 사망한 김 씨를 포함해 피해자 3명이 모두 파견 노동자였다.

시안화수소 중독 사고가 발생한 업체는 통신·전자·반도체·자동차 부품 도금을 하는 업체다. 이 업체 직원은 "원청이 누군지 모른다"라고 말했다. 5차 내지 6차에 해당하는 다단계 하도급의 맨끝에 해당한다. 사고 업체와 같은 도금단지에 있는, 직원 8명의 다른 업체 대표는 "우리는 원청이 80개다"라며 '○○테크' '○○금속'이라 적힌 파일철 수십 개를 보여주었다. 그는 "원청이 책임지라고 하는데 기자들이 현실을 모르고 하는 소리다"라고 말했다.

영세업체의 경우 원청의 책임을 물을 방법이 마땅치 않다. 메탄올 사건처럼 원청이 명확한 경우에도 그렇다. 메탄올 사고 뒤 삼성·LG 전자는 "사고 업체들은 직접관리 대상이 아니다"라고 주장했다. 하청·파견업체라고 책임을 온전히 졌다고 보기는 어렵다. 사고가 난 해당 사업주 등 책임자들은 모두 징역 6개월~2년, 집행유예 1~3년에 80시간 사회봉사를 선고받거나 벌금 100만~600만 원을 선고받았다.[16] 작업환경 측정 결과 화학물질 노출 기준을 초과하는 경우는 대부분 50인 미만 소규모 사업장으로 파악된다.

조성식 교수는 일련의 사건에서 피해자가 영세·파견업체의 20~30대 노동자라는 사실은 우연이 아니라고 지적한다. "관리가 잘 안 되는 상황에서 누군가는 화학물질을 취급해야 하니 결국엔 떠넘기고 떠넘겨서 영세 사업장으로 가고, 영세 사업장에서 또 파견 노동자한테 가는 압력이 존재하는 것 같다. 이런 곳은 노조도 없어서 자신을 보호할 권리를 주장하기 힘들다. 특히 노동시장에 갓 진입한 사람들에게 정보를 충분히 주지 않은 상태에서 위험한 작업에 투입하다 보니 미숙련된 사람들이 중독에 더 많이 노출되는 경향이 있다. 당분간 이런 사고가 계속 일어날 수 있다."

1988년 열다섯 살 노동자 문송면이 사망했다. 서울 영등포구의 한 온도계 제조공장에서 최소한의 보호구도, 제대로 된 환기시설도 없이 일하다 수은에 중독되었다. 30년이 지난 지금 우리 사회는 나아졌을까. 2015년 남영전구 광주공장에서 철거 공사에 동원된 노동자들이 수은에 급성중독되는 사고가 있었다. 철거 공사는 4단계에 걸쳐 하도급이 이뤄졌다. 이제 위험 업무는 모두의 일이 아니게 되었고, 정작 그 일을 하는 취약 사업장에서는 산안법이 작동하지 않고 있다. 인천 남동공단의 한 도금업체에서는 '방독 마스크 착용'이라 적힌 표지판 아래 한 노동자가 면 마스크를 끼고 작업하고 있었다.

되풀이되는 연예인의 죽음이
산재여야 할 까닭

2019년 연예인 설리(본명 최진리)와 구하라의 연이은 죽음은 한국 사회에 큰 슬픔을 안겼다. 고인들이 생전에 악플이나 폭행, 불법 촬영 피해를 당하는 장면을 모두가 지켜봤다는 점에서 더 충격이 컸다. 설리는 생전에 공개적으로 고통을 호소했다. 2014년엔 악성 댓글과 루머로 심신이 지쳤다며 연예 활동을 잠정 중단했다. 2018년 웹 예능 〈진리상점〉에서 공황장애와 대인기피증을 앓았다고 고백했다. JTBC2 〈악플의 밤〉에서는 "인간 최진리의 속은 어두운데 연예인 설리로서 밖에서는 밝은 척해야 할 때가 많다"라고 말했다. 구하라도 생전 자신의 인스타그램에 앞으로 악플에 조치하겠다며 "우울증 쉽지 않은 거예요"라고 적었다. "연예인 거저 얻어먹고 사는 사람들 아닙니다. 그 누구보다 사생활 하나하나다 조심해야 하고 그 누구보다 가족과 친구들에게도 말하지 못하는 고통을 앓고 있어요. 얘기해도 알아줄 수 없는 고통이에요."

이들의 죽음은 개인의 허약함에 기인한 사건일까? 정신과 전문의 안주연 마인드맨션 원장은 "목숨을 끊는 행위의 원인은 복합적이다. 우울증 역시 생물학적·심리적·사회적 요인이 복합적으로 작용한다. 고인들이 SNS 등을 통해 힘들다고 토로한 것을 보면 사회적 요인이 스트레스로 작용했을 가능성이 있다"라고 말했다. 사회적 요인으로는 '연예인(특히 여성)에게 요구되는 높은 도덕적 기준' '시시콜콜한 일상까지 기사화되어 품평 대상이 되는 관행' '악플 만연' 등을 들 수 있다.

연예인은 소속사 또는 방송국과 전속계약을 맺고 노래와 춤, 연기 등의 '노동'을 제공해 생활을 유지하는 직군이다. 화려한 스포트라이트를 받지만, 일을 해서 먹고산다는 측면에서 이들도 노동자다. 노동조합도 있다. 2018년 대법원은 방송연기자가 노조법상 노동자라고 인정했다.

주우 한국방송연기자노동조합 사무국장은 설리와 구하라의 죽음을 직업병 내지 산재로 본다. "연예인이란 직업 자체가 대중에게 노출되어 있다 보니 겪는 어려움이 존재한다. 미래 예측이 어렵고 (소속사·방송사나 대중에게) 선택받아야만 일을 할 수 있다는 점에서 불안정한 직업이기도 하다. 자살 예방 홍보, 상담, 치료 지원 등 방지 대책을 (소속사뿐 아니라) 국가에서도 마련해야 한다."

'대중에게 노출되는 직업을 선택했으니 그런 어려움을 감수해야 한다'는 여론도 있다고 했더니 이렇게 대답했다. "어떤 직업이든 본인이 선택하는 것이다. 또한 어떤 직업이든 위험 요소가 있다. 본인의 선택 여부와 상관없이, 해당 직업에 있는 위험을 예방하기 위해 산업안전보건법이나 산재보험 같은 사회적 제도가 존재한다. 우리 직업에서도 그동안 많은 일들이 있었다. 데이터 역시 충분히 축적되었다."

설리와 구하라는 각종 기사의 댓글과 SNS상에서 입에 담기 어려운 인격 모독적 악플에 노출되었다. 이 문제에 대해 소속사인 연예기획사가 적극 대응했다고 보이지는 않는다. 대중이 곧 고객이기 때문이다. '갑질 고객'에 취약한 백화점 직원이나 콜센터 상담원들을 떠올리게 한다. 이런 노동자들은 고객이 잘못한 경우에도 도리어 사과를 강요받는 경우가 적지 않다. 고객을 잃을 수 있다는 이유로 사업주가 자신의 노동자를 충실히 보호하지 않는 것이다.

'갑질 고객'에 대해서는 한국사회가 어느 정도 안전장치를 마련했다. 2018년 10월부터 시행된 산안법 개정안이 그것이다. '감정노동자 보호법'으로 불리는 이 법은, 고객의 폭언이나 폭행, 그 밖에 적정 범위를 벗어난 신체적·정신적 고통을 유발하는 행위로 인한 건강장해로부터 백화점 직원이나 콜센터 상담원 같은 '고객 응대 노동자'가 보호받을 권리를 규정하고 있다. 사업주는 고객이 폭언 등을 하지 않도록 요청하는 문구를 게시하고, 대처방법을 포함한 업무 매뉴얼을 마련하며, 건강장해 예방 교육을 실시해야 한다. 고객의 폭언 등으로 건강장해가 발생할 우려가 있는 경우 사업주는 업무를 일시적으로 중단하거나 전환하는 등의 조치까지 취해야 한다.

하지만 연예인은 현재로서는 산안법의 적용 대상이 아니다. 현행 산안법은 주로 근로기준법상 '근로자'에게만 적용되는데, 연예인은 '개인사업자'로 분류될 가능성이 높기 때문이다. 2019년 개정되어 2020년부터 시행된 개정 산안법이 보호 대상을 '노무를 제공하는 자'로 넓히기는 했지만, 극히 일부 특수고용 노동자만 보호 대상으로 정한다. 연예인은 여전히 사각지대에 놓일 가능성이 있다. 2011년 생활고에 시달리던 시나리오 작가 최고은 씨의 사망을 계기로 '예술인복지법'이 제정되어 사회보험법 사각지대에 있던 예술인 직군 일부가 법의 보호를 받게 되었지만, 이 역시 연예인이 주 논의 대상은 아니었다.

노동자의 경우 우울증이나 과로로 인한 자살도 산재로 인정받는 추세다. 서울아산병원 박선욱 간호사의 죽음에 대해, 근로복지공단 업무상질병판정위원회는 2019년 3월 "간호사 교육의 구조적인 문제로 직장 내에서의 적절한 교육체계 개편이나 지원 등이 이루어지지 않으면서 과중한 업무를 수행"했다며 산재로 인정했다. 같은 해 격무에 시달리다 숨진 에스티유니타스 웹디자이너 장민순 씨의 사례 역시 산재로 인정받았다. 감정노동으로 인한 사망도 산재로 인정받은 사례가 있다. 2014년 입주민의 비인격적 대우에 시달리다 분신한 압구정동 한 아파트 경비원의 분신자살이 산재로 인정되었다.

설리와 구하라의 죽음 이후 포털사이트 다음이 연예 기사 댓글난을 없앴다. 그 외에 달라진 것은 크게 없다. 여전히 기사는 쏟아지고, 악플은 달리고, 연예인은 보호장치 없이 노출된다. 만약 두 사람의 죽음을 산재라고 재정의한다면 무엇이 달라질까? 최명선 민주노총 노동안전보건실장은 "그 사람이 심지가 약해서 목숨을 끊은 게 아니라, 어떤 구조적 조건에서 일하다 업무상 위험에 노출되었는지, 어떤 요인이 정신건강에 영향을 미쳤는지, 누가 책임지고 이들을 보호하며 재발 방지를 위해 노력해야 하는지를 중심으로 논의를 전환할 수 있다"라고 말했다. "조선소에서 사람이 계속 죽는데 '위험한 거 다 알고 간 거 아니냐'고 말하지 않잖나. 연예인의 반복되는 죽음도 마찬가지다. 그런데도 우리 사회는 지금도 '욕먹을 거 알고 연예인 된 거 아니냐'고 말한다."

어린 나이부터 활동을 시작하는 아역 배우나 아이돌 연습생, 아이돌 등이 놓인 취약한 조건도 이번 사건과 무관하지 않아 보인다. 설리는 열한 살이던 2005년 드라마 〈서동요〉에서 아역 배우로 연예 활동을 시작했고, 4년의 연습생 생활을 거쳐 중학교 3학년 때인 2009년 걸그룹 에프엑스f(x)로 데뷔했다. 구하라도 17세 때인

2008년 걸그룹 '카라'로 데뷔했다. 이 과정에서 적절한 신체·정신적 건강 보호를 받지 못했을 수 있다.

김두나 변호사(공익인권변호사모임 희망을만드는법)는 "2014년 시행된 대중문화예술산업발전법이 청소년의 신체적·정신적 건강, 학습권, 인격권, 수면권, 휴식권, 자유선택권 관련 내용을 계약에 포함하도록 하고 있지만 선언적인 문구에 그쳐 실효성이 없다. 외국에서는 연령대에 따라 용역 제공 시간과 휴식시간이 구체적으로 규정되어 있고, 미국 캘리포니아주에선 주 노동담당 장관이 자격을 부여한 전담 교사가 아역 연기자들의 건강과 안전을 돌보게 한다"라고 말했다. 김 변호사에 따르면, 아이돌 연습생이나 아이돌은 장소나 시간, 활동 내용을 사용자가 정하는 등 사용자의 지시에 따라 일하는 것이 사실이다. 이들의 노동자성이 법정에서 제대로 다뤄진 적은 없다. 김 변호사는 "이들이 사용-종속관계에 있는 근로기준법상 근로자가 아닌지 법적으로 검토해볼 필요가 있다"라고 말했다.

죽은 외교관의 일기

이주현 씨. 향년 40세. 중국 상하이 총영사관 부영사. 2021년 5월 29일 새벽 숨진 채 발견되었다. 가족들은 상하이로 출국해 2주간 격리 뒤 장례를 치렀다.

5년여 전인 2015년 9월, 서울 외교부 청사 17층에서 직원이 투신하려다 구조된 적이 있다. 이주현 씨다. 당시에는 아침에 출근한 청소 노동자가 그를 발견해 설득했으나 이번엔 그러지 못했다. 상하이에서 이 씨는 혼자 머물고 있었다.

앞서 2021년 4월에는 중남미 코스타리카 대사관에서 일하던 30대 여성 부영사가 숨진 채 발견되었다. 언론은 두 죽음을 '코로나 블루(우울)'의 여파로 전했다. 그게 다일까? 나는 이주현 씨 유족의 동의를 얻어 고인이 남긴 일기 등 기록을 검토했다. 이것은 외교부라는 특수한 조직에서 벌어진 이야기다. 그러나 이 씨가 겪은 시간을 따라가다 보면, 어떤 보편적 질문과 만나게 된다. '우리는 그 사람을 구할 수 있었나?'

1981년 경북 구미에서 태어난 이주현 씨는 고향의 고등학교를 졸업하고 경북대 정치외교학과에 입학했다. 학과활동에 적극적이었고, 같은 대학의 대학원도 다녔다. 고등학교 때부터 외교관을 꿈꿨다. 2013년 외무고시가 폐지된 뒤 공채로 뽑는 외교관은 크게 5급 '외교관 후보자'와 7급 '외무영사직'으로 나뉜다. 5급 시험은 외무고시와 비슷하다. 7급 시험도 바늘구멍이긴 마찬가지다. 2012년 이 씨는 3년의 시험 준비 끝에 65.8대 1의 경쟁을 뚫고 외교부 7급 외무영사직에 합격했다. 연수를 마치고 2013년 1월, 외교부 북핵외교기획단 북핵협상과에서 꿈에 그리던 외교관 생활을 시작했다.

그러나 일은 생각과 다른 방향으로 흘러갔다. "가장 기억에 남는 게, 입사하고 얼마 안 되어서 높으신 분과 (7급 공채 외교관들이) 대화를 하는 자리가 있었다고 한다. 거기서 그 높으신 분이 '어, 지방대 출신이 있네?'라고 했다는 거다. 가뜩이나 서른 넘어 들어갔는데 처음 시작할 때 그런 얘길 들으면 누구라도 위축되지 않겠나. 실제로 그런 얘길 많이 했다. 주위에 다 서울대 출신인데 자기보다 어리다고." 이 씨의 고등학교 친구인 강혜란 씨가 말했다.

이 씨의 대학 동기인 신은정 씨는 "누군가를 믿고 이야기했는데 그게 주위에 알려져서 매우 곤란해졌다고 했다. 그 뒤로 사람을 잘 믿지 못했다"라고 하면서 이렇게 덧붙였다. "이런 상황에서 업무 지시도 명확하지 않다 보니 서류를 어떻게 써야 하는지 물어볼 사람도 없었던 것 같다. '쟤 저런 거 왜 물어봐' 하는 분위기라고 했으니까. 나중에는 점심도 혼자 먹었다. 그 큰 조직에서 의지할 데가 없던 거다."

이 씨는 2014년 7월부터 그해 12월까지 21차례 심리상담을 받는 등 방법을 찾으려 했다. 하지만 이듬해 9월 투신을 시도했고, 극적으로 구조된 뒤 3개월간 휴직한다. 당시 일기를 보면, 이 씨는 수험 생활 동안 "시험과목 외에 정보 습득을 최소화"했다. "수험 생활 마지막에 글자를 못 읽음. 연수받을 때도 노트는 많이 하나, 머리에 남지 않음. 너무 꽉 차서 넣을 공간이 없는 느낌." 이런 상황에서 업무에 투입된 이 씨는 극도로 위축되었다. "기한이 있는 일. 긴장. 눈앞이 캄캄." "대체로 서울대 출신. 동등 대화 ×. 상대 방이 옳다고 생각. 간단한 일도 내가 판단 못함." "주말도 없이 매일 출근, 야근. 불안해서 쉬지 못함." "나의 모든 행동/말/글이 조롱의 대상이 됨. (…) 적응 좀 하셨어요? 他人(타인) 욕. → 견딜 수 없다."

2016년 1월 복귀한 이 씨는 여권과에서 근무했다. 이전 부처에서보다는 순탄했다. 2017년 5월 외교부 인사과에서 다음 인사 때 해외로 나갈 차례임을 알려왔다. 마음의 준비가 되지 않았던 이 씨는 자신이 과거 투신 시도 사건의 당사자라고 말했다. 인사 담당자는 그 사실을 모르고 있었다고 한다. 이 씨는 진단서를 제출하며 해외 발령을 한 차례 미룬다. 당시 정신과 전문의가 작성한 소견이다. "만약 외국 출장과 같은 생체주기리듬에 변화가 오면 증상의 악화가 예상되므로 주의를 요함."

발령을 언제까지 미룰 수 없었던 이 씨는 2018년 2월 중국 선양 총영사관 부영사로 부임해 재외국민 지원 업무를 맡았다. 당시 일기는 이 씨가 안정을 찾아가고 있었음을 보여준다. 2019년 1월 4일자 일기의 한 대목. "어떻게 살면 될지 감을 잡은 것 같은 요즘이다. 그 어느 때보다도 내 인생에서 가장 열심히 살아가고 있다." 2019년 12월 이 씨는 이낙연 당시 국무총리로부터 '모범 공무원증'을 받는다.

외교관은 한 곳에서 최장 3년간 근무한다. 이주현 씨가 선양에

온 지도 어느덧 3년이 되어갔다. 그는 2020년 10월 13일 한국에 사는 남편 이상영 씨에게 위챗 메시지로 "내년 상반기에 선양에 남겠다고 인사의견서 냈어"라고 전했다. 열흘 뒤인 23일에는 이렇게 말했다. "인사과에서 나 선양에 더 있게 해줄 수 없대. 뭐 인사과에 우겨서 좋을 일은 없으니까, 중국 지역 써내보고, 경과를 볼까?" 이 씨는 1지망으로 베이징 대사관, 2지망으로 상하이 총영사관, 3·4지망엔 중국의 다른 도시를 썼다. 상하이로 발령이 났다.

2021년 2월 9일 이 씨는 상하이에 도착했다. 남편 이상영 씨는 "출근 뒤 무계획적으로 본인에게 업무가 들어온다고 느껴서 '이게 전임자가 하던 일이 맞느냐'고 물어봤더니 아니었다고 한다. 신참이 오면 업무를 막 던져주는 듯했다"라고 말한다. 한 재외공관에서 영사로 일한 이는 "영사 업무가 민원 성격이 대부분이다. '고시 출신'으로 불리는 5급은 주로 정무 일을 하고, 다른 직렬은 그 외 뒷수습 일을 떠맡는 경우도 적지 않다"라고 말했다.

상하이 도착 열흘 만인 2월 19일 '사건'이 벌어진다. 외교관들은 인사 발령이 나면 한두 달 정도 호텔에서 머물면서 자신이 살 집을 구한다. 새로운 환경과 사람들에게 적응해나가던 이 씨는 상급자의 "집을 알아보라"는 말이 출근 첫날부터 반복되자 압박을 느낀 것으로 보인다(해당 상급자는 "집을 빨리 구해 안정적인 생활을 하는 게 좋지 않겠느냐는 취지였다"라고 말했다). 이때부터 일종의 '망상'이 시작되어, 집을 알아보러 나갔다가 다른 거주민의 집에 들어가

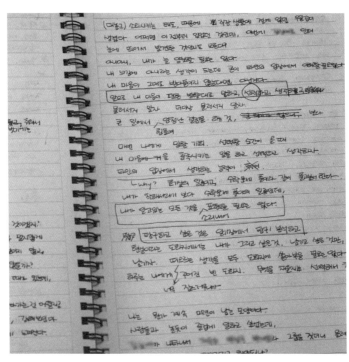

고 이주현 씨가 2019년 중국 선양 총영사관 재직 당시 남긴 일기(위)와 2021년 상하이 총영사관 발령 직후의 심경이 담긴 수첩(아래). ⓒ시사IN포토 조남진

거나 자전거를 타고 도주하는 등 이상행동을 보였다. 중국 공안이
출동할 만큼 큰 사건이었다.

이 사건은 당시 외교부 본부에 공식 보고되지 않았다. 이주현
씨는 병원을 찾아 약을 처방받긴 했지만, 귀국은커녕 휴직 없이
정상 근무했다. 현지에서 이 씨가 불안을 털어놓을 수 있는 대상
은 중국 근무 이후 함께 살던 자신의 모친밖에 없었다. 그런 모친
마저 5월 14일 귀국했다. 외교관의 부모가 동반 가족으로 함께 거
주하려면 부모의 소득이 연 100만 원 아래여야 하는데, 이 씨의
아버지 소득이 이를 조금 넘은 것으로 잡혀서다. 이 씨의 어머니
김정숙 씨는 "어디 말할 데가 없으니 늘 엄마한테 직장 생활에 대
해 이야기했다. '엄마 없었으면 어쩔 뻔했느냐'고 (나를) 많이 의지
했는데, 내가 한국에 오고 2주 격리가 끝나자마자 그렇게 됐다"라
고 말했다.

숨지기 전날 이 씨는 '전지 의료검진' 이야길 꺼냈다고 한다. 외
국에 근무하는 공무원이 한국으로 잠시 들어와 의료검진을 받을
수 있는 제도다. 상하이 총영사관 관계자는 "금요일 아침에 갑자
기 '다음 주 월요일에 전지 의료검진을 가겠다'기에, 격리나 준비
기간이 필요한데 이를 감수하면서 꼭 가야 하는지 물었고, 가고자
한다면 본부 절차를 따르라고 했다"라고 전했다. 이 씨는 이 답변
을 듣고 퇴근한 다음 날인 5월 29일 새벽 숨진 채 발견되었다. 이
씨가 남편과 마지막으로 만난 건 2019년 9월이다.

안주연 원장은 "자살의 제일 주요한 예측인자가 이전의 자살 시도라는 점을 고려하면, 몇 가지 지점에서 매우 아쉽다"라고 말했다. "고인은 회사(외교부 청사)에서 투신을 시도했기에 처음 해외에 보낼 때부터 미리 회사가 발령 시점이나 지역 등에 대해 적극적으로 소통했어야 했다. 그런데도 본인이 직접 '뛰어내리려던 직원이다'라고 말해야 했다. 선양에 1년 더 남기를 원했을 때, 뜻대로 해줄 수는 없더라도 정신건강을 체크했어야 한다. 인사나 지역 이동이 정신건강을 악화하는 임계점이 될 수 있어서다. 특히 2월 19일의 이상행동은 '정신과적 응급 상태'로 볼 수 있다. 자해·타해 가능성이 있으므로 적절히 보고가 이뤄졌어야 했다. 5월 14일 어머니 귀국으로 주 보호자가 없어지는 문제도 대안이 필요했다. 안 그래도 코로나19로 고립감이 심한 상황에서 의료검진 요청이 마지막 SOS였던 것 같은데, 그마저 당장 어려워 보이니 마지막 희망을 잃은 게 아닌가 싶다."

외교부 고위 관계자는 "치료를 명하는 등 직원 근태관리는 공관장 판단하에 이뤄진다. 만약 해당 직원이 더 이상 근무가 어렵겠다고 판단하면 공관에서 본부에 귀환 명령을 건의하고, 그러면 본부가 인사위원회를 열어 조치한다. 초기 증상이 있었다면 빨리 발견했으면 좋았을 텐데, 공관에서 그렇게까지 보지는 않은 것 같다. 동반가족 제도에 대해서는 개정 방안이 없을지 검토하라고 지시했다"라고 말했다. 상하이 총영사관 관계자는 "(이상행동 당시)

고인이 귀국을 원하지 않았고 아프다고 호소하지 않았다. 향후 경력에 불명예가 될까 배려해 본부에는 비공식적으로만 알리고, 강도가 낮은 업무에 배치해서 적응 기간을 두었다. 2015년 자살 시도는 풍문으로만 들었지, 그 정도 상황인 줄 몰랐다"라고 말했다.

코스타리카 부영사 사망의 경우 초기에 언론에 보도되었고 정의용 외교부 장관이 "철저히 조사해서 진상을 규명하라"라고 지시했으며 외교부가 감사단을 파견했다. 이주현 씨의 죽음은 그렇지 않았다. 앞서의 고위 관계자는 "중국 수사 당국이 외부 접근을 허용하지 않는다. 둘의 비교는 적절하지 않다"라고 말했다. 고인의 업무상 어려움을 조사할 계획이 있느냐는 질문에는 "외교부 차원에서는 없다"라고 답했다.

외교부는 "근무여건 개선과 심리적 고립감 해소 등 구체적인 지원책을 다각도로 검토하고 있다"라고 밝혔다. 남편 이상영 씨는 공무상 재해 신청을 준비 중이다. "이런 일이 또 생길 수도 있다. 시스템을 만들어야 한다. 만약 아내가 이상행동을 일으켰을 때 본부에 제대로 보고가 되었다면, 사망 전날 바로 한국으로 돌아갈 수 없다는 걸 알았을 때 구조요청 콜이 있어서 '나 좀 빼주세요' 할 수 있었다면 어땠을까. 외교부에서는 개인정보이기 때문에 직원의 질병 이력을 노출할 수 없다고 한다. 진단서가 아니더라도 주의를 요한다는 인사 기록은 있어야 하는데 체계적인 관리 자체가 없다. '전우'가 죽은 걸 안타까워는 하지만 다시 제 갈 길을 가는 특수부대 같다."

이 씨는 숨지기 직전 자신보다 어린 코스타리카 대사관 부영사의 죽음에 큰 충격을 받았다고 한다. 생전에 작성한 '2020-2040 업무계획'에서 그는 외교부 조직의 문제점을 이렇게 쓴다. "△모래알 조직 △정기적인 직원 재교육 부재" "각 경험이 네트워킹 안 되고 흩어짐→노하우 누수" "직원이 일회용 부품화/배터리화. 직원은 조직 생활을 0에서 시작함에 따라, 쉽게 번아웃. 조직 부적응 시 낙오자 발생→인적자원 관리 실패." 안주연 원장은 이렇게 말한다. "우울증이 있는 직원에 대한 회사의 반응은 크게 두 갈래로 나뉜다. 우울증의 존재를 묵살하거나, 아예 환자 취급하거나. 실은 제3의 길을 가야 한다. 정기적으로 이 직무를 어디까지 할 수 있고 마음 건강이 어떤지 어려운 대화를 계속해가야 한다. 조직원은 자원이긴 하지만 '인적자원'이기 때문이다."

콕 집어 구조에
책임을 묻는 법

아마 단일 법안으로는 가장 많은 논란을 낳은 법이 '중대재해처벌법(중재법)'일 것이다. 기업들은 법의 많은 부분이 지나치게 모호하면서도 처벌은 터무니없이 강하다고 주장한다. 반면 노동조합들은 오히려 한계가 많아서 노동자들을 지킬 수 없는 법이라고 비판한다. 그런데 애초에 중대재해처벌법이 왜 생겼을까?

영국의 '기업살인법'이 모델이다. 정식 명칭은 '법인과실치사 및 법인살인법Corporate Manslaughter and Corporate Homicide Act'이다. 1987년 P&O 유러피안 페리 사 소유 여객선이 벨기에 항구를 떠나 영국의 도버항으로 출발했다. 뱃머리 문이 열려 있던 바람에 항구를 떠난 지 2분 만에 침몰했다. 459명 승객 중 193명이 죽고 4명이 실종되었다.[17] 뱃머리 문 개폐를 담당한 부갑판장은 선실에서 자고 있었다. 책임자인 일등항해사와 선장도 확인을 게

을리했다. 하지만 진짜 원인은 이 회사의 안전관리 시스템이었다. 선장에게 문이 열려 있음을 알려주는 경고등이 없었고, 문의 개폐를 확인하는 절차에 대한 감독이 이루어지지 않았다. 선원들에게 고지하는 안전정책도 미흡했다. 특히 항구에서 선박을 급히 출항시켜야 하는, 기업 조직상의 압력도 주요 사고 원인으로 지적되었다.[18]

절규가 법이 되기까지

영국 검찰은 사건과 관계된 이사와 선원 등 7명과 함께 법인인 P&O 유러피안 페리 사를 중과실치사죄로 기소했다. 그러나 이 사건에서 법원은, 이 회사 경영진은 여객선 출항 당시의 '명확하고 중대한 위험'을 인식할 수 없었다고 봤다. 이에 따라 경영진은 물론 회사 법인도 형사책임을 지지 않는 것으로 판결되었다. 당시 영국 법에 따르면 법인 처벌은 경영 책임자의 유죄가 인정되어야 가능했다. 이 사건을 계기로 관련 연구가 시작되고, 피해자들의 조직이 집중적으로 항의한 끝에 '법인과실치사법'이 2007년 7월 영국에서 제정되었다. 누구의 과실인지 특정할 수 없더라도 '구조적으로' 과실이 있다면 형사책임을 물을 수 있도록 한 것이다.

산재로 사람이 죽으면 기업과 경영진을 처벌하자는 기업살인법 제정 운동은 바로 이 영국 법인과실치사법과 문제의식을 같이 한다. 앞서 언급했듯 노동건강연대 등이 2006년 '최악의 살인기업 선정식'을 연 것이 시작이다. 이후 2013년 김선동 통합진보당 의원, 2017년 노회찬 정의당 의원이 비슷한 법을 발의했으나 진지하게 논의된 적은 없었다. 이후 산재 피해 유가족이 단식까지 해가며 요구한 끝에 중대재해처벌법이 국회를 통과했다. 2021년 1월, 법 제정 운동이 시작된 지 15년 만의 일이다.

중재법은 노동자가 재해를 입지 않도록 '위험을 방지할 의무'가 사업주나 경영 책임자 등에게 있다고 규정한다. 그 의무를 위반해서 노동자가 사망하면 1년 이상 유기징역 또는 10억 원 이하 벌금에 처하겠다는 것이다. 이에 대해 기업들은 중재법이 지나치게 포괄적이고 불명확한 의무를 부과해 '명확성의 원칙'과 '책임주의 원칙'을 위반한다고 주장했다. '명확성의 원칙'에 따르면, 법률은 어떤 행위를 처벌할지에 대해 명확히 규정할 필요가 있다. 그래야 시민들이 해당 법률을 감안해서 자신의 행위를 결정할 수 있다. '책임주의 원칙'은 어떤 행위가 처벌의 대상이더라도 도덕적으로 비난할 만하지 않으면 범죄가 성립하지 않는다는 원칙이다.

첫눈에 중재법의 처벌 규정은 이런 원칙을 정면으로 거스르는 것처럼 보인다. 어디부터 어디까지인지 모를 '위험방지의무'를 위반해 사람이 죽으면 최소 1년 이상 징역이라니, 대체 위험방지의무가 무엇이란 말인가. 설령 그런 의무를 위반했더라도, 형사처벌을 하려면 정말 사업주가 그 의무를 위반한 것 때문에 사망자가 나왔는지 인과관계를 따져봐야 한다. 게다가 기업의 의사결정엔 수많은 사람이 개입되는데, 대표이사를 콕 집어 책임을 묻겠다니. '근대 형법이 아니다'라는 비판까지 나온다.

구조는 한 번도
책임진 적이 없다

"바로 그 점 때문에 중재법이 필요한 것이다." 최정학 방송통신대 교수(법학)가 말했다. "기존 산업안전보건법으로는 대표이사 등 경영진 처벌이 잘 안 됐다. 산안법의 처벌 규정은 안전조치를 하지 않아 사람을 죽게 한 '행위자'를 처벌하도록 되어 있는데, 형법의 시각에서 보면 직접 법을 위반한 사람이 행위자다. 사고가 나면 현장에 있던 노동자 개인이나 그를 감독하는 중간관리자를 행위자로 본다. 그들이 보호구를 착용하지 않는 등 세세한 안전규정을 지키지 않아서 사고가 일어났다고 보는 것이다. 이러면 (그 현장에 없었던) 대표이사는 '행위자'에서 빠진다. 심지어는 대표이사에게 안전의무가 있는지조차 명확하지 않았다."

그동안 검찰과 법원은 산안법이 규정한 안전조치를 직접적으로 어긴 사람에게 형사책임을 물어왔다. '명확성의 원칙'과 '책임주의 원칙'이 구현된 깔끔한 세계다. 그러나 이 세계가 실제 현실을 담아내왔는지는 의문이다. 예컨대 "공사 기간을 단축하라는 경영진의 요구나 안전예산을 삭감해버리는 기업의 결정은 현장에서의 안전의무 준수 의지를 무색하게 만들어버린다. 안전의무를 지키고 싶지 않은 것이 아니라 지킬 수가 없는 것이다. 이 책임이 과연 현장의 노동자나 안전관리자에게 있는 것인가".[19] 경영진이 공사 기간 단축이나 안전예산 삭감을 지시했다고 해도, 대규모 기업일수록 해당 지시와 사고 발생 간 인과관계를 입증하기가 어렵다. 이러면 산재 범죄의 '구조적인 책임'은 사라져버린다.

산재 사망에 대해 현장 행위자의 책임('행위 책임')과는 별개로 '구조적인 책임'을 물으려는 시도가 중재법이다. 이때 구조적인 책임은 산안법상의 세세한 안전조치보다 포괄적일 수밖에 없다. 현장 행위자의 '행위 책임'을 넘어서 경영책임자 등의 '구조적 책임'을 물을 수 있다면, 경영책임자 등을 비로소 '과실범'이 아닌 '고의범'으로 규율할 수 있다. 최정학 교수의 설명이다. "기존에는 대표이사 등 경영자의 산안법 위반을 입증하기 어려워 검찰이 형법의 업무상 과실치사로 기소했다. 반면 중재법은 경영자에게도 안전의무가 있고, 이를 어기면 처벌받는다는 것을 명확히 한 것이다. 형량이 무겁다는데 과실범과 비교해서 그렇다."

다시 중재법으로 돌아오자. 중재법은 위험방지 의무를 이렇게 규정한다.

산업안전보건법과 중대재해처벌법 비교

산업안전보건법		중대재해처벌법
모든 사업장 (단 안전보건관리체제는 50인 이상 사업장만 적용)	적용 사업장	5인 미만 사업장 제외 (50인 미만 사업장은 3년 유예 뒤 2024년부터 적용)
안전·보건조치 의무를 위반해 사람이 죽으면 7년 이하 징역 또는 1억 원 이하 벌금 (법인은 10억 원 이하 벌금)	형량	유해·위험방지 의무를 위반해 사람이 죽으면 1년 이상 징역 또는 10억 원 이하 벌금 (법인은 50억 원 이하 벌금)
산재 예방을 위해 '산업안전보건에 관한 규칙'이 규정한 670여 개 조문	의무의 내용	안전보건관리체계 구축, 산재 재발 방지 대책 수립, 시정명령 이행, 법 준수에 필요한 조치
주로 사업주가 안전업무를 맡긴 안전보건관리 책임자와 그 법인(대표이사는 산안법 처벌이 어려워 업무상 과실치사로 처벌)	처벌 대상	경영책임자 등(사업을 대표하고 사업을 총괄하는 권한과 책임이 있는 사람 또는 이에 준하여 안전보건에 관한 업무를 담당하는 사람)과 그 법인
사내하청은 원청 책임. 사외하청 중에서는 원청이 제공·지정·지배·관리하는 장소이면서 특정 위험구역에서 난 사고만 원청 책임	원청 책임 범위	도급·운영·위탁 시에도 원청이 해당 시설·장비·장소와 관련해 실질적으로 지배·운영·관리할 책임이 있는 경우 원청 책임(사외하청 책임 범위가 산안법보다 더 넓음)

1. 재해예방에 필요한 인력 및 예산 등 안전보건관리체계의 구축 및 그 이행에 관한 조치

2. 재해 발생 시 재발방지 대책의 수립 및 그 이행에 관한 조치

3. 중앙행정기관·지방자치단체가 관계 법령에 따라 개선, 시정 등을 명한 사항의 이행에 관한 조치

4. 안전·보건 관계 법령에 따른 의무이행에 필요한 관리상의 조치

바로 이런 조치들을 하지 않아서(위반해서) 사람이 죽었을 때 처벌하는 것이 중재법이다. 위 조치들이 지나친 요구이거나 전혀 예측할 수 없는 성격의 것인가? 그렇게 보기는 어렵다. 1974년 제정되어 현재까지 시행 중인 영국의 산안법은 "모든 사업주는 합리적으로 실행 가능한 범위에서so far as is reasonably practicable 노동자의 안전과 보건 및 복리를 보장해야 한다"라고 포괄적으로 규정하고, 이 의무를 이행하지 않으면 형사처벌한다. 영국 제도를 깊이 들여다보면 '위험성 평가'가 있다. 사업주가 시간과 비용을 들여 사업장의 위험성을 평가해 그에 따라 요구되는 안전조치를 한다는 개념이다. 한국 산안법에도 위험성 평가제도가 있지만 그동안은 권고 규정에 불과했다. 중재법이 모호하다는 불평보다는, 각 사업장이 스스로 위험성을 평가해 개선하려는 현장의 실천이 절실하다. 사업장의 위험 요소는 해당 사업장이 제일 잘 알고 있을 가능성이 높다.

중재법이 시행되면 산재 사망 시 대표이사 등 경영진의 구조적 책임을 실제로 물을 수 있을까? 이는 상당부분 앞으로 이 법을 적용할 수사기관과 재판부의 해석에 달려 있어 보인다. 중재법은 안전조치 의무가 있는 '경영책임자 등'을, "사업을 대표하고 사업을 총괄하는 권한과 책임이 있는 사람 또는 이에 준하여 안전보건에 관한 업무를 담당하는 사람"이라고 규정한다. 기업들이 '최고안전책임자CSO' 직책을 부랴부랴 신설한 배경이다. 그동안의 판결 경향을 고려할 때, 대표이사가 아닌 CSO나 중간 관리자, 안전 담당실무자 등에게 책임이 떠넘겨질 가능성을 배제하기 어렵다. 재판에서 방어 능력이 약한 중소기업이 상대적으로 동일한 사망재해에 대해 크게 처벌을 받을 수도 있다.

이런 이유로 전형배 강원대 법학전문대학원 교수는 징역형 강화에는 회의적이었다. 대신 법인의 형사책임 능력을 인정해서 포괄적인 위험방지의무를 어긴 법인을 먼저 처벌하고 그에 대한 벌금은 상한을 폐지하자고 주장했다. 앞서 매우 포괄적인 위험방지의무를 규정한 영국 산안법도 법인을 먼저 처벌한다. 반면 한국은 기업 등 법인의 범죄능력을 인정하지 않는 나라에 속한다. 전형배교수는 대표이사 형사책임의 경우 누가 봐도 대표이사가 직접 챙겨야 할 것 같은 의무조항을 따로 만들어서, 위반했을 때의 형량은 높지 않더라도 대표이사를 콕 집어 처벌할 가능성을 높이자고했다. 이 같은 주장은 거의 받아들여지지 않았다.

중재법은 제3자에게 하청을 준 경우에는 하청 종사자에게 산재가 발생하지 않도록 할 의무도 경영진에게 부과한다. 현행 산안법도 사내하청에 대해서는 원청의 책임을 폭넓게 규정하는데, 중재법에 따라 사외하청에서 원청의 책임을 어느 정도 인정할지는 앞으로 수사와 재판 과정에서 다툼이 이어질 것으로 보인다.

이 외에도 중재법의 많은 조항은 앞으로의 수사와 재판 과정에 달려 있다. 때로는 추가적인 법 개정이 필요할지 모른다. 법인은 범죄능력이 없다는 것이 절대적 진리인가? 인과관계 입증이 어려운 기업의 범죄를 어떻게 규율하는 게 최선일까? 세계 각국은 수십 년 전부터 이런 의문에 나름의 답을 발전시켜왔다. 이제 한국사회가 답할 차례다.

'김용균 없는 김용균법'
보도가 말하지 않는 것들

"작습니까?" 수화기 너머에서 들려오던 말. 드라마 〈미스 함무라비〉의 대사라고 했다. 우리는, 중독되어 죽고 질식해서 죽는, 흔히 20대인 존재들에 대해 이야기하고 있었다. 드라마 속 반문처럼 화학물질 중독으로 인한 사망은 전체 산재 사망에서 차지하는 비중이 크지 않아서, 정책 우선순위에서 밀린다는 취지의 이야기를 담당 부처에게 들었다고 그 전문가는 말했다. 산재 통계상으로는 여전히 떨어져서, 끼여서, 부딪혀서, 깔리거나 뒤집혀서 죽는 이들이 대다수다.

그렇다고 화학물질 중독 사고가 '작은 것'은 아니다. 드라마 속 또 다른 대사처럼 "그 작은 것들이 모이고 모여서" 큰 구조를 이룬다. 바로 그 큰 구조에서, 삼성과 LG 스마트폰 부품을 만들던

20~30대 파견 노동자들이 메탄올 중독으로 시력을 잃는 일이 일어난다.

누가 죽어도 바뀌지 않는 게 있다면, 그 죽음이 실은 무겁지 않다는 뜻이다. 그 죽음들에 부아가 치미는 인간의 수가 적다는 의미다. 그게 조직이든 사회든. 그럼에도 각자의 위치에서 발버둥치는 사람들을 안다. 쉽게 포기할 수 없는 이유다.

거의 별세계라고 불러야 할 노동시장의 격차는 급기야 생존 확률을 갈랐다. 영세 사업장의 안전관리에 관해 이 나라는 각자도생이라고밖에 말할 수 없다. 시안화수소 사고가 난 공장에 찾아갔다가 사장과 마주쳤다. 내가 집요하게 전화를 걸어도 받지 않던 그의 얼굴은 몹시 피곤해 보였다. 그의 아내는 나에게 버럭 화를 내며 공장 안으로 들어가버렸다. 나는 그 뒤를 쫓아 들어가지 못했다. 정말로 죽을까봐 무서워서 작업 현장까지 발이 떨어지지 않던 거다. 앞서 KBS 기자들은 마스크를 쓰고 방진복을 입은 채 공장 안을 취재해 보도했다. 마스크와 방진복을 구하지 못한 나는 그곳에 들어갈 수 없었다. 안전지대에 있는 나 같은 사람이 코앞에 가서도 차마 발들이지 못하는 일터에서, 그날도 누군가는 일을 하고 있었다. 직원 수 6명의 작은 업체였다. 그렇게 위험은 흘러서 하청에 고인다.

중재법을 둘러싼 근본적 질문은 결국 '처벌이 능사냐'일 것이다. 아마 기자들을 줄세워놓으면 나는 이 법에 꽤 회의적인 편에

김정민 씨가 시안화수소 중독 사고로 숨진 도금 공장 출입문에 작업중지명령서가 붙어 있다.
기자가 끝내 열지 못한 저 문으로 그날도 몇몇 노동자들이 드나들었다. ⓒ전혜원

속할 거다. 소규모 사업장은 산안법에서 체계적으로 배제되어 있
다. 그런 면에서 '국가는 지금까지 뭐 하고 기업만 때리냐'는 기업
의 주장에도 일말의 진실이 있다. 모든 소규모 사업장의 안전관리
를 원청 책임만으로 해결할 수는 없을 것이다. 한국사회는 그동안

소규모 사업장이 어려우니 지원하고 보호해야 한다는 접근을 취해왔다. 각종 안전 규제는 대체로 50인 이상 기업에 적용된다. 5인 미만 사업장은 근로기준법조차 적용되지 않는다. 그러나 맹독성 물질을 취급하는 업무에 최소한의 안전조치도 하지 않는 소규모 사업장을 어디까지 용인해야 할까. 한국사회가 그동안 얼버무려온 질문을 이제는 피하기 어려워 보인다.

2016년 서울 2호선 구의역에서 열아홉 살 노동자가 숨졌다. 선로 안쪽에서 스크린도어를 수리하다 들어오는 열차와 스크린도어 사이에 몸이 끼었다. 가방에서는 컵라면이 발견됐고, 사람들은 추모의 포스트잇을 구의역에 붙였다. '구의역 김군'으로 알려진 사건이다. 김군은 서울메트로의 사내하청 노동자였다. 당시에는 원청이 안전조치를 안 해서 사람이 죽어도 그가 사내하청 소속이라면 (밀폐공간이나 엘리베이터 홀처럼) '붕괴·화재·폭발·추락 등 산재 발생 위험이 있는 20개 장소'에서 일어난 산재에 한해서만 원청을 처벌할 수 있었다. 김군이 숨진 '열차와 스크린도어 사이'는 이 20개 장소에 포함되지 않았다. 결국 검찰은 사망한 김군이 사실상 원청인 서울메트로의 노동자였다는 논리로 서울메트로 안전관리 책임자를 기소해야 했다. 산안법 위반 혐의는 무죄판결이 났다.

정부는 구의역 김군 사고 이후 기존의 '산재 위험 장소' 20곳에 '기차나 지하철, 크레인 등 양중기에 충돌하거나 몸이 끼일 수 있는 장소'를 추가했다. 그렇게 개수가 늘어나 22곳이 되었는데, 또 여기에 들어가지 않는 하청 사망 사고가 났다. 그게 바로 2018 년 김용균 씨 사고다. 충남 태안 화력발전소를 운영하는 서부발전의 사내하청 노동자였던 김용균 씨는 홀로 컨베이어벨트를 점검하다 몸이 끼어 사망했다. 원청인 서부발전은 2인 1조 지침을 내렸으나 지켜지지 않았다. 사내하청 업체가 28차례나 설비 개선을 요구했지만 서부발전은 3억 원이 든다는 이유로 묵살했다. 그런데 김용균 씨가 숨진 장소인 컨베이어벨트는 '산재 위험 장소' 22 곳에 안 들어갔다. 원청인 서부발전이 산안법을 위반했어도 처벌할 수 없다는 뜻이다.

평소라면 산재 위험 장소 22곳에 '컨베이어벨트'를 추가하는 식으로 일이 진행되었을 것이다. 이번엔 달랐다. 위험 장소 한 곳을 늘리지 않고, 대신 사내하청 산재에 대해서는 원청의 책임을 묻기로 했다. '김용균법'이라 불리는 개정 산안법의 제63조 조항이다. 이 법을 준비하던 관계자들도 '통과될 리가 없다'고 믿던 법이 통과된 것이다. 김용균 씨의 어머니 김미숙 씨가 목소리를 낸 것이 결정적이었다. 국회가 움직였다.

그런데 이후 산재 보도에서 '김용균 없는 김용균법'이란 말을 흔히 발견할 수 있다. 개정 산안법이 김용균 씨가 하던 업무인 발전설비 운전·점검을 비롯한 수많은 위험 작업의 하청을 금지하지 않았다는 이유에서다. 김용균법이 하청을 금지한 작업은 도금작업, 수은·납·카드뮴 관련 작업, 특정 유해물질을 쓰거나 만드는 작업뿐이다.

그러나 위험한 일의 외주 자체를 금지하는 방법으로 문제를 해결할 수 있을까? 어디까지가 도급을 금지해야 할 위험 업무이고 어디까지는 아닌가? 세계적으로 어떤 작업을 외주 주지 못하게 아예 금지한 해외 입법 사례는 찾기 어렵다. 관련 단체도 도급을 법으로 '금지'하기까지 해야 할 위험업무의 목록을 만들다 포기했다.

김용균법은 위험 업무를 도급 주는 건 금지하지 못했지만, 적어도 사내하청에서 사고가 나면 원청에 책임을 묻도록 했다. 그러므로 '김용균 없는 김용균법'이라는 말은 절반만 사실이다. 김용균법은 '위험 업무의 외주화'를 금지하지는 못했지만, '책임의 외주화'에는 분명히 선을 그었다. 개정된 산안법 아래에선 하청이 28차례나 설비 개선을 요구할 때 3억 원이 든다는 이유로 묵살하기 전에, 원청이 한 번 더 생각해야만 한다. 2인 1조 지침을 내리면서 용역비를 깎기 전에 한 번 더 생각해야만 한다. 일부 한계에도 불구하고, 김용균법은 유가족과 운동진영이 만들어낸 위대한 승리라고 나는 믿는다.

한국 노동의 딜레마

정년, 호봉제,
주휴수당

출처: OECD(2018), KDI(2019), 청년유니온(2021)

72.3세

한국인의 실질 은퇴 연령
(2013~2018년 평균, OECD 1위)

1명

정년 연장 수혜자 5명당
감소하는 청년 고용의 숫자(추정)

122만

주휴수당을 주지 않아도 되는
주 15시간 미만 초단시간
노동자의 규모 변화
(2010~2019)

54만

정년 연장은
왜 사회정의가
아닌가

2021년 현대차·기아차·한국GM 등 완성차 3사 노조 위원장들이 정년 65세 법제화를 요구했다. 현재 법정 정년은 만 60세 이상인데, 이를 5년 더 늘려 65세 이상으로 정하자는 것이다. 현재 현대차 정년은 만 60세다.

왜 65세 이상인가? 국민연금 때문이다. 국민연금을 수령하기 시작하는 나이가 현재 만 62세에서 2033년 만 65세로 단계적으로 늦춰질 예정이다. 정년퇴직과 연금 수령 사이에 공백이 길어진다. 이상수 금속노조 현대차지부장은 이렇게 말했다. "만 60세에 정년퇴직해 9개월 실업급여를 받고 나면 약 4년간 소득에 공백이 생긴다(정년퇴직은 비자발적인 퇴직이라 실업급여를 받을 수 있다). 노후가 불안정해진다. 100세 시대라고들 하는데, 국가는 노후에 도움이 될 거라며 국민연금에 가입시켜놓고 자기 마음대로 수령액을 깎고 지급 시기도 늦췄다. 우리 조합원들이 퇴직하면 6개월 동안 산에만 다닌다. 일반 사업체에서 일하려 해도 현대차 다녔다고 하면 안 받아준다고 한다. 고령자를 '하급 직원 취급하는 듯한' 분위기 때문에 못 버티고 나오기도 한다. 정년 이후 노년의 삶에 대해 정부가 일자리 등 대책을 세워줘야 한다."

정년 연장과
청년 고용의 함수

'은퇴 연령과 국민연금 수급 개시 연령을 일치시켜야 한다'는 명제는 합리적이다. 그렇다면 당장 법으로 정년을 연장해야 하는 것 아닐까? 그러기 어렵다는 게 문제다. 정년 연장은 정년까지 계속 일한 사람에게나 의미가 있는 개념이다. 한국은 정년과 실제 퇴직 연령이 크게 괴리되어 있다. 55~64세 연령대의 사람이 가장 오래 근무한 일자리에서 퇴직할 때의 평균연령은 49.4세로 법정 정년인 60세에 한참 못 미친다.[20] 5인 이상 사업장의 평균 근속연수는 6.7년인데, 기업 규모가 클수록 오래 다닌다(2019년 기준, 500인 이상은 10.7년). 정년제를 운영하는 사업체 자체가 전체의 21.6%에 불과하다. 300인 이상 기업일수록(92.8%), 노조가 있을수록(96%) 정년제 운영 비율이 높다.[21]

    이런 상황에서 정년 연장의 혜택은 대기업과 공공부문의 정규직에 집중될 가능성이 높다. 베이비붐 세대 중에서 정년 연장의 혜택을 받을 수 있는 비율을 11.4%로 추정한 연구도 있다.[22] 앞서의 연구에 따르면 고학력일수록, 남성일수록, 100인 이상 기업에서 일할수록, 공공부문에 종사할수록, 노동조합이 있는 곳에서 근무할수록 정규직으로 생존해 정년 연장 혜택을 받을 확률이 높았다.

물론 소수의 혜택이라도 개인이나 특정 집단의 노후 대비 차원에서 의미를 가질 수 있다. 유례없는 고령화 속도를 생각하면, 정년 연장의 필요성은 분명하다. 그런데 만약 정년 연장이 청년고용을 줄인다면? 가장 논쟁적인 대목이다.

이와 관련, '고령층 고용이 늘어날 때 청년층 고용이 줄어든다'는 '세대 간 고용대체 가설'은 아직 논쟁의 영역에 머물러 있다. 실증연구 결과도 팽팽하게 엇갈린다. 고령층과 청년층 간 직종 분업이 상당한 수준이어서(즉 고령층과 청년층이 서로 보완되는 다른 노동을 하기 때문에), 양측의 고용이 대체 관계라기보다는 보완 관계라는 연구도 다수 존재하기 때문이다. 안주엽 한국노동연구원 선임연구위원은 "기업은 필요에 따라 사람을 뽑게 되어 있다. 필요한 인력을 제때 뽑지 못하는 기업은 시장에서 퇴출되기 마련이다. OECD도 2005년 '청년층과 고령층 간 고용대체론과 이에 따른 조기퇴직 권고'를 폐기한 바 있다"라고 말했다.

그러나 정년 연장이 사실상 고용보호 수준이 높은 일부 사업장에만 적용되고, 이 사업장은 청년들이 선호하는 고임금 일자리일 가능성이 높은 만큼, 청년고용에 미치는 영향이 없다고 단정하긴 이르다. 이와 관련해서는 2016년부터 도입된 '정년 60세 이상 의무화'의 영향을 따져볼 필요가 있다. 그전까지는 법으로 정년의 하한 기준이 정해지지 않았기 때문에 정년 연령이 주로 55세에서 58세 사이에 분포해 있었다.

예컨대 한요셉 KDI 연구위원의 실증분석 결과, 민간 사업체에서 정년 연장의 수혜자가 1명 증가할 때 청년고용은 평균적으로 0.2명가량 감소한 것으로 추정되었다.[23] 이 연구에 따르면 사업체 규모가 클수록 정년 연장이 청년고용을 줄이는 효과가 크게 나타났다.

혜택은 상류에 머무른다

다시 현대차로 돌아오자. 현대차 생산직은 약 5만 명에 달한다. 정년을 연장하면 신규 채용 여력이 줄어들지 않을까? 이상수 지부장은 "특히 자동차산업에서는 정년 연장과 신규 채용이 연관관계가 있다고 보지 않는다"라고 주장했다. "지난해 1800명, 올해부터 매년 2000명 이상씩 정년퇴직하는데도 회사가 신규를 사실상 뽑지 않고 있다. 오히려 일부 공정을 계속 외주로 돌린다. 기존 사내하청 직원(약 9600명)을 정규직으로 특별채용하는 과정도 거의 끝났다. 그렇다면 노조가 정년 연장을 요구할 명분이 있지 않나? 만약 회사가 1년에 몇백 명이라도 신규 채용하겠다고 발표한다면, 노조 대의원들한테 욕을 먹더라도 내가 정년 연장 요구를 포기하겠다. 내 자식들이, 후배들이 새로운 먹거리를 찾아서 오겠다는데 거기에 눌러앉아 안 비켜주는 건 도둑놈 심보니까. 그런데 회사는 신규 채용을 할 생각이 없다. 그럴 바엔 있는 사람들이라도 정년을 연장하자는 거다."

현대차 관계자는 생산직 신규 채용 계획에 대해서는 말을 아꼈다. 다만 노조의 정년 연장 요구에는 난색을 표했다. "자동차 트렌드가 전기차로 바뀌고 있다. 전기차는 내연기관에 비해 작업공정이 단순하다. 엔진과 변속기가 없기 때문이다. 주된 생산 품목이 전기차로 바뀌면 그만큼 필요 인력이 줄어든다. 필요 인원이 줄어드는 규모가 정년퇴직하는 인원보다 더 많을 것으로 본다."

게다가 현대차를 연구해온 전문가들에 따르면, 현대차의 노동 강도가 그렇게 높은 편은 아니다. 정승국 중앙승가대 교수(사회복지학)는 "현대차의 '편성 효율'이 50% 정도밖에 안 된다. 50명이 일해도 되는 공장에 100명이 투입되어 있다는 뜻이다. 일본의 도요타가 90%, 유럽의 자동차 회사들이 80% 이상인 데 비해 지나치게 낮다. 그만큼 과잉 인력이 투입되어 있는데, 그렇다고 강제적으로 정리하지는 못하니 회사는 정년퇴직에 따른 자연감소를 통해 경쟁력을 회복하려 한다. 노조가 무리한 욕심을 내는 것으로 보인다"라고 말했다.

노조도 전기차 시대의 필요 인력 감소를 부정하지는 않지만, 회사가 생각하는 규모나 속도보다는 적게 추정하는 듯하다. 노조가 정년 연장을 요구하는 또 다른 이슈는 이른바 '시니어 촉탁직'이다. 정년퇴직한 노동자가 1년간 계약직으로 일할 수 있게 하는 이 제도는 2019년부터 시행하고 있다. 정규직 1년 차 연봉(세전 5000만 원)을 받는다. 현대차 평균 연봉의 약 절반 수준이다. 그런데도 "(정년퇴직 노동자가) 100명이면 99명이 시니어 촉탁직을 한다." 정년퇴직 노동자들의 호응도가 높다. 노조는 회사가 이 1년간만이라도 고령자를 촉탁직이 아닌 정규직으로 쓰길 바란다. 그렇다면 임금은? 조합원들의 여론을 물어서 사측과 임금협상하는 자리에 들고 가겠다는 게 노조의 계획이다.

"(지금 시니어 촉탁직이 받는) 5000만 원도 시장임금에 비해 굉장히 높은 임금이다. 정년 연장을 요구하려면 임금피크제를 포함해 임금체계나 수준에 대해서도 이야기해야 한다." 《현대자동차에는 한국 노사관계가 있다》를 쓴 박태주 전 경제사회노동위원회 상임위원의 말이다. "최근에 '아이오닉 5'의 맨아워(생산라인 투입 인원수)를 노사가 협상하는 과정에서 공정이 중단된 적이 있는데, 말이 안 되는 일이다. 맨아워 산정 기준도 없이 노사가 힘겨루기로 결정하는 유일한 완성차 회사가 바로 현대차다. 맨아워 기준을 정립해 내부 노동력 활용도를 높이고, 전기차에 필요한 숙련을 쌓기 위해 재교육과 직업훈련도 받아야 한다. 노조 측이 회사가 자신을 계속 고용하는 것이 회사에도 이익이 된다는 사실을 입증해 보여줄 수 있어야 그나마 정년 연장 요구가 말이 된다. 그러나 이 모든 것과 더불어 정년 연장이 논의되더라도 수용 가능성은 낮다."

그가 보기에 정년 연장은 현 시점에서 사회적 우선순위가 높지 않다. 디지털 전환과 기후위기 대응이 만나는 접점이 곧 전기차로의 전환인데, 전환 속도가 점점 빨라지면서 자동차산업 생태계 자체가 무너지고 있기 때문이다. "현대차 노조 정도 되면, 기업 내부의 플레이어로서가 아니라 산업의 전환기를 책임지는 주체로서 나서야 한다. 쓰러져가는 부품사들을 위해 정부의 개입과 지원을 어떻게 끌어낼지 고민했다면, 정년 연장은 나올 수 없는 요구다. 그야말로 등 따신 사람들이 난로까지 껴안겠다는 얘기다. 한국 노동운동의 비극이다."

이상수 지부장은 "정년 연장을 이야기하면 '너네만 잘 먹고 잘 살겠다는 것이냐'고 바라볼 수 있지만 그렇지 않다. 우리 대공장이 정년을 연장하면, 과거에 성과급이 전 사업장에 퍼진 것처럼 영세 사업장에도 자연스럽게 정년 연장이 확산될 수 있다"라고 주장했다. 청년실업 문제에 대해서는 "인공지능, 로봇, UAM(도심 항공 모빌리티) 같은 미래 분야에서 젊은 친구들을 뽑고, 기존 내연기관(과 전기차 생산라인)은 있는 노동자들을 쓰면 된다"라고 말했다. "청년 일자리와 노년 일자리는 구분된다. 젊은이들을 연봉 3000만 원, 4000만 원짜리 광주형 일자리로 몰고 가지 말고, '삐까번쩍하고' 전도유망한 대공장에 신입사원으로 들어가게 해야 한다. 대기업과 정부가 방안을 잘 만들면 신규 일자리는 엄청나게 있다. 예컨대 (정년을 연장하는 대신) 61세 이상의 임금을 조금 깎아서 사업주 뱃속에 넣는 게 아니라 청년에게 주게 하자. 고임금 일자리에 청년을 고용하지 않는 기업에게는 법인세를 두세 배 올리면 어떤가."

그러나 연봉이 현대차의 반값이라는 광주형 일자리의 생산직 신입사원 채용 경쟁률은 2021년 1월 67.8대 1에 이어, 같은 해 3월에는 31.4대 1을 기록했다. '좋은 일자리의 씨가 마른' 상황에서 정년 연장 요구는 그 필요성에도 불구하고 논쟁의 소지가 있다. 타협점이 없을까? 정이환 서울과학기술대 교수(노동사회학)는 "정년 연장이 청년고용에 미치는 영향이 불확실하다면, 다른 식의 해결을 생각해볼 수 있다"라고 말했다. "60세 넘어 국민연금 수급 연령까지 일을 하되, 꼭 현대차에서 계속 일해야 하는 건 아니다. 사회정의의 관점에서 보면, 노동자들이 자신은 퇴직할 테니 청년을 채용하라고 요구하면서 대신 다른 중소기업이나 하청 업체에서 일할 기회를 달라고, 그리고 이를 위한 교육이나 훈련을 국가가 제공하라고 요구할 수도 있다. 그들은 노후 빈곤이 우려되는 저임금 노동자가 아니라, 수십 년 동안 안정적인 임금을 받아온 중산층이기 때문이다. 그렇다면 그동안 혜택을 누린 사람들보다는 이제 시작하는, 혹은 아직 시작하지도 못한 청년들의 상황과 요구에 귀 기울여야 하지 않을까."

몇 가지 대안들

우리보다 먼저 이런 문제에 대응한 나라가 있다. 일본이다. 일본도 법정 정년이 60세인 상황에서 연금 수급 개시 연령이 점점 늦춰져 65세가 되었다. 일본 정부는 소득 공백을 메우기 위해 2013년부터 개정된 '고연령자 고용안정법'을 시행했다. 이 법에 따르면, 노동자의 정년을 65세 미만으로 정한 기업은 '정년을 65세까지로 연장'하거나, '정년을 아예 폐지'하거나, '계속고용 제도'를 도입해야 한다. 계속고용 제도는 다시 두 가지 방식으로 나뉜다. 정년에 이르렀지만 계속 일하고 싶어 하는 노동자를 일단 퇴직시킨 뒤 계약직이나 촉탁직 등 새로운 고용형태와 임금으로 다시 고용하거나(재고용), 퇴직시키지 않고 65세까지 그대로 고용(근무 연장)하는 것이다. '근무 연장'에서는 노동조건이 크게 달라지지 않지만, 재고용은 임금 감소가 상당하다. 재고용될 때는 종전과 같은 기업에서 근무하기도 하지만, 자회사나 계열사에 들어가기도 한다. 일본에서 정년 뒤 재고용되어 일하는 노동자는 평균 30~50%의 임금 감소를 보인다고 한다.[24]

2019년 '범부처 인구정책 TF'는 '인구구조 변화의 영향과 대응'을 발표하면서 일본의 '계속고용 제도'를 2022년부터 도입하는 방안을 검토한다고 밝힌 바 있다. 홍남기 부총리는 인구정책에서 법정 정년 연장이 빠진 이유에 대해 "정부 내부에서 부처 간 의견이 일치되지 않았다"라고 말했다. 생산연령 인구 감소에 대비해 대책을 세워야 하는데(기획재정부), 법정 정년 연장이 청년고용에 미칠 영향을 무시할 수 없는(고용노동부) 정부로서는, 그나마 처우를 조정하면서 고용을 연장할 수 있는 계속고용 제도가 차선책이라고 본 것이다. 사실 현대차에서 현재 실시하고 있는 '시니어 촉탁직'은 일종의 계속고용 제도(다만 기한은 1년)라고 볼 수도 있다.

노동력이 부족하다지만, '한국의 노인이 일하지 않는다'고 생각하는 사람은 없다. 한국 시민들이 노동시장에서 '실질적으로 은퇴하는 연령'은 남녀 모두 72.3세로 OECD 1위다(2018년 기준). 한국이 OECD 1위를 기록 중인 또 다른 통계도 있다. 2019년 나온 OECD 자료에 따르면 한국의 노인 빈곤율은 43.8%로 회원국 중 1위다(2016년 기준). 한국의 노인은 주된 일자리에서 50세가 채 되기 전에 밀려나는데 그 후엔 어느 나라 노인보다 더 오래 노동시장에 머물러 일하면서도 돈을 벌지 못한다. 대개 저임금 불안정 일자리나 영세 자영업에 종사하기 때문이다.

정년 연장이 모두의 혜택일 수 없다면 해법은 하나다. 정년 연

각국의 노동시장 실질 은퇴 연령과 노인 빈곤율

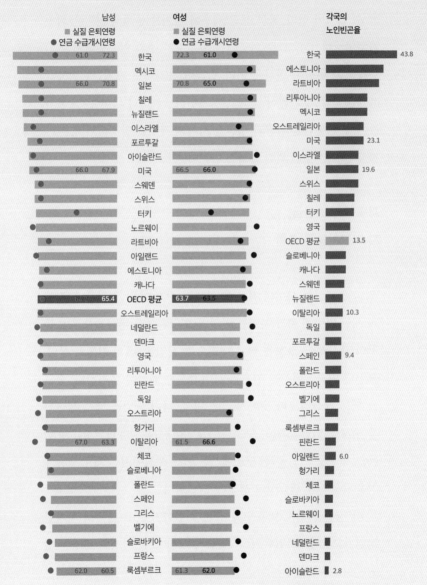

	남성		여성		각국의
	■ 실질 은퇴연령		■ 실질 은퇴연령		노인빈곤율
	● 연금 수급개시연령		● 연금 수급개시연령		
한국	61.0	72.3	72.3	61.0	43.8
멕시코/에스토니아					
일본	66.0	70.8	70.8	65.0	
칠레/리투아니아					
뉴질랜드/멕시코					
이스라엘/오스트레일리아					
포르투갈/미국					23.1
아이슬란드/이스라엘					
미국/일본	66.0	67.9	66.5	66.0	19.6
스웨덴/스위스					
스위스/칠레					
터키					
노르웨이/영국					
라트비아/OECD 평균					13.5
아일랜드/슬로베니아					
에스토니아/캐나다					
캐나다/스웨덴					
OECD 평균/뉴질랜드		65.4	63.7	63.5	
오스트레일리아/이탈리아					10.3
네덜란드/독일					
덴마크/포르투갈					
영국/스페인					9.4
리투아니아/폴란드					
핀란드/오스트리아					
독일/벨기에					
오스트리아/그리스					
헝가리/룩셈부르크					
이탈리아/핀란드	67.0	63.3	61.5	66.6	
체코/아일랜드					6.0
슬로베니아/헝가리					
폴란드/체코					
스페인/슬로바키아					
그리스/노르웨이					
벨기에/프랑스					
슬로바키아/네덜란드					
프랑스/덴마크					
룩셈부르크/아이슬란드	62.0	60.5	61.3	62.0	2.8

출처: OECD(실질 은퇴 연령: 2013~2018년 평균
연금 수급 개시 연령: 2018년 기준 / 노인빈곤율: 2016년 기준)

장이 아니더라도 더 많은 중고령자가 주된 일자리에서 더 오래 일할 수 있어야 한다. 물론 신규 채용에 미치는 부정적 영향은 최소화하면서다. OECD는 한국의 중고령자가 주된 일자리에서 조기 퇴출되는 현실이 연차에 따라 임금이 올라가는 체계, 즉 연공급 체계(호봉제)와 관련이 깊다고 평가한다. "한국의 나이 든 노동자들에게, 연공급은 임금과 생산성 사이의 격차를 발생시키며, 이는 결국 강요된 조기 퇴직 문화를 만든다."[25]

저숙련과 고임금,
지속 불가능한 조합

'임금과 생산성 사이의 격차'는 정년의 존재 이유 그 자체다. 직종과 개인 역량에 따라 차이는 있지만, 연구자들은 평균적으로 노동자의 생산성이 정점을 찍고 내려오는 시점을 45세 전후로 본다. 그런데 연공급에서는 연차가 올라갈수록 임금이 올라간다. 젊었을 때는 생산성보다 못한 임금을 받고, 나이 들었을 때는 생산성을 웃도는 임금을 받는 구조다(그래서 연공급을 미뤄 받는 임금 즉 '이연임금'이라고 한다). 이런 구조에서는 어느 시점에서 강제로 고용계약을 종료시킬 필요성이 생긴다. 정년이다.

이 정년을 뒤로 미루도록 강제한 변화가 2016년부터 시행한 정년 60세 법제화였다. 물론 임금과 생산성 간 격차의 조정은 법으로 강제되지 않았다(강제할 수도 없다). 이 법에 따라 정년을 연장하는 사업주와 노동조합은 '임금체계 개편 등 필요한 조치를 하여야 한다'고 선언적으로 규정했을 뿐이다. 그 결과 정년은 법제화되었으나 임금체계 개편은 장기 과제로 미뤄졌다.

정부는 급한 대로 정년 직전의 몇 년 동안 임금을 일부 삭감하는 '임금피크제' 도입을 독려했다. 현재 정년 운영 사업체 다섯 곳 중 한 곳, 300인 이상 대기업의 절반이 임금피크제를 도입했다. 하지만 이것이 지속 가능한 대안이라는 공감대는 높지 않다. 경우에 따라서는 임금피크제로 줄어든 임금이라 해도 생산성에 비해 여전히 높을 수 있기 때문이다. 무엇보다 여전히 수많은 노동자들이 정년보다 이른 시기에 주된 일자리에서 밀려나고 있다.

결국 핵심은 연공급이다. 연공급 아래서 기업은 장기근속자일수록 생산성에 비해 인건비가 높다고 판단한다. 그래서 희망퇴직·권고사직 따위로 사람을 자꾸 내보낸다. 정년 연장 법률이 통과된 2013년부터 이 법이 시행된 2016년 사이에 해당 연령 노동자들의 고용 감소가 관찰되었다는 연구도 있다(앞서의 한요섭 KDI 연구위원). 사측이 법률 시행 이전에 황급히 그 노동자들을 내보낸 것이다. 최초 입직 노동자의 30년 후 임금 배율은 서유럽이 1.7배, 일본이 2.5배인 반면 한국은 3.3배다.[26]

기업이 노동자를 오래 고용하게 하는 가장 큰 이유인 숙련과 임금의 격차가 크지 않아야 고용안정에 도움이 된다는 것이 전문가들의 견해다. 숙련은 고령자 고용의 중요한 장점이다. 만약 임금이 해당 직무에 필요한 숙련의 수준을 크게 웃돌지 않는다면, 기업은 노동자를 내보낼 유인이 적다. 기존 인력에 대한 인건비 부담이 높지 않다면 신규 채용을 꺼릴 가능성도 더 낮을 것이다. 같은 맥락에서 OECD는 임금피크제가 근시안적인 임시방편이며, 나이 든 한국 노동자의 상황을 개선하려면 임금을 연차가 아닌 직무(에 필요한 숙련) 기반으로 바꿔가는 게 관건이라고 지적한다.

현대차는 흔히 '자동화로 숙련은 낮은데 임금은 높은 사업장'으로 요약되곤 한다. 저숙련과 고임금의 조합은 지속 가능하지 않다. 지금의 현대차 노조에게는 숙련과 임금의 괴리를 줄이려는 전략도, 신규 채용을 끌어낼 의지도 부족해 보인다. 이런 상황에서 노조는 고용 보장도 아닌 고용 연장 카드를 꺼내들었다. 이상수 지부장은 "국회에서 입법이 안 될 수도 있지만, 고령화와 청년실업 문제를 계속 수면 위로 띄워서 사회적 논란거리를 고민거리로 만들어가는 일도 노조의 역할이라 본다. 해외에 나가 있는 부품공장을 국내로 다시 들여와 노년 일자리를 만들거나, 퇴직자들이 협동조합을 차려 일할 수 있게 하는 등 여러 대안을 논의해볼 수 있다. 입법 청원도 준비하고 있다"라고 말했다. 박태주 전 상임위원은 "국민연금과 연계해 소득 공백을 메워야 하는 것은 하루 벌어 하루 먹고사는 이들이지 현대차 노동자는 아니라고 본다. '경제주의'에 찌든 기업별 노조 체제로, 대전환의 시대를 건너갈 수 있을지 의문이다. 작업장 내 노동자의 이익을 넘어 모든 노동자의 '일반 이익', 나아가 공동체 시민들의 이익을 조직해내는 '사회운동 노조주의'가 절실하다. 민주노총이 출범 때부터 표방한 가치가 바로 그것이다"라고 말했다.

정년과 연금의 함수

한국은 노동조합이 정년을 연장해달라고 요구하지만, 프랑스에서는 노동자들이 '정년 연장 반대 시위'에 나선다. 이 차이는 왜 발생할까?

정년의 개념이 다르기 때문이다. 한국(과 일본)의 정년은 '강제로 고용계약을 종료시키는 나이'를 뜻한다. 프랑스를 비롯한 많은 유럽 국가에서 정년은, 고용 여부와 관계없이 '연금을 받기 시작하는 나이'와 연동된다. 노동자의 권리 개념이다. 정부가 정년을 늦추면 연금을 받기 시작하는 나이도 따라서 늦춰진다. 이때 정년 연장은 '연금 받지 말고 더 일하라'는 의미가 된다.

국민연금과 같은 공적 연금은 시민들이 노동시장에서 은퇴한 뒤에도 생계를 보장받게 하는 제도다. 취지상 은퇴 연령과 연금을 받기 시작하는 연령(수급 개시 연령)이 일치하는 것이 표준적인 모델이다. 한국은 법정 정년이 만 60세인데, 국민연금 수급 개시 연령이 현재의 만 62세에서 2033년 만 65세로 늦춰질 예정이다. 상식적으로 보자면 법정 정년을 만 65세로 늦춰야 할 것 같지만, 앞서 보았듯 한국의 노동시장은 이런 표준 모델과 동떨어져 있다는 게 문제다. 법정 정년인 만 60세까지 안정적으로 고용을 유지하는 사람이 극소수에 불과하다. 이런 상황에서 법정 정년을 연장하면, 노동시장 중심부에 있는 이들만 혜택을 볼 가능성이 높다.

설령 노동시장 중심부만 정년 연장의 혜택을 입더라도, 정년이 늘어난 이들이 그만큼 보험료를 더 낼 테니, 2057년 이후 고갈된다는 연금 재정에 도움이 되리라고 보는 견해도 있다. 그러나 이는 "착시효과일 뿐, 본질적으로 국민연금의 재정 불안정을 더 심화시키는 조치다"라고 연금 전문가인 오건호 내가만드는복지국가 정책위원장은 말했다. 왜? "보험료를 내는 시점과 연금을 받는 시점은 다르다. 정년을 연장하면 보험료 납부자들이 늘어나니 단기적으로는 보험료 수입이 증가한다. 하지만 이들이 몇 년 뒤 수급자로 전환되면 새로 보험료를 납부한 기간만큼 더 많은 연금을 은퇴 뒤 돌려줘야 한다(국민연금은 오래 가입할수록 유리하다). 게다가 현재 국민연금은 일하는 동안 자신이 낸 보험료의 2.6배를 나중에 돌려받는 구조다. 국민연금으로서는 100을 받고 260을 내줘야 하니 결과적으로 연금 재정에 부정적이다."

국민연금은 의무 가입이다. 국민연금을 다룬 기사에는 늘 '싫다는데 왜 의무로 가입해야 하나? 자유 가입으로 돌려라. 당장 먹고살기도 힘들다'는 댓글이 달린다. 그러나 국민연금 같은 제도를 시행하면서 의무가입을 시행하지 않는 나라는 전 세계 어디에도 없다. 상대적으로 교육받고 높은 소득을 버는 사람은 노후에 문제가 없지만, 그날그날의 생활이 빠듯한 사람은 노후준비가 어렵다. 이런 상황에서 국민연금을 자율로 운영하면 보험료를 내기 어려운 사람들은 빠져나가고, 결국 제도의 혜택을 받지 못한다. 이들이 노후빈곤에 빠지면 국가에도 부담이 된다. 매월 소득의 일정 부분을 보험료로 납부해 은퇴 뒤 돌려받도록 하는 연금제도가 각 나라에서 발전한 배경이다.

한국의 국민연금은 일하는 동안 매월 소득의 9%를 보험료로 내고, 은퇴한 뒤에는 일할 때 벌던 소득의 40%를 연금으로 받는 방식이다. 이를 '보험료율 9%-소득대체율 40% 체제'라고 한다. 소득대체율은 2008년 50%에서 점점 낮아지고 있으며 2028년 이후 40%가 될 예정이다. 국민연금이 출범하던 1988년에는 보험료율이 3%로 더 낮은 반면, 소득대체율은 70%로 훨씬 높았다. 두 차례 연금개혁으로 보험료율은 오르고 소득대체율은 낮아지는 과정에 있다. 그런데도 2057년 이후 연금 재정이 고갈될 예정이라니, 나라에 '도둑놈'이 많거나 국민연금이 기금을 잘못 굴려서 벌어지는 사고일까?

그렇지 않다. 앞서 보았듯 한국의 국민연금은 낸 돈의 2.6배를 돌려받는다. 한국의 연금 보험료율(9%)은 세계적으로 매우 낮은 수준이다(2018년 기준 독일이 18.6%, 스웨덴은 21.7%, 일본은 18.3%, OECD 평균은 18.4%다). 애초에 들어올 돈보다 나갈 돈이 많게 설계되어 있기 때문에, 기금이 언젠가 고갈되는 건 당연한 일이다. 기금이 고갈되면, 지금처럼 돈을 쌓아두는 방식(적립식)이 아니라 현재 일하는 사람들이 현재 은퇴해 있는 사람들을 부양하는 방식(부과식)으로 갈 수도 있다. 독일 등 선진국에서는 이미 예전에 적립기금이 고갈되었다. 그래서 그해 수급자에게 줄 급여를 그해 가입자들로부터 받은 보험료로 충당하는 '부과 방식'과 함께 국가의 재정을 투입해 공적연금을 운용하고 있다.

우리도 그러면 되는 것 아닌가? 그렇게 주장하는 그룹의 전문가들이 존재한다. 노동조합도 대체로 이런 견해다. 그러나 미래세대의 부담이 너무 크다는 반박도 만만치 않다. 이대로라면 국민연금 재정이 고갈되는 2057년 이후 미래세대는 소득대체율 40%를 적용받기 위해 소득의 30% 이상을 연금으로 내야 한다. 국가재정을 투입하더라도 미래세대 부담인 것은 마찬가지다. 국민연금 기사에는 '다단계 사기, 폭탄 돌리기다. 먼저 가입한 사람만 이익을 보고, 젊은 세대는 연금을 못 받거나 쥐꼬리만큼 받는 것 아닌가?'라는 댓글이 자주 달린다. 물론 연금을 못 받는 일은 국가가 존재하는 한 일어나지 않지만, '현재의 연금은 세대 간 형평성이 훼손되어 있다'는 주장에는 경청할 지점이 있다. 사실 소득대체율 40%를 유지하기 위해서라도 현세대 가입자들의 보험료율을 현재의 9%에서 당장 두 배 가까이 올려야 재정 균형이 이뤄진다.

연금개혁은 한국만의 고민이 아니다. 독일도 2001년 연금 소득대체율을 70%에서 53%로 낮췄고, 2030년 이후엔 43%로 더 낮춘다. 다른 나라들도 연금 계산식을 바꾸거나 보험료율을 올리거나 수급 개시 연령을 늦추는 등 연금개혁을 추진해왔다. 인구가 늘어날 때는 '적게 내고 많이 받는' 연금으로도 문제가 없었지만, 고령화가 급속히 진행되면서 연금의 '보장성'보다는 연금 재정의 '지속가능성'을 개선해야 했기 때문이다. 한국은 고령화 속도가 세계에서 가장 빠르고 출산율은 최저다. 단기간에 개선될 전망은 안 보인다. 국민연금 가입자들은 보험료 추가 부담을 통해 기금 고갈을 최대한 늦출 의무가 있다. 연금개혁이 시급하다.

물론 '적게 내고 많이 받는' 지금의 연금이 현세대에게 유리하기 때문에, 연금개혁은 늘 인기 없는 주제다. 가뜩이나 2021년 현재 국민연금 평균 급여액은 월 54만2000원으로 '용돈 연금'이라는 비아냥을 받는다. 그래서 노동조합은 재정 고갈 우려에도 불구하고 국민연금 소득대체율을 오히려 올려야 한다고 주장한다. 국민연금 제도에 대한 신뢰를 회복해야 한다는 것이다(노동조합은 기금 고갈을 경고하는 국민연금 재정추계를 잘 믿지 않는 경향이 있다). 그런데 한국의 소득대체율 자체는 낮은 편이 아니고 국제 평균에 가깝다. 그럼 우리는 왜 외국처럼 연금이 '빵빵하지' 않나? 연금 평균 가입 기간이 15년 정도로 30년을 훌쩍 넘어가는 외국에 비해 지나치게 짧기 때문이다. 국민연금의 명목 소득대체율은 40%이지만 실질 소득대체율은 20% 초반에 머무르는 이유다.

하위 계층
노후 보장이 먼저다

오건호 위원장은 "연금 수급액은 소득대체율과 가입 기간의 결합으로 정해진다. 아무리 소득대체율이 높아도 근속연수가 짧아서 가입 기간이 짧아지면 받는 금액도 줄어든다. 이런 상황에서 소득대체율을 올리면, 누구의 연금 수급액을 끌어올릴까? 가입 기간이 긴 사람들의 수급액을 끌어올린다"라고 말했다. "가입 기간이 짧고 소득이 낮으면 내는 보험료도 작고 받는 연금액도 작아진다. 연금 내 불평등은 노동시장 불평등에 따른 고용불안정과 임금격차를 그대로 반영한다. 젊었을 때 노동시장 주변부에 있던 사람들이 국민연금에서도 사각지대에 남는다."

사각지대의 핵심은 '지역가입자'다. 국민연금 가입자는 크게 직장가입자(1인 이상 사업장의 사업주와 노동자), 그리고 이에 해당하지 않는 지역가입자로 나뉜다. 직장가입자인 노동자는 보험료 절반(소득의 4.5%)을 사업주가 내준다. 10인 미만 사업장의 노사는 보험료 80%를 국가가 지원해준다(두루누리 사회보험료 지원사업). 같은 지역가입자라도 농어민의 경우 국가가 최대 50%까지 보험료를 지원한다. 그런데 도시 지역가입자에 대한 지원은 사실상 찾아보기 힘들다. "보험료를 내기 어려워 '납부 예외'를 신청한 사람 중 상당수가 도시 지역가입자다. 영세 자영업자, 프리랜서, 특수고용 노동자가 여기에 포함된다. 도시 지역가입자의 소득이 농어민보다 낮은데, 이들만 소득의 9%를 고스란히 보험료로 내야 한다. 차별이다(오건호 위원장)."

세계 각국은 연금 재정의 지속가능성과 더불어 하위 계층의 노후 보장에 시선을 돌리고 있다(이러한 흐름을 '재조준화'라고 한다). 보험료를 일정 기간 납부한 뒤 돌려받는 연금만으로는 충분하지 않다는 판단하에, 조세를 기반으로 한 연금 기능을 강화하는 것이다. 우리로 치면 기초연금이 이에 해당한다. 한국의 경우, 국민연금 가입자 중 보험료를 내기 어려워 '납부예외'를 신청한 사람이 328만 명(약 15.1%), 13개월 이상 장기 체납자가 106만 명(약 4.9%)에 달하고, 자영업자의 국민연금 가입률이 50%대에 머물며, 국민연금 최소 가입 기간 10년을 채우지 못하는 등의 이유로 국민연금에서 배제되는 이들이 적지 않다. 이런 이유로 만 65세 이상 소득 하위 70%면 무조건 받을 수 있는 기초연금은 하위 계층의 노후 보장에 특히 중요하다. 다만, 지금의 기초연금은 지급액은 낮은 반면 지급 대상은 지나치게 넓다는 지적도 있다. 월 30만 원인 기초연금 수령액수를 더 높일 수도 있고, 아예 가난한 노인에게 더 많이 주는 방식으로 개편할 수도 있다. 공동체의 선택에 달렸다. 물론 기초연금 강화를 위해서는 '증세'가 불가피하다.

　2018년 국민연금 재정추계가 발표된 뒤 문재인 정부는 네 가지 연금 개편 방안을 내놓았다. 월 30만 원인 기초연금을 그대로 유지하면서 국민연금 소득대체율을 45%로, 보험료율을 12%로 올리는 방안에 무게를 두었다. 지금 재정 상태로는 소득대체율 40%를 유지하기 위해서라도 당장 보험료율을 9%에서 두 배 가까이 올려야 하는데, 오히려 소득대체율을 올리면서(40%→45%) 보험료율은 조금만 올리는(9%→12%) 방안을 택한 것이다. 심지어 이조차 뚜렷한 결론을 내리지 못한 채 시간만 흘렀다. 국민연금이 정치인 누구도 건드리지 못하는 뇌관이 되는 동안, 노동시장 주변부와 미래 세대는 끝없는 노후 불안의 자장 안에서 살아가고 있다. 정년 연장만으로 은퇴 뒤 '소득 크레바스(빙하 표면에 생긴 깊은 균열)'를 논하기에는, 그 뒤에 너무 많은 이야기가 있다.

노조여, 세상을 바꾸려면
호봉제부터 바꿔라

'동일노동 동일임금'만큼 모두가 공감하는 원칙은 없을 것이다. 다른 사람과 같은 일을 하는데 그 사람보다 적은 대가를 받는다면 차별당하고 있는 것이 맞다. 경제 문제인 동시에 인권 문제다. 세계인권선언은 '모든 사람은 어떠한 차별도 받지 않고 동일한 노동에 대해서 동일한 보수를 받을 권리가 있다'고 천명한다. 전 세계 노동조합뿐 아니라 한국의 노동조합도 줄기차게 외쳐온 가치다.

그런데 한국의 경우 노조로 조직된 노동자들 사이에서도 '동일노동 동일임금'이 실현되지 않았다. 현대차와 기아차 노동자가 고정급 기준으로 월 526만~528만 원 정도를 받는 반면, 사측의 구조조정 위협에 따라 노동조합의 교섭력이 위축되어온 한국지엠은 월 440만 원대로 현대·기아차의 85% 수준이다. 기아차 정규직의 2019년 월 평균임금(성과일시금 제외)이 666만3358원인 반면, 사내하청은 404만7112원이다. 근속 차이를 감안하면 사내하청 임금은 정규직 대비 60%대 후반~70%대 초반 수준이다. 사내하청은 정규직과 사실상 같은 일을 하며, 근무 강도는 오히려 더 높은 편인데도 그렇다. 같은 자동차를 만드는 가치사슬에 속해 있어도 완성차업체의 1차 사외하청 임금은 원청 정규직 대비 80%, 2차 사외하청은 64% 수준이다.[27]

무슨 일을 하느냐보다
어디에 다니느냐

공공기관 사이에서도 기관의 형태와 성격에 따라 연봉이 다르다. 한국중부발전 노동자는 2019년 평균 9284만8000원을 받은 반면, 한국청소년상담복지개발원의 급여는 4952만9000원에 불과하다. 사실상 같거나 비슷한 업무를 하는 노동자들의 임금도 크게 다르다. 한국철도공사 노동자는 평균 7001만 원을 받지만 자회사 코레일네트웍스의 대다수를 차지하는 무기계약직은 3338만6000원을 받는다. 예금보험공사의 총무인사 담당자는 국립공원공단의 총무인사 담당자에 비해 2~3배 높은 임금을 수령하는 식이다.

'하는 일(직무)'이 아니라 소속 기업에 돈이 많으냐 적으냐(지불능력)에 따라 임금이 달리 결정되는 관행 때문이다. '동일노동 동일임금'이라면 기업의 지불능력이 어떠하든, 고용형태가 어떠하든 같은 일을 하면 같은 임금을 받아야 한다.

정승국 중앙승가대 교수(사회복지학)는 "한국의 노동조합들이 동일노동 동일임금의 원칙에 대해 잘 모르고 있다"라고 말한다.

"한국의 노조들은 동일노동 동일임금을 처우 개선의 원리로 내세우면서도, 이 원리를 내장한 유일한 임금체계가 직무급(하는 일을 기준으로 임금 지급)이라는 말은 안 한다. 동일노동 동일임금의 '노동'이 '직무'를 의미한다는 것은 그냥 상식이다. 어떻게 설계하느냐에 따라 차이가 있지만, 1년 차든 10년 차든 동일한 노동을 수행하면 동일임금을 받는 게 직무급이다. 또는 A라는 직무와 B라는 직무가 있는데, 평가 결과 두 직무가 동일한 가치를 갖는 노동이면 동일한 임금을 받거나, A라는 직무가 100의 가치를 갖고 B라는 직무가 80의 가치를 갖고 있으면 임금도 100대 80이 되는 게 '동일가치노동 동일임금'의 원리다. 반면 동일한 직무를 수행해도 갓 입사한 사람보다 10년 근속한 사람이 더 높은 임금을 받는 '연공급'은 동일노동 동일임금의 원리에 입각해 있지 않다."

연공급이란 근속연수에 따라 임금이 올라가는 체계다. 호봉제가 대표적이다. 연공급하에서도 직군별로 임금이 다르거나, 직급에 따라 임금이 오르거나, 직무수당이 포함되어 있는 경우 '직무요소'가 반영된 것 아니냐는 주장도 있다. 그러나 임금을 결정하는 핵심 기준이 '그 사람이 해당 기업에 얼마나 오래 다녔느냐'에

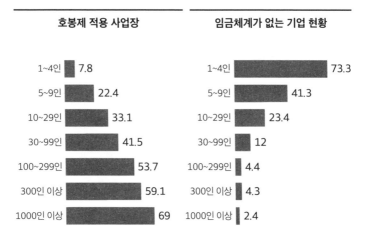

호봉제 적용 사업장		임금체계가 없는 기업 현황	
1~4인	7.8	1~4인	73.3
5~9인	22.4	5~9인	41.3
10~29인	33.1	10~29인	23.4
30~99인	41.5	30~99인	12
100~299인	53.7	100~299인	4.4
300인 이상	59.1	300인 이상	4.3
1000인 이상	69	1000인 이상	2.4

출처: 고용노동부 사업체노동력조사 부가조사(복수응답, 단위: %), 2020

호봉제를 적용한 사업장은 전체의 14.4%이지만 기업 규모가 커질수록 도입 비율이 높다. 한편 전체의 60%에 달하는 임금체계 없는 사업장은 중소·영세기업에 편중되어 있다.

있다면 연공급으로 봐야 한다.

전체 노동시장에서 호봉제 도입 비율은 14.4%에 불과하다 (2020년 6월 기준). 기업 중에서 14.4%가 직원 전체나 일부에 호봉 제를 적용하고 있다는 의미다. 100인 이상 사업체에선 이 비율이 54.9%로 뛴다. 300인 이상은 59.1%, 1000인 이상은 69%가 호봉 제를 도입하고 있다. 다만 상당수 기업들은 여러 임금체계를 혼합 해 운영한다. 직원 개인의 능력이나 성과를 평가해 연 단위로 임 금을 결정하는 '연봉제'나 기업·부서별 성과에 따라 임금을 지급하는 '성과배분제'도 민간부문 사무직을 중심으로 상당 부분 도입되어 있다. 그러나 한국에서는 연봉제라 해도 비교적 '연공급적 성격(연공성)'이 강하며, '한국 임금체계의 연공성이 세계 최고 수준'이라는 데는 전문가들 사이에 이견이 없다.

무너지는 호봉제의 정당성

연공급의 핵심적 장점으로 '생계비 곡선에 부합한다'는 점이 꼽힌다. 나이 들수록 돈 쓸 데가 많아지는데, 연공급은 근속연수에 따라 임금이 올라가므로 생계비 충당에 적합하다는 것이다. 한국의 노동조합은 임금인상을 극대화해 생계비를 최대한 확보하는 전략을 써왔고, 연공급 형태로 이를 관철해왔다. 이를 '생계비 확보' 원칙이라 부르자.

그런데 한국의 노동조합은 기업별로 쪼개져 있다. 개별 기업의 노사가 마주 앉아 임금을 교섭한다. 각 노동조합들은 '우리 노조 소속 노동자'만의 '생계비 확보' 원칙을 고집해왔다. 문제가 발생한다. 지불능력이 있는 큰 기업에선 노조가 연공급하에서 높은 생계비를 따낼 수 있다. 그러나 지불능력이 떨어지는 작은 기업에서는 그렇게 할 엄두도 낼 수 없다. 사실 지불능력이 낮은 대다수의 기업엔 노조 자체가 없는 경우가 많다. 한국의 노조 조직률은 2019년 12.5%에 불과하다.

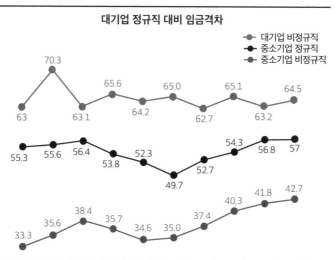

대기업 정규직 대비 임금격차

- 대기업 비정규직
- 중소기업 정규직
- 중소기업 비정규직

70.3

65.6 65.0 65.1 64.5

63 63.1 64.2 62.7 63.2

54.3

55.3 55.6 56.4 52.3 52.7 56.8 57

53.8

49.7

42.7

41.8

40.3

38.4 37.4

35.6 35.7 35.0

33.3 34.6

2010년 2011년 2012년 2013년 2014년 2015년 2016년 2017년 2018년 2019년

출처: 고용노동부, 고용형태별 근로실태 조사(단위: %), 2019

앞서의 조사에 따르면 한국에는 임금체계가 아예 존재하지 않는(무체계) 기업이 60%다. 이 비율은 기업 규모가 작을수록 높아서, 5인 미만 사업장의 73.3%는 임금체계가 없다. 여기는 사실상 최저임금으로 굴러간다.

'생계비 확보' 원칙이 우선시되는 동안 '동일노동 동일임금' 원칙은 그리 중시되지 않았다. 특히 기업 간 임금격차 해소에서 동일노동 동일임금 원칙은 거의 관철되지 못했다. 대기업 정규직 임금이 100일 때 대기업 비정규직 임금은 64.5, 중소기업 정규직 임금은 57, 중소기업 비정규직은 42.7이다(2019년 기준). 중소기업 정규직보다 대기업 비정규직 임금이 더 높다. 한국에서는 정규직이냐 비정규직이냐보다도 어떤 기업에 다니느냐에 따른 임금 차이가 더 크다. 심지어 같거나 비슷한 일을 해도 그렇다.

이것은 당연한가? 전혀 그렇지 않다. 독일, 스웨덴 등에서는 '어느 기업에 다니느냐'가 아니라 '어떤 일을 하느냐'에 따라 임금이 결정된다. 기업별 노동조합이 아닌 '산업별 노동조합'이 해당 산업의 고용주 단체와 임금 등 노동조건을 교섭(산별교섭)하기 때문이다. 이러면 기업 간 임금격차가 크게 나기 어렵다. 노조가 기업별로 쪼개진 나라는 한국과 일본 정도인데, 일본에선 그나마 기업 간 조율이 이뤄진다. 한국은 기업을 넘어서는, 즉 '초기업적' 차원의 임금 조율이 취약하다.

기업 간 임금격차가 심각하다는 데는 노동조합도 이견이 없다. 노조들은 초기업적인 임금 조율이 필요하다고 주장하며, 동일노동 동일임금 원칙에도 찬성한다고 말한다. 그러나 그 방법이 꼭 직무급이어야 한다고는 생각하지 않는다. 조상수 공공운수노조 철도노조 위원장(2021년 1월 당시)은 "기업 간 격차를 꼭 직무급으로만 극복할 수 있는지 구분해볼 필요가 있다"라고 주장했다. "예컨대 교사는 어느 지역 어느 학교에 다녀도 똑같은 임금을 받는다. 근속연수에 따라 호봉만 오른다. 만약 철도나 지하철 같은 궤도 업종에서 일하는 사람들의 호봉체계를 합의하면, 철도공사에 다니든 인천교통공사에 다니든 임금격차가 나지 않는다. '산업별 호봉제'로도 동일노동 동일임금을 실현할 수 있다."

설득력이 있는 이야기일까? 우선, 호봉제 같은 연공급은 동일노동 동일임금 원리와 논리상 충돌한다. 한 기업 내에서 같은 업무를 하는 신참 직원과 고참 직원에게 다른 임금을 주기 때문이다. 정승국 교수는 "만약 노동조합이 연공급을 주장하면서 동일노동 동일임금의 원리를 빌려 논리를 구사한다면 그것은 잘못이다. 그렇게 주장해선 안 된다. 차라리 솔직하게 연공급 체계가 지속되길 원한다고 말하는 것이 좋다"라고 말했다.

노동조합이 연공급 유지를 드러내놓고 주장하지는 않지만, 선호하는 경향이 있는 것은 사실이다. 그렇다면 기업 내 동일노동 동일임금 원칙을 다소간 포기하더라도 연공급을 모두에게 주는 방식으로 기업 간 격차를 축소하면 되지 않을까? 그러니까 어느 기업에 다니든 아주 대략적인 직종별 차이만 있고 모든 노동자가 사실상 '동일임금'을 받는 길을 추구한다면, '생계비 확보' 원칙을 지키면서도 노동자 사이의 평등을 촉진할 수 있지 않을까?

그럴 수도 있다. 그런데 연공급의 정당성을 떠받치는 '생계비 확보'는 어디까지나 장기근속이 전제되어야 가능한 개념이다. 2021년 한국에서 모든 사람이 장기 고용될 수 있는 상황인가 하면 그렇지 않다. 전체 일자리의 평균 근속기간은 5년이다(2019년). 이는 세계적으로도 매우 짧은 편이다. 회사가 금세 망하거나 근무

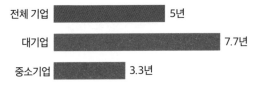

국내 일자리별 평균 근속 기간

전체 기업 ▓▓▓▓▓▓ 5년

대기업 ▓▓▓▓▓▓▓▓ 7.7년

중소기업 ▓▓▓ 3.3년

출처: 일자리행정통계, 2019

환경이 열악해 이직이 잦은 중소 영세기업 노동자는 근속연수가 더 짧다(대기업 7.7년, 중소기업 3.3년). 임금체계가 없는 곳이 많은 민간 중소 영세기업들이 호봉제를 감당할 만한 지불능력이 있을지도 의문이다. 게다가 고용이 불안정한 기간제 계약직이나 용역·파견·특수고용직·프리랜서·플랫폼 노동자 등은 애초에 연공급을 적용받기 어려운 조건에 있다. 결국 중소 영세기업 노동자는 물론이고 점점 늘어나고 있는 다양한 형태의 비정규 노동자에게 연공급은 실현되기 어려운 임금체계다.

연공급이 모두의 임금체계가 될 수 없다고 해도, 이것마저 없애면 '하향평준화'되는 게 아닌가 하는 우려도 있다. 그러므로 기존 연공급은 소수의 혜택으로 남겨두고, 중소 영세기업이나 비정규 노동자의 조건을 끌어올리는 편이 낫다는 것이다. 예컨대 최저임금을 인상하는 식이다. 그러나 최저임금은 어디까지나 임금의 최저선일 뿐이다(안 지키면 형사처벌을 받는다). 이것만으로 임금 불평등을 해소하기엔 한계가 있다. 어느 정도 숙련을 지닌 노동자 사이의 임금 형평성도 필요하다.

"연공급의 가장 중요한 문제는, 양질의 일자리 창출을 저해하는 의도하지 않은 결과를 초래한다는 것이다." 정이환 서울과학기술대 교수(노동사회학)가 말했다. 기업들은 1997년 외환위기 이후 근속연수에 따라 숙련이 상승하지 않는다고 생각되는 단순 직무의 비정규화·외부화를 대거 추진했다. 그 결과 대기업의 직접고용 비중이 현저히 축소되었다.

실증연구가 있다. 2014년 고용노동부의 고용형태별 근로 실태조사를 분석한 결과, 임금의 연공성이 높은 기업일수록 비정규직(계약직·단시간·용역·파견 등 해당 사업체에서 발견되는 모든 형태의 비정규직) 비율이 높았다. 임금 연공성이 하위 10%에 속하는 기업의 비정규직 비율은 15%인 데 비해, 임금 연공성이 상위 10%인 기업에서는 이 비율이 약 33%로 뛰었다.[28] 정규직 등 기업의 '내부자'들이 명시적이거나 암묵적으로 연공급적 임금체계를 요구하며, 이는 '노동시장 분절'과 무관하지 않다는 것이다.

한국의 노동시장은 임금이 높고 고용이 안정된 '1차 노동시장'과 그렇지 못한 '2차 노동시장'으로 분절되어 있고 그 격차도 극심하다. 이런 상황에서 연공급은, 1차 노동시장의 규모를 쪼그라들게 만드는, 유일하진 않지만 중요한 요인으로 작용하고 있다. 연구를 진행한 권현지 서울대 교수(사회학)는 "연공급은 근속과 임

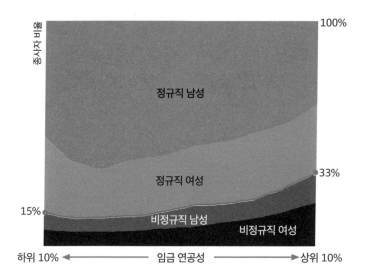

임금 연공성과 비정규직 비율의 상관 관계

종사자 비율

100%

정규직 남성

정규직 여성

33%

15%

비정규직 남성

비정규직 여성

하위 10% ◀──────── 임금 연공성 ────────▶ 상위 10%

출처: 권현지·함선유, 〈연공성 임금을 매개로 한 조직 내 관계적 불평등:
내부자-외부자 격차에 대한 분석〉, 2017

금을 연계한 체계이므로, 장기근속이 기대되는 노동자 집단과 그
렇지 않은 집단을 따로 분리해 관리하는 시스템을 쉽게 정당화한
다. 조직 내 '내부자(예컨대 정규직)'가 희소한 자원을 배타적으로
확보하기 위해 내부자의 규모를 제한하는 기제로 연공급이 활용
될 가능성이 높다"라고 말했다. 정승국 교수는 "한국 노동시장에
서 연공급은 대기업과 공공부문 정규직들이 독특하게 누리는 '렌
트(지대)'의 성격이 강하다. 이들의 임금이 갖는 렌트적 성격을 줄

여주는 유력한 수단 중 하나가 직무급이다"라고 말했다. "직무급은 대기업과 중소기업, 정규직과 비정규직, 그리고 성별 임금격차를 해소할 유력한 수단이다. 연공급이란 게 사실, 생계를 책임지는 남성에게는 가장의 임금을 주는 가족임금의 의미도 있다. 연공급을 개인 단위 임금인 직무급으로 전환해야 한다. 이는 청년 초임을 높이고 비정규직, 여성의 임금을 높이는 중장기적 운동이 될 수 있다."

연공급은 비정규직 정규직화의
중요한 걸림돌

연공급이 고용을 비정규화·외부화하는 요인이라면, 그 대안을 모색해야 한다. 그러나 한국의 노동운동은 이런 진단에 별로 동의하지 않았다. 그간 노동조합이 노동시장 불평등을 해소하는 핵심 과제로 설정한 것은 '비정규직의 정규직화'였다. 문재인 정부에도 상당 부분 수용되었다. 이에 따라 2017년부터 최근까지 공공부문에서 20만 명 가까운 인원이 '정규직화'되었다. 이 중 대다수가 정부부처 등 중앙행정기관이나 지방정부, 공공기관, 교육기관 등에 직접고용되었다. 이들은 '무기계약직', 즉 기간의 정함이 없는 계약을 한 노동자다. 사전적 의미의 정규직이다.

그런데 이 무기계약직들은 자신들이 진정한 정규직이 아닌 '무늬만 정규직' 또는 '중규직'이라고 여기는 경향이 있다. '완전한 정규직'의 요건은 호봉제이기 때문이다. 한 공공기관 노조는 직접고용 방식으로 대규모 인원을 정규직화하는 작업에 적극 나섰다. 그런데 호봉제를 적용해달라는 무기계약직들의 요구가 분출했다. 이에 대해 그 공공기관 노조의 젊은 '기존 정규직'들이 거세게 반발하고 있다. '다르게 들어왔는데 같은 대우를 요구하는 것은 불공정하다'는 것이다. 학교회계직(과거 비정규직이었다가 무기계약직으로 전환된 조리원, 교무실무사, 돌봄교사 등 여러 직종)이 9급 공무원 임금의 80% 수준으로 임금을 끌어올리는 '공정임금제'를 요구하는 배경에도 호봉제가 있다. 공무원은 호봉제를 적용받는 대표적 직군이다.

같은 일을 하는 노동자 사이에는 차별이 없어야 한다. 그런데 차별을 해소하는 방법이 꼭 호봉제여야 할까? 배규식 한국노동연구원장(2021년 1월 당시)은 "근속연수가 올라가도 숙련이 제한적으로 올라가는 직종까지 공공부문이라고 해서 무조건 호봉제를 적용해야 하는지는 검토가 필요하다. 자칫 같거나 비슷한 일을 하는 민간부문 노동자들과 격차가 확대될 수 있다. 노조들은 직무별로 임금에 차등을 두는 데 거부감이 있는데, 그렇다면 같은 공공기관 사이, 공공부문과 민간부문 사이의 임금 차등은 차별이 아닌지 고민해야 한다"라고 말했다.

직무급이 사측의 탐욕이나 이른바 '신자유주의적'이라면, 연공급 사수 투쟁을 계속하면 된다. 그러나 저성장 고령화 국면에서 연공급의 지속가능성 자체가 흔들리고 있다. 연공급 아래서 기업은 장기근속자일수록 인건비에 비해 생산성이 낮다고 판단한다. 그래서 희망퇴직·권고사직 따위로 사람을 자꾸 내보낸다. 적어도 민간부문에서 연공급제는 고용안정에 도움이 되지 않는다. 동일노동 동일임금 원칙과 연공급의 긴장 관계는 현실 세계에서 점점 더 고조되고 있다. 특히 공공부문에 새로 편입된 '기존 외부자(예컨대 무기계약직으로 전환된 비정규직)'들에게 연공급을 적용하면, 자칫 공공부문과 민간 사이의 임금 차이가 오히려 벌어지거나 심지어 공공부문 신규 채용 여력이 더 줄어들 가능성이 크다는 주장까지 나온다. '모든 사람을 정규직화해 연공급을 주자'는 노조의 최대 강령은 이런 비판에 능숙하게 대응하지 못한다.

노동조합이 이런 질문에 대한 답을 얼버무리는 동안, 문재인 정부는 '약한 고리'를 치고 들어왔다. 공공부문 정규직으로 전환되는 이들 중 가장 많은 5개 직종(청소·경비·시설관리·조리·사무) 상당수에 대해 '표준임금체계'라는 이름의 직무급이 도입되었다. 노동조합들은 반대했다. 직무 가치를 평가하는 데(즉 '시설관리의 가치는 얼마' '조리의 가치는 얼마' 등) 노조가 참여하지 못했기 때문이다. 더욱이 정부는 그 가치를 가장 낮게 평가한 직무의 임금수준을 '최저임금'으로 정했다. '무기계약직들을 저임금에 묶어둔다'는 비판이 나올 수밖에 없다. 표준임금체계는 이번에 정규직화된 무기계약직만을 대상으로 도입되었다. 기존 정규직에겐 직무급이 적용되지 않는다.

정부는 2021년 공공기관 경영평가에서 직무급을 도입하는 곳에 더 높은 점수를 주기로 했다. 기존 정규직의 임금체계도 직무급으로 개편하라는 신호다. 노동조합들은 기관별로 직무급을 따로따로 도입하는 것은 임금격차 해소와 관련이 없다며 반대하고 있다. 조상수 철도노조 위원장의 말을 들어보자. "노동계로서는 산업별 호봉제를 하면 가장 좋겠지만, 두 가지 요건이 충족되면 직무급제도 논의할 수 있다. 하나는 기업 안에서 직무별로 임금을 쪼개는 게 아니라 기업 간 임금격차를 산별교섭에서 논의해야 한다는 것이다. 지금도 철도공사 안에서 기관사, 차량정비, 선로 유지보수, 역무 등 각 직종이 임금교섭 때마다 '우리 임금을 더 올려 달라'고 갈등이 벌어진다. 기관 안에서 직무급을 추진하면 직종 간 분열이 생긴다. 다른 하나는 사회보장체계 확립이다. 공공부문에서 기형적으로 임금을 많이 받는다고 하는데도 조합원들은 다 생활이 쪼들린다고 한다. 자녀 교육이나 집값 대출을 갚는 데 쓰는 것이다. 적어도 교육이나 주택에서 공공성이 확보되어야 직무급을 논의할 수 있다."

연공급이 '이연임금제(젊을 때 적게 받는 대신 나이 들어 더 많이 받는다는 의미)'의 성격을 갖고 있다는 점도 노조가 고민하게 되는 이유다. 조상수 철도노조 위원장은 "호봉제라는 게, 나중에 많이 받을 걸 기대하고 젊었을 때 조금 받는 것을 감수하는 거잖나. 그 노동자들에게 '그땐 고생했지만 지금은 조금 받으라' 하기가 어렵다. 그 노동자 개인에겐 불합리하기 때문에 소송이 속출할 수도 있다. 만약 새로 들어온 분부터 (직무급 등 새로운 임금체계를) 적용하면 그런 부담은 없어질 수 있다"라고 주장했다. 반면 한 공공기관 노조 위원장은 "새로 들어오는 직원부터 적용한다고 해도 4~5년 먼저 입사한 기존 정규직과 형평성에서 문제될 수 있다. 민감하고 어려운 문제다"라고 말했다.

그러나 임금체계 개편의 대상이 되는 이들은 한국사회에서 이미 안정적인 위치에 있다. 주거와 교육 공공성이 어느 정도까지 확보되면 임금체계 개편을 받아들이겠다는 것인지도 불투명하다. 노동조합이 이를 위한 '증세'에 적극 나서고 있지도 않다. 산별 교섭이라면 2003년부터 금속노조, 2004년부터 보건의료노조가 이미 해오고 있다. 그럼에도 대부분의 임금은 여전히 개별 기업 단위에서 결정된다.

'직무 기반 임금체계'라는 실용적 정의

노동조합의 우려 중 직무급이 기업 단위에서만 적용되면 효과가 없으리라는 지적은 타당하다. 그러나 노조가 동일노동 동일임금의 원칙을 인정한다면 기업 내에서라도 할 수 있는 일이 있다. 정이환 교수는 노조가 사측보다 먼저 나서서 사내 불안정 노동자들의 직무가치를 평가해야 한다고 주장한다.

"대기업 정규직과 비슷한 일을 하거나 비슷한 능력이 있지만 단지 중소 영세기업에 다니거나 비정규직이란 이유만으로 최저임금에 가까운 단일임금을 받는 사람들도 자신의 숙련을 높이면 임금을 상승시킬 수 있어야 한다. 지금까지는 '비정규직의 정규직화'만 주장되어왔다. 이 주장이 성사되면 좋은데, 지난 20년간 성과는 별로 없었다. 그렇다면 노조의 최대 강령('모든 사람을 정규직화해 연공급을 주자')은 어렵다고 겸허하게 인정하고 현실에서 더 잘 작동 가능한 구체적인 대안을 궁리해야 한다. 예컨대 원하청이나 같은 기업 내 무기계약직, 기간제 노동자가 하는 일을 분석해서, '이 업종에서 이 정도 숙련이 필요한 일을 하는 사람은 얼마의 임금을 받아야 한다'는 기준을 노조가 사측에 요구할 수 있다. 이런 방법은 단순명료하지 않고 복잡하고 골치 아프고 지저분해 보이겠지만, 그런 일을 노조가 해야 한다. 시궁창에 발을 담가야 한다."

물론 노조로서는 차선책이다. 연공급이 직무급으로 바뀐다고 할 때 '노동계급' 차원의 이익(고령자 고용안정, 양질의 일자리 증가, 저임금층 임금 상승)이 손해(고임금자 임금 하락 또는 정체)보다 크다고 단언할 수 없다. 노조가 우려하는 '하향평준화'가 현실화될 수도 있다. 그럼에도 노동조합이 임금체계 개편을 고민해야 하는 것은,

그렇게 해야 노동시장에서 정의가 더 잘 구현될 수 있기 때문이다.

중소 영세기업의 지불능력과 지속성을 고려할 때, '모든 노동자들이 연공급을 받아야 한다(연공급의 보편화)'는 대안엔 현실성이 없다. 격차를 해소하는 데 한계가 뚜렷하다. 연공급이 사회적 기준으로 작동하긴 어렵다는 이야기다. '근속연수'와 그 사람이 다니는 기업의 지불능력, 그리고 정규직인지 비정규직인지에 따라 임금이 결정되는 현재의 노동시장이 더 정의로운지, 아니면 그 사람이 하는 일(직무급)에 따라 임금이 결정되는 노동시장이 더 정의로운지 고심해볼 필요가 있다. 막연하게 '원·하청 격차를 줄이자'고 주장하는 것보다 '원청이든 하청이든 같거나 비슷한 일을 하면 비슷한 임금을 받아야 한다'는 논리가 격차 축소에 훨씬 강력할 수 있다.

전체 실업률 대비 청년실업률은 2000년 1.8배에서 2017년 2.7배로 높아졌다.[29] 청년실업의 원인이 구조에 있을 가능성을 시사한다. 한국에서는 1차 노동시장과 2차 노동시장의 격차가 큰데 이동성은 낮다. '첫 직장이 어디냐'가 평생을 좌우한다. 일단 중소기업에 들어가면 그 경력 자체가 일종의 낙인처럼 따라다닌다. 중소기업 노동자가 1년 뒤 대기업으로 이동하는 비율은 2004~2005년 3.5%에서 2015~2016년 2.2%로 더 낮아졌다.[30] 반면 취업 재수 등으로 구직 기간이 어느 정도 길어져도 일자리가 나빠지는 효과는 크지 않다. 이러면 청년 처지에선 취업 재수, 삼수를 하더라도 1차 노동시장 진입을 노리는 게 합리적 선택이 된다.

만약 어느 기업에서 일하든지 '이 정도 숙련이 필요한 일을 하면 얼마를 받는다'는 기준이 있다면, 중소기업에서 경력을 시작한 사람도 숙련을 증진시켜가며 사다리를 타고 옮아갈 수 있다. 이러면 장기적으로 채용 방식도 기존의 공채에서 직무 중심 채용으로 전환되게 된다. 기업 내 차등을 인정하는 대신 기업 간 평등을 추구하면서 노동시장의 이동성을 높이는 큰 변화다. 더 미룰 수 없는 변화이기도 하다. 권현지 교수는 "정부가 노동시장의 외부자들에게도 질서를 부여하고, 노조도 넓은 범위의 직무 기반 임금체계를 정립해서 차별을 해소하며 연대를 촉진하는 사회계약에 전향적으로 나서야 한다"라고 말했다.

주휴수당 폐지하고
최저임금 올리기

2021년 3월 현직 근로감독관이 논문으로 주휴수당 폐지를 주장해 주목받았다. 주휴수당이란 주 1회 유급휴일에 받는 하루치 일당이다. 근로기준법은 고용주가 노동자에게 일주일에 적어도 하루는 '유급휴일'을 보장해야 한다고 규정한다. 예컨대 일주일에 8시간씩 주 5일을 일했다면, 40시간치 시급에 8시간치 시급을 추가로 받는다. 그런데 체불임금을 단속하는 근로감독관이 주휴수당을 없애야 한다고 주장한 것이다. 왜? 주휴수당 논문을 쓴 정석은 고용노동부 천안지청 근로감독관은 인터뷰 요청을 사양했지만, '글을 쓴 것에 책임을 지겠다'며 몇 가지 질문에 답변을 했다.

얻는 것보다
잃는 게 많은 수당

전혜원 왜 이런 논문을 썼나?

정석은 2015년의 일이다. 배달 사업장이었는데 시급을 1만 원 주고 있었다. 옆의 가게는 9000원인 데 비해 시급이 더 높았다. 그런데 사업주가 주휴수당 개념을 몰라서 근로계약서에 표시를 안 했다. 그 사업장에서 2년 근무하고 퇴사한 노동자가 노동부에 신고했다. 주휴수당을 안 주면 법 위반이라고 했더니 사업주가 "시급을 더 많이 줬는데 왜 법 위반이냐. 이런 '개떡' 같은 법이 어디 있느냐"라고 하더라. 그분은 이 일로 가정불화까지 생겼다고 했다.

물론 근로기준법은 어떤 경우에도 지켜야 한다. 문제는 실제로 계약서에 '주휴수당 포함'이라는 문구를 적기만 하면 법 위반이 아니게 된다는 것이다. 감독을 나가보면 돈은 비슷하게 주면서도 어떤 사업장은 해당 문구를 써서 법 위반이 아니고, 다른 사업장은 법 위반이 된다. 임금을 더 많이 지급해도 법 위반 책임을 물어 비난하는 이유는 무엇인지 의문이 들었다.

실무가가 논문을 쓰는 것이 좋아 보였는데, 주휴수당은 전면적으로 다룬 연구가 많지 않아 실무가가 쓰면 좋을 주제라고 생각했다. 주휴수당이 이슈화되기 전부터 퇴근 뒤 틈틈이 메모한 내용을 바탕으로 논문을 썼다.

전혜원 체불임금을 단속해야 할 근로감독관으로서 노동자의 이익에 반하는 주장을 하는 것 아닌가?

정석은 유불리를 떠나 제도의 근본 취지를 생각해보고 싶었다. 최저임금 이상 월급(약 190만 원 이상)을 주는 곳에서 주휴수당 분쟁을 본 적이 없다. 월급에 이미 주휴수당이 포함되어 있다고 보기 때문이다. 분쟁이 있는 곳은 주로 편의점, 식당 등 최저임금 경계에 있는 사업장이다. 물론 경제적으로 열악한 노동자도 휴일을 누릴 수 있어야 한다. 그러나 이는 주휴수당을 두어서가 아니라 최저임금을 올려서 풀 문제다. 최저임금은 노사가 명확하게 이해할 수 있어서 노동자가 주장하기도 쉽다.

　게다가 주휴수당은 일주일 개근한 노동자만 받을 수 있다. 영세사업장은 과거의 근태를 입증할 기술적 체계가 갖춰져 있지 않아서 증명이 어렵다. 감독관들은 체불임금이 얼마인지 확정해야 처벌할 수 있는데, 이게 안 되니 합의로 끝나는 경우가 많다. 앞서의 배달 사례도 1년 전 몇 월 몇째 주에 노동자가 출근했는지 여부를 놓고 다툼이 심했다. 결국 당초 서로 주장한 금액 사이에서 합의했다. '개근'을 하면 사업주가 노동자의 휴일을 보장하기 위해 돈을 준다는 개념이 대등한 관계를 지향하는 현 시대 노사관계에 맞는지도 의문이다.

전혜원　주휴수당은 인건비의 16.7%를 차지한다. 주휴수당이 폐지되면 임금이 줄어들지 않을까?

정석은　주휴수당이 적용되는, 최저임금 경계에 있는 노동자의 휴일 보장을 고려해 최저임금 인상에 반영해야 한다. 하지만 월급제 노동자 중 자신의 월급에서 주휴수당이 얼마인지 아는 사람은 없을 것이다. 사업주가 임금을 정한 후 주휴수당을 더해서 지급하지 않기 때문이다. 그래서 월급제 노동자 대부분은 주휴수당 폐지에 영향을 받지 않으리라 본다. 취업규칙이 적용되는 10인 이상 사업장에서 임금 삭감은 불이익 변경이 되어 노동자 과반수의 동의를 받아야 하므로, 임금 삭감을 시도하기도 어렵다. 물론 외국인 노동자를 사용하는 곳 등 노동자가 이의를 제기하기 어렵고 사업주가 악의적으로 이용할 수 있는 곳도 있을 수 있다. 이런 상황을 막으려면 '주휴수당 폐지를 이유로 종전의 임금수준을 낮추면 안 된다'는 법 규정을 두면 된다는 견해도 경청할 만하다(다만 이렇게 하더라도 노조가 없는 사업장은 장기적으로 임금이 조정되어 피해를 보리라는 견해도 있다).

　주휴수당이 노동자에게 유리한지도 생각할 지점이 있다. 주 15

시간 미만 일하면 주휴수당을 안 줘도 된다. 이렇다 보니 (최저임금이 크게 오른) 2018년 이후로는 주 15시간 미만으로 '쪼개기 계약'을 하는 경우가 체감상으로도 많아졌다. 주 14시간 근무하기로 했다가 노사가 서로 불편해서 노동시간을 늘리고 주휴수당은 안 받기로 합의한 뒤, 나중에 노동자가 퇴사하면서 신고하는 사례도 적지 않다. 또한 기존 주휴수당 논의는 '수당' 지급을 둘러싼 것이었다면, '시간'의 측면도 중요하게 봐야 한다. 주휴수당으로 처리되는 '시간'의 존재는 노동자에게 유리하지 않고, 임금계산만 복잡하게 만든다. 주휴수당 폐지로 유급주휴 시간이 없어지면 노동자에게 유리하다.

계산하지 말고
기본급에 포함하자

하루 8시간씩 주 40시간 일하면 월 노동시간은 174시간이다. 그런데 연장수당이나 야간수당 등 각종 수당을 계산하는 기준이 되는 임금(이를 '시간급 통상임금'이라고 한다)을 계산할 때, 현재는 분모에 주휴수당으로 처리되는 시간까지 집어넣는다. 이러면 월 노동시간이 174시간이 아닌 209시간이 되어 분모가 커지고, 통상임금은 작아진다. 이를 바탕으로 계산하는 각종 수당도 줄어든다. 정 감독관의 말은, 만약 주휴수당이 폐지되면 현재 연장수당 등을 계산하는 기준이 되는 시간이 209시간이 아닌 174시간이 되어 시간급 통상임금이 올라갈 거라는 얘기다.

이런 이유 때문에, 영세 자영업자를 대변하는 소상공인연합회는 주휴수당 폐지를 강하게 주장하는 반면 대기업을 대변하는 한국경영자총협회(경총)는 조건부로 주장하는 경향을 보인다. 홍종선 경총 근로기준정책팀장은 "주휴수당 폐지는 (시간급 통상임금 상승으로) 월급제 노동자의 연장수당과 휴일수당에 전반적으로 영향을 미칠 우려가 있다. 이를 어떻게 해결할지 종합적으로 고민하면서 개선을 논의해야 한다"라고 말했다.

노동조합도 신중론을 편다. 맥락은 좀 다르다. 최저임금보다 조금 높은 시급을 받는 사업장에서 단체협약에 주휴일을 유급이라고 규정한 경우, 주휴수당이 폐지되더라도 '유급으로 처리되는 시간'은 209시간으로 그대로여서 통상임금 상승효과가 없는 반면, 주휴수당만큼 최저임금을 올렸을 때의 혜택은 사업주가 반영해줄 의무가 없으므로 누리지 못하게 된다고 보는 듯하다. 노동시간 단축으로 연장노동이 줄어드는 추세에서 유급처리 시간이 긴 편을 선호할 수도 있다. 홍석환 민주노총 정책국장은 "임금이 줄어든다는 일부 현장의 우려가 있기에 주휴수당 폐지는 섣불리 주장하기 어렵다. 우선은 초단시간 노동자에게도 주휴수당을 근무시간에 비례해서 적용한 다음, 임금체계를 어떻게 바꿀지 논의해야 한다"라고 말했다.

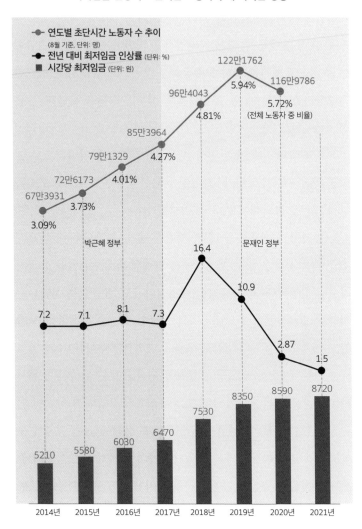

최저임금 인상이 초단시간 노동자 수에 미치는 영향

- **연도별 초단시간 노동자 수 추이**
  (8월 기준, 단위: 명)
- **전년 대비 최저임금 인상률** (단위: %)
- ■ **시간당 최저임금** (단위: 원)

122만1762
5.94%

116만9786
5.72%
(전체 노동자 중 비율)

96만4043
4.81%

85만3964
4.27%

79만1329
4.01%

72만6173
3.73%

67만3931

3.09%

박근혜 정부

문재인 정부

16.4

10.9

7.2   7.1   8.1   7.3

2.87

1.5

5210   5580   6030   6470   7530   8350   8590   8720

2014년 2015년 2016년 2017년 2018년 2019년 2020년 2021년

출처: 청년유니온

주휴수당을 안 줘도 되는 주 15시간 미만 초단시간 노동자의 규모는 2017년 85만3964명에서 2018년 96만4043명, 2019년 122만1762명까지 치솟았다가 2020년 116만9786명으로 다소 줄었다(코로나19발 고용위기의 영향으로 추정된다). 2010년 54만2098명이던 것을 고려하면 10년 만에 두 배 넘게 늘었다. 김유선 소득주도성장특별위원회 위원장은 "주휴수당은 초단시간 노동자를 쓰는 유인으로 작용하고 있다. 이에 대해선 초단시간 노동자에게도 주휴수당을 주면 된다고 주장할 수도 있지만, 자영업자가 어렵다고 난리인 판에 만만치 않다. 또한 주휴수당은 실제로는 받지 못하는 사람이 많은데도 정작 최저임금 인상을 가로막는 요인이 된다. 최근 한국 최저임금이 국제적으로 높다며 논란이 되었는데 이 역시 주휴수당을 포함해서 그렇다. 주휴수당을 없애고 그만큼 최저임금을 올리는 '주휴수당 기본급화'가 바람직하다"라고 말했다.

코로나19로 인한 자영업의 어려움이 계속되는 상황에서 2022년 최저임금은 2021년보다 5.1% 오른 시급 9160원으로 확정되었다. 주휴수당이나 초단시간 노동자 문제는 여전히 최저임금위원회나 국회의 주요 관심사가 되지 못하고 있다. 최저임금을 자영업자가 감당 가능한 폭으로 올리면서 오래된 문제를 해결할 방법은 없을까. 김유선 위원장은 "2018년도 최저임금을 정할 때 주휴수당만큼 최저임금을 올렸다면 저항이 덜했겠지만 지금은 한꺼

번에 (16.7%를) 올리면 (주휴수당을 안 주던 자영업자에게는) 지지받기가 어렵다. 2~3년에 걸쳐 반영할 수는 있다"라고 말했다. 노동조합이 주휴수당 기본급화를 주장하지 않는 이유에 대해 김 위원장은 "변화를 두려워해 일부의 반발을 설득할 자신이 없는 것 같다"라고 말했다.

가운데를 넓힌
변방 없는 세상

배우 윤여정은 "최고라는 말은 싫다. 다 '최중'이 되면 안 되냐"라고 했다.

진보의 대안이 한계에 봉착했다. 그동안 불평등 문제에 대한 진보의 대안은 '비정규직 정규직화'였다. 실제로 그것이 공공부문에서 시행되었을 때 나온 반발은, 진보의 입장에서는 예상도 하지 못한 일이었다. 진보의 대안은 사회 전체를 고려한 적이 없기 때문이라고 나는 추정한다. 정규직화를 적용받는 사람을 넘어선 '모든 이들을 위한 대안'에는 솔직히 별 관심이 없었으니까(혹은, 사회 전체 차원에서 작동 가능한 대안을 고민할 필요가 없었으니까).

네이버에서 댓글을 하나 봤다. '출발선이 다르므로 공정한 경쟁은 애초에 불가능하다'는 취지의 기사에 달린 댓글이었는데, '결과의 평등을 바라지 않는다'고 했다. 출발선이 다른 건 사실일지 모르지만, 어찌 되었든 경쟁의 결과를 인위적으로 비슷하게 만들려는 모든 시도는 거부하겠다는 '결의'가 읽혔다. 나는 진보가 싸워야 하는 전장이 있다면 바로 여기라고 생각한다. 경쟁의 결과가 똑같아야 하는 건 아니지만, 그 격차가 너무 크면 모두가 경쟁에 몰두할 수밖에 없다. 경쟁 자체가 사람들을 구속하는 힘이 커진다. 이러면 개인이 자유롭게 자신의 삶을 선택하기 어렵다. 비정규직의 정규직화는 격차를 그대로 둔 채 일부만을 성벽 안으로 집어넣는 방식이다. '결과의 평등'까지는 아니더라도 결과가 구속하는 힘을 줄일 필요가 있다.

법철학자 조지프 피시킨은 《병목사회》에서, 경쟁 방식의 공정성에만 집중하기보다는 애초에 왜 자원이 희소하고 경쟁이 치열한지 기회구조 자체에 의문을 던져야 한다고 지적한다. '기회의 평등'을 넘어 '기회구조의 다원화'를 추구해야 한다는 것이다. 대학 입시나 대기업 공채 같은 좁은 '병목' 주변에 다른 경로를 만들어서, "개인들이 병목을 통과하지 않고도 높이 평가되는 재화와 역할에 도달하게 하라"라고 피시킨은 쓴다. 여기서 '높이 평가되는 재화와 역할'을 나는 노동조합이 사측과 협상해서 만들어낼 수 있고 그래야 한다고 본다. 그 방법은 '어떤 숙련이 요구되는 일을 하느냐'에 따라 임금을 주는 것, 곧 직무급이다.

직무급 얘길 하면 늘 '하향평준화 하자는 거냐'는 반론이 따라 붙는다. 하향평준화는 위에서 바라본 용어다. 아래에서 보면 올라가는 거다. 하향평준화 하기 싫어서 외쳐온 또 다른 대안이 최저임금 인상이었다. 격차 해소를 오직 형사처벌에만 의존하는 건 너무 쉬운 접근 아닌가? "최고 말고 최중"이란 윤여정의 말은, 직무급의 이상을 반영하고 있다. 모두를 '최고'(원청 정규직, 호봉제)로 만들지 않더라도 모두가 '최중'일 수 있어야 한다. 생애 과정에서 어떤 선택을 하든(예컨대 '원청 정규직'이 되지 않더라도), 나름의 발전 가능성이 있고 살 만해야 한다. 임금체계를 우회하고 그걸 찾을 방법이 있는지 나는 모르겠다.

하향평준화를 두려워하면서 최상위 소수의 독식을 그대로 두는 것이 진보인가? 현상 변경으로 잃을 것이 많다면, 이것이 진보인가? 자원 배분의 방식을 논하지 않고 불평등을 이야기할 수 없다. 우물쭈물하는 사이에 역공이 들어온다. 시간이 없다.

문재인 정부가 잘했다고는 생각하지 않는다. 노조의 양보를 자판기에서 음료수 나오는 것처럼 기다렸다. 비전과 전략으로 설득하지 못하고 노조가 '노답'이라고 언제까지 푸념만 할 수 있을까. 협력할 최소한의 명분도 주지 않았으면서. 테이블에 안 나오는 노조를 탓한다면, 테이블에 앉히는 것도 실력이라고 답할 수밖에 없다. 그리고 그런 실력을 발휘하려면 대안이 있어야 한다. 전체 노동시장이 지금보다 더 정의롭게 작동하기 위한 대안으로서 비정규직 정규직화는 여전히 유효한가. 증세로 사회안전망 수준을 획기적으로 끌어올리면서 임금 평준화를 이룰 방법을 어떻게 찾을 것인가. 여기에 노사가 주체적으로 참여할 유인을 무엇으로 줄 수 있을까. 우리 공동체는 1987년 노동자 대투쟁과 1997년 IMF 외환위기 이후 벌어진 기업규모별 임금 격차에 대한 답을 아직 찾지 못했다. '공정 담론'이니 '능력주의의 폐해'이니 논하기 전에 진보의 대안을 의심하는 게 먼저 아닐까.

에
필
로
그

제도에서
유인으로

한국사회에서 20년 가까이 떠도는 구호가 하나 있다. '산업별(산별) 교섭·법제화'다. 지금은 기업마다 있는 노동조합이 각 기업 사용자 측과 '우리 회사 임금'을 논의한다(기업별 교섭). 이 경우 개별 회사의 지불 능력과 노조의 힘에 따라 회사마다 임금이 달라진다. 하지만 특정 산업의 노동자 전체를 대표하는 노조가 해당 산업 사용자 단체와 협상을 벌인다면(산업별 교섭), 어떤 기업에 속해 있든 같은 일을 하면 비슷한 임금을 받게 될 것이란 논리다.

지금도 산업별 노조가 존재하고 산별 교섭이 진행되지만, 일부를 제외하면 제대로 작동하지 않는다. 기업 처지에서는 산별 교섭을 하더라도 기업별 교섭에 또 나가서 임금협상을 해야 하기 때문이다. 협상을 두 번 해야 해 메리트가 없다. 노조도 임금이 이토록 차이 나는 상황에서 기업별 교섭을 포기하기란 어렵다. 산별 교섭

법제화는, 기업 울타리를 넘어 조직된 산별 노조가 협상을 요구하면 사용자 단체가 응할 것을 법으로 강제하라는 요구로 이해된다.

그런데 정말 산별 교섭 법제화가 안 되는 게 문제일까? 정이환 서울과학기술대 교수(노동사회학)는 "노조가 교섭을 요구하면 응할 의무까지는 부과할 수 있지만(한국이 그렇다), 교섭을 어떤 형태로 해야 한다고까지 법으로 강제하는 사례는 찾기 어렵다"라고 말한다. 노동계 싱크탱크를 오래 이끌어온 김유선 소득주도성장특별위원장도 "법제화를 어떻게 하겠다는 건지 잘 모르겠다"라고 말한다. 적어도 교섭 형태 강제는 현실에서 쉽지 않다는 것을 관찰자들은 안다는 얘기다.

이런 얘기가 어느 정도 공유되었기 때문인지 '산별 교섭 법제화'를 외치는 목소리는 점점 작아지고 있다. 대신 들려오는 또 다른 구호는 '단체협약 효력확장 제도 확대'이다. 프랑스의 경우 노조 조직률은 10%가 채 안 되지만 단체협약을 적용받는 노동자의 비율은 전체의 98%에 이른다. 한국은 노조 조직률(2019년 기준 12.5%)과 단체협약을 적용받는 노동자의 비율이 크게 차이 나지 않는다. 그러니 한국도, 노조가 단체협약을 체결하면 해당 노조에 가입하지 않은 다른 노동자에게까지 그 혜택이 가도록 '제도'를 만들자는 것이다.

한국의 현행법에서는 단체협약 효력확장 제도가 사실상 사문화되었다. 한 지역에서 전체 노동자 2/3 이상이 같은 단체협약을 적용받을 경우 나머지 1/3에게도 확장할 수 있다는 식이다. 조건이 너무 까다롭다. 따라서 지금보다 다양한 산업·업종·지역별 단체협약 효력확장을 장려할 필요가 있다.

그러나 단체협약의 효력을 확장하려면 일단 누가, 즉 어떤 '노'와 '사'가 단체협약을 체결할지를 먼저 정해야 한다. 그 노사가 대표성이 있어야 한다는 말이다. 프랑스의 단체협약 적용률이 높은 것은 프랑스의 사용자들이 단체로 '조직'되어 있기에 가능하다(조직률이 70~80%에 이른다). 또한 프랑스에서는 노조에 가입하지 않은 노동자라도, 자신의 사업주가 사용자 단체에 가입해 있으면 단체협약을 적용받을 수 있다.[31]

한국은 노조 조직률도 낮은데 사용자 단체도 제대로 조직되어 있지 않다. 이러면 대표성 있는 단체협약을 하기가 쉽지 않다. 사용자들이 기업별 교섭을 넘어선 산업별 교섭에 나서려고 하지도 않는다. 왜? 앞서 보았듯 메리트가 없기 때문이다. 결국 산별 교섭을 촉진하는 '제도'가 있느냐 없느냐만의 문제는 아닌 것이다. 사용자가 조직되어 산별 교섭에 나서려는 '유인'을 만들어내야 한다. 모든 걸 법으로 강제하긴 어렵다.

이런 유인을 만드는 데 성공한 역사적 사례가 있다. 스웨덴 노총LO의 경제학자인 렌과 마이드너가 발전시킨 '렌-마이드너 Rehn-Meidner 모델'이 그것이다. 1950년대 후반부터 사회민주당 정부가 부분 수용한 이 모델의 특징은 중앙집중화한 임금협상 시스템이다. 각 산업이나 기업의 수익성에 상관없이 같은 일을 하는 노동자는 비슷한 임금을 받는다. 이렇게 되면 고도로 생산적이고 경쟁력 있는 회사, 곧 대기업은 임금을 낮게 주는 셈이기 때문에 이윤이 오히려 증가한다. 경쟁력 없고 비효율적인 업체는 능력보다 많은 임금을 줘야 하기 때문에 운영을 개선하거나 문을 닫아야 한다. 이때 일자리를 잃는 노동자를 위해 국가는 재교육과 재배치를 책임진다. "기업의 효율성과 생산성 증가를 촉진하는 한편, 좀 더 평등한 임금구조를 만들어내면서 사회적 연대를 강화시키고자 했던 것이다."[32]

1980년대를 풍미한 '정통 마르크스주의자'들에게 '기업의 효율성과 생산성'은 고려할 주제가 아니었다. 그들의 목표는 완전히 다른 세상, 즉 '혁명'이었다. 그러나 민주주의 정치를 통해 사회를 바꿀 수 있다고 믿었던 스웨덴의 '사회민주주의자'들은 노동자 계급을 지지 기반으로 삼으면서도 전체 사회·경제의 선순환과 모든 시민을 위한, 실질적으로 작동 가능한 국가 모델을 창출하는 데 성공했다. 신정완 경북대 교수(경제통상학)는 "지금은 자본주의의 황금기가 아니며, 고령화와 세계화 속에서 존립 가능한 복지국가를 만드는 게 더 어려워졌다. 그럼에도 경제의 효율성을 훼손하지 않고, 민주주의와 개인의 자유를 보장하면서 비교적 높은 수준의 평등을 달성했다는 면에서 사회민주주의라는 이념은 모든 자본주의 사회에 여전히 설득력이 있다"라고 말한다.

한국의 진보정당은 '사회민주주의'를 공식적으로 내걸지 않는다. 이를 '개량'으로 여기고 혁명을 추구하던 과거의 유산이 영향을 미치는 듯하다. 거대 양당 가운데 민주당계 정당은 낭만적 혁명 정서와 급격한 친기업화를 오가는 경향이 있다. 국민의힘 계열 정당은 대체로 노조를 적대시해왔다. 물론 스웨덴과 우리의 역사적 경로나 환경은 전혀 다르다. 그럼에도 불평등 문제에 천착해온 많은 연구들은 여전히 사회민주주의를 유의미한 사례로 언급한다. '지금 여기'에 맞는 '한국적 사회민주주의'를 만들어가는 것 외에 다른 대안을 나는 알지 못한다.

그러므로 선결 조건으로서의 제도를 주장하기 전에 지금 할 수 있는 일을 해야 한다. 법으로 강제하지 않고도 사용자를 산별 교섭에 나서게 하는 열쇠는 노동조합이 쥐고 있다. 임금과 관련해 메리트를 주는 것이다(즉 스웨덴처럼 대기업 임금을 일정하게 억제하면서 영세 하청의 임금을 끌어올리는 것이다). 당장에 쉽지 않다면 산별 교섭 이전에 원하청 공동교섭, 그것이 어렵다면 모회사-자회사 공동교섭을 시도해보는 것은 어떨까. 현대차 같은 블루칼라 노조만이 아니라 화이트칼라에도 해당되는 이야기다. 이때 요구될 일정 수준의 노동조건을 충족할 수 없는 회사, 즉 '한계기업'은 무너지게 된다. 일자리를 잃을 이들을 위한 대책이 필요하다. 고용보험료를 올려 직업교육과 실업급여를 현실화해야 한다. 나아가 경제 전체가 어떻게 돌아갈지 산업정책이 있어야 한다.

《교복 위에 작업복을 입었다》를 쓴, 부산의 한 제조업체에서 3년 7개월간 현장실습생과 산업기능요원으로 근무한 허태준 씨는 "누군가가 안정감을 느끼는 울타리가 다른 누군가에게는 넘을 수 없는 벽이 되어 있음"을 느낀다고 했다. 이 울타리는 학벌일 수도, 공채일 수도 있다. 때로 노조일 수도 있다. 어떻게 노조의 승리가 모두의 승리가 될 수 있을까. 이걸 해내는 데 공동체의 미래가 달렸다.

노조만이 아니다. 나를 포함한 시민들이 지금 정말로 치열하게 토론해야 할 것 중 하나는 바로 (각종 보험료 인상을 포함한) 증세다. '퇴직금 50억 원' 보도에 신세를 한탄하고, 재난지원금을 왜 모두에게 주지 않느냐며 날 선 댓글이 달리는 지금 증세를 말하는 것이 뜬금없게 느껴질지 모른다. 하지만 매일 무릎이 꺾이게 하는 주거 문제만 해도 각자도생으로는 길이 안 보인다. 한국의 소득세나 고용보험료, 국민연금 보험료 등은 세계적으로 낮은 수준이다. '부자증세'만으로도 부족하다. 나는 가능하다면 세금과 사회보험료를 더 내고 싶다. 그걸 말하는 용기 있는 정치인을 바란다. 모두가 감당할 수 있는 세금을 내고 위험이 실현된 사람이 혜택을 받는 것. 그 사람이 낸 보험료로 언젠가 나도 보호받는 것. 그렇게 고양된 사회적 연대감만이 서로를 지켜줄 수 있다.

주

1 박제성 외, 《프랜차이즈 노동관계 연구》, 한국노동연구원, 2014, 119~121쪽, 180쪽.

2 데이비드 와일 지음, 송연수 옮김, 《균열 일터》, 황소자리, 2015, 275~277쪽.

3 사키바라 겐, 〈"사업자 아닌 노동자라고 인정하라" 편의점 점주 측이 국가 제소〉, 《아사히신문》, 2019년 10월 28일.

4 김도균·김태일·안종순·이주하·최영준, 《자신에게 고용된 사람들》, 후마니타스, 2017, 63~66쪽.

5 오학수, 〈긴급 칼럼 #23 - 한국 플랫폼 배달 노동에 관한 획기적인 협약〉, 일본 독립행정법인 노동정책연구·연수기구 홈페이지(https://www.jil.go.jp), 2020년 10월 21일.

6 박은하, 〈'자영업형 노동자' 613만명…경계 모호 새 직종 '고용보험 확대' 한계〉, 《경향신문》, 2020년 7월 20일.

7 도재형, 〈고용의 오분류와 국가 책임〉, 《한국일보》, 2019년 12월 2일.

8 이병희, 〈고용보험 적용 확대와 향후 과제〉, 《월간 노동리뷰》 통권 197호, 한국노동연구원, 2021년 8월.

9 카카오모빌리티 리포트 2018.

10 박태주, 《현대자동차에는 한국 노사관계가 있다》, 매일노동뉴스, 2014.

11 신지수, 〈[단독] 한 달 넘긴 요금소 고공농성…"무인화하면 절반 구조조정"〉, 《KBS 뉴스》, 2019년 8월 11일.

12 김태경 외, 〈온라인 거래 확대의 파급효과 및 시사점〉, 《BOK 이슈노트》 2018-10호, 한국은행, 2018.

13 리나 칸, 〈아마존의 반독점 역설Amazon's Antitrust Paradox〉, 《예일 법학저널》, 2017.

14 이용득 더불어민주당 의원실, 2019.

15 (사)한국비교형사법학회, 〈산업안전보건법 위반 사건 판결 분석 연구〉, 고용노동부, 2018.

16 선대식, 《실명의 이유》, 북콤마, 2018, 124쪽.

17 김재윤, 〈영국의 기업과실치사법에 대한 고찰과 시사점〉, 《형사정책연구》 통권 제100호, 한국형사정책연구원, 2014.

18 폴 아몬드·라이언 아서, 〈업무상 사망에 대한 사용자의 형사책임〉, 《국제노동브리프》 11권 10호, 한국노동연구원, 2013년 10월.

19 최정학, 〈중대재해기업처벌법의 제정 필요성과 그 내용〉, 《중대재해법 제정에 대한 공청회》, 국회법제사법위원회, 2020.

20 통계청, 〈경제활동인구조사 고령층 부가조사〉, 2020년 5월.

21 고용노동부, 〈사업체노동력조사 부가조사〉, 2020년 6월.

22 석재은·이기주, 〈베이비붐 세대와 정년 연장 혜택의 귀착〉, 《한국사회복지학》 제68권 2호, 2016.

23 한요섭, 《60세 정년 의무화의 영향: 청년고용에 미치는 영향을 중심으로》, KDI, 2019, 57~58쪽.

24 손여옥, 〈고령자 고용안정에 관한 일본 입법례〉, 《최신외국입법정보》 통권 146호, 국회도서관, 2020.

25 OECD, 〈Working Better with Age: Korea〉, 2018.

26 한국노동연구원, 〈임금 및 생산성 국제비교 연구〉, 고용노동부, 2015.

27 민주노총 금속노조 조사, 2019.

28   권현지·함선유, 〈연공성 임금을 매개로 한 조직 내 관계적 불평등: 내부자-외부
      자 격차에 대한 분석〉, 《산업노동연구》 제23권 2호, 한국산업노동학회, 2017.

29   장근호, 〈우리나라 고용구조의 특징과 과제〉, 《BOK 경제연구》 2018-34, 한국
      은행, 2018.

30   전병유·황인도·박광용, 〈노동시장 이중구조와 정책대응〉, 《BOK 경제연구》
      2018-40, 한국은행, 2018.

31   이정희·박제성·손영우·전인·Melanie Simms·Peter Sheldon·Edoardo Della
      Torre, 《사용자단체 의의와 역할》, 한국노동연구원, 2020.

32   셰리 버먼 지음, 김유진 옮김, 《정치가 우선한다》, 후마니타스, 2010, 274쪽.